P6
RD

AF859403

Réseaux Wi-Fi : notions fondamentales

Pejman Roshan
Jonathan Leary

004.68 ROS
Ecole Centrale de Lyon
BIBLIOTHEQUE
36, avenue Guy de Collongue
F - 69134 ECULLY CEDEX
10035

Cisco Systems
Cisco Press
CampusPress France

CampusPress a apporté le plus grand soin à la réalisation de ce livre afin de vous fournir une information complète et fiable. Cependant, CampusPress n'assume de responsabilités, ni pour son utilisation, ni pour les contrefaçons de brevets ou atteintes aux droits de tierces personnes qui pourraient résulter de cette utilisation.

Les exemples ou les programmes présents dans cet ouvrage sont fournis pour illustrer les descriptions théoriques. Ils ne sont en aucun cas destinés à une utilisation commerciale ou professionnelle.

CampusPress ne pourra en aucun cas être tenu pour responsable des préjudices ou dommages de quelque nature que ce soit pouvant résulter de l'utilisation de ces exemples ou programmes.

Tous les noms de produits ou autres marques cités dans ce livre sont des marques déposées par leurs propriétaires respectifs.

Publié par CampusPress
47 bis, rue des Vinaigriers
75010 PARIS
Tél : 01 72 74 90 00

Mise en pages : Hekla

ISBN : 2-7440-1767-1
Copyright © 2004 CampusPress
Tous droits réservés

CampusPress est une marque
de Pearson Education France

Titre original : *802.11 Wireless LAN Fundamentals*

Traduit de l'américain par : Freenet Sofor Ltd

ISBN original : 1-58705-077-3
Copyright © 2004 Cisco Systems, Inc.

All rights reserved. No part of this book may be reproduced or transmitted in any form or by any means, electronic or mechanical, including photocopying and recording, or by any information storage and retrieval system, without written permission from the publisher, except for the inclusion of brief quotations in a review.

Cisco Press
201 West 103rd Street
Indianapolis, IN 46290 USA

Toute reproduction, même partielle, par quelque procédé que ce soit, est interdite sans autorisation préalable. Une copie par xérographie, photographie, film, support magnétique ou autre, constitue une contrefaçon passible des peines prévues par la loi, du 11 mars 1957 et du 3 juillet 1995, sur la protection des droits d'auteur.

Table des matières

Avant-propos

Wi-Fi change le monde autour de nous, ainsi que la façon dont nous travaillons et interagissons les uns avec les autres. Ses répercussions économiques apportent une nouvelle donne dans le paysage de la fourniture de services de données avec la livraison sans fil à haut débit. Quel que soit l'endroit où nous nous trouvions, nous pouvons rester connectés et maintenir notre productivité. Au moment où j'écris ces lignes, je suis assis dans l'aérogare de Tokyo en train d'attendre un vol pour Pékin, connecté au réseau local Wi-Fi et récupérant mon courrier électronique délaissé depuis mon départ des Etats-Unis.

Après des débuts modestes en 1997 en tant que standard du sans-fil à 1 et 2 Mbit/s dans la bande des 2,4 GHz, Wi-Fi a vu ses débits passer à 11 Mbit/s en 1999 et plus récemment à 54 Mbit/s dans les deux bandes de fréquences des 2,4 GHz et 5 GHz. Il a rapidement gagné en popularité au sein des entreprises, avec la possibilité pour les employés de se connecter au réseau, même loin du bureau. Une multitude de fabricants ont élaboré des solutions conformément à un standard commun, et un programme de certification d'interopérabilité a été mis en place par la Wi-Fi Alliance. En conséquence, les performances du matériel Wi-Fi ont augmenté tandis que les coûts chutaient rapidement. Parvenu au rang de technologie de grande consommation, Wi-Fi est désormais livré en tant que fonctionnalité standard sur de nombreux ordinateurs portables et appareils portatifs. De simples cartes pour PC peuvent opérer à des débits de 1 à 54 Mbit/s dans les deux bandes pour un coût inférieur à ce que la plupart des gens payent pour un téléphone cellulaire. Il suffit de comparer les performances, la mobilité et le coût de Wi-Fi à ceux d'un modem à 9 600 Kbit/s d'il y a une dizaine d'années pour constater que les progrès de cette technologie ont été d'une rapidité sans égale.

Le standard 802.11 de l'IEEE, ou Wi-Fi, était au départ une application essentiellement verticale, destinée aux entrepôts, à la gestion d'inventaire et à la liaison des caisses enregistreuses. Cette application s'est développée pour devenir horizontale et être utilisée par le plus grand nombre, au domicile comme au travail. Aujourd'hui, Wi-Fi est principalement employé en tant qu'extension sans fil à haut débit de l'omniprésent réseau Ethernet, nous reliant sans effort à Internet et à nos applications de bureau.

Wi-Fi continuera à proliférer dans des applications que ses inventeurs n'ont sûrement pas imaginées. De nouvelles extensions au standard sont en cours de développement, qui renforceront la sécurité, offriront un support pour la qualité de service (QoS), faciliteront la gestion de l'environnement sans fil et porteront les débits bien au-delà des 100 Mbit/s. Ces nouvelles extensions ne se limiteront pas à améliorer les performances de Wi-Fi dans les applications existantes mais donneront lieu à de nouvelles applications, telles que la téléphonie de qualité avec la voix sur IP sans fil ou le streaming vidéo à destination d'un grand écran mural. Nombre de ces applications existent déjà, et davantage sont à venir, à mesure que Wi-Fi s'intégrera dans notre quotidien. La convergence constante des ordinateurs et des équipements électroniques soutient l'envie de se connecter sans effort. Il se pourrait qu'un jour vous reveniez de votre magasin d'électronique préféré avec un nouveau récepteur audio-vidéo que vous pourrez relier sans complication à votre matériel afin de jouir du streaming vidéo assis devant un grand écran plat situé quelque part dans une autre pièce.

Les nouvelles extensions aux standards, la mobilité du client et un équipement évoluant rapidement peuvent cependant être sources de confusion. Pourquoi, par exemple, une telle "soupe à l'alphabet" dans les noms des standards 802.11, et quels sont ceux auxquels vous devrez vous intéresser ? De combien de points d'accès aurez-vous besoin, et où devrez-vous les déployer ? Qu'en est-il de la mobilité du client et de l'impact de celle-ci sur les applications existantes ? Y a-t-il des considérations importantes à prendre en compte pour votre activité ? Nous en sommes encore à la phase précoce d'adoption et de croissance de la technologie Wi-Fi. D'autres développements passionnants viendront. Ce livre vous aidera à saisir les fondements des réseaux Wi-Fi et vous prépara ainsi pour le meilleur, qui reste à venir.

Introduction

Combien de fois avez-vous eu besoin d'un accès réseau ou d'un accès Internet depuis le domicile et avez-vous souhaité pouvoir travailler d'une autre pièce, ou même à l'extérieur, sans avoir à faire courir un long câble Ethernet ? Combien de fois vous êtes-vous trouvé dans un endroit public, tel un aéroport ou un hôtel, et avez réalisé que vous deviez envoyer rapidement un e-mail ? Combien d'heures avez-vous gaspillées dans des salles de conférence pendant que votre courrier s'accumulait ?

Si vous êtes comme des milliers d'autres utilisateurs de réseau d'entreprise, de télétravailleurs, de voyageurs pour affaires, d'utilisateurs d'Internet, etc., la réponse est certainement plus d'une fois. Les WLAN fondés sur le standard 802.11 détiennent la solution en apportant la mobilité et la bande passante tant recherchées.

Les WLAN ne constituent pas un concept nouveau. Ils existent depuis des décennies, et le standard 802.11 a été ratifié en 1997. Alors pourquoi note-t-on une telle croissance seulement aujourd'hui ? Les raisons à cela sont la bande passante et les coûts. Les premiers réseaux sans fil, tels que Aloha, ARDIS et Ricochet, offraient des débits inférieurs à 1 Mbit/s. Le standard 802.11 offre des débits compatibles entre fabricants atteignant 2 Mbit/s. La ratification du standard 802.11b en 1999 a repoussé la limite à 11 Mbit/s, rivalisant avec l'Ethernet filaire à 10 Mbit/s. Quant aux standards 802.11a et 802.11g, ils offrent des débits pouvant atteindre 54 Mbit/s, une menace pour le Fast Ethernet filaire.

Les premières implémentations de WLAN, dans les industries verticales telles que magasins de détail, établissements de santé ou fabricants, ont mis en lumière les apports des WLAN et des applications sans fil. Nombre de ces industries s'appuient en effet sur le WLAN en tant que composant principal de leurs entreprises. De leur côté, les fabricants ont dû relever certains défis pour apporter des solutions de WLAN plus rentables. Les entreprises ont ainsi pu accroître leurs volumes de fabrication et baisser leurs coûts, et donc leurs prix. Le matériel pour WLAN est devenu accessible à la fois aux entreprises et aux particuliers, à des prix raisonnables.

Bien que les réseaux 802.11 aient une topologie de LAN, ils présentent de nouveaux défis aux administrateurs, qui sont habitués à un monde de câbles et de technologies pour réseaux filaires, tels que les réseaux Ethernet 802.3. Différents aspects, tels que l'étude de site, la sécurité, la qualité de service (QoS) et la mobilité des équipements réseau, requièrent une attention particulière et nécessitent une certaine expérience, que les administrateurs n'ont pas forcément.

Ce livre se veut une présentation des différents aspects du standard 802.11 dans des termes auxquels les ingénieurs réseau et les services IT puissent se fier. C'est un guide de référence pour l'exploitation et le dépannage de réseaux 802.11 et une passerelle comblant le fossé entre réseaux câblés et réseaux sans fil.

Organisation de ce livre

Le Chapitre 1 traite des différentes moutures de réseaux Ethernet, de l'Ethernet 10 Mbit/s au Gigabit Ethernet. Ethernet peut vous servir de référence pour effectuer certaines comparaisons à mesure que vous progresserez dans le livre. L'examen d'une technologie simple mais arrivée à maturité vous donnera un aperçu des difficultés à résoudre lors de la planification et du déploiement de WLAN 802.11.

Le Chapitre 2 présente la technologie WLAN en prenant Ethernet pour référence. Il examine la couche MAC (*Medium Access Control*) du standard 802.11 et en détaille les fonctions.

Le Chapitre 3 explore les technologies sous-jacentes à la création des différentes couches physiques (PHY) intervenant dans les standards 802.11, 802.11b, 802.11a et 802.11g. Nous les examinons dans le contexte des éléments constitutifs d'un système de transmission et présentons l'interface spécifique entre les couches MAC et PHY, qui a permis le développement de nouvelles PHY.

Le Chapitre 4 apporte des notions de base sur la sécurité, y compris dans les domaines de l'authentification et du chiffrement. Nous y examinons les mécanismes définis dans les spécifications 802.11 de 1997 et leurs vulnérabilités. Vous découvrirez en outre les techniques proposées par le projet de standard 802.11i visant à renforcer la sécurité des réseaux sans fil, ainsi que WPA (*WiFi Protected Access*) et un ensemble de spécifications de sécurité provisoires interopérables de divers fabricants.

Le Chapitre 5 décrit les fonctionnalités liées à la mobilité des clients 802.11, en mettant l'accent sur l'impact des applications sans fil sur le déploiement de points d'accès (AP). La mobilité ayant des répercussions sur le protocole MAC 802.11 mais aussi sur les réseaux IP, nous introduisons aussi la technologie IP Mobile.

Le Chapitre 6 étudie les difficultés à résoudre lors du déploiement d'applications sans fil qui nécessitent une connectivité à faible latence, telles que la voix sur IP (VoIP). Nous y examinons les mécanismes proposés par le projet de standard 802.11e pour fournir la qualité de service (QoS) dans les réseaux 802.11.

Le Chapitre 7 présente les caractéristiques des ondes radio du point de vue du matériel impliqué dans les réseaux WLAN, tel que les antennes et les récepteurs. Nous analysons aussi les performances d'un système radio.

Le Chapitre 8 explore les divers points qui doivent être considérés lors du déploiement de réseaux sans fil, depuis la couche physique jusqu'à la couche application. En partant des applications utilisées, nous étudions les conséquences pour les couches inférieures en suggérant des configurations spécifiques de déploiement. Nous présentons les deux méthodes de déploiement d'un WLAN, axé couverture et axé capacité, puis abordons les différentes approches permettant de réaliser l'étude d'un site et la mise en place de la sécurité et présentons les outils permettant de gérer le réseau.

Le Chapitre 9 introduit quelques technologies en vogue, comme Bluetooth, UWB (*Ultra Wide Band*), FSO (*Free Space Optics*) et les futures technologies 802.11 à haut débit.

Le Chapitre 10 passe en revue plusieurs domaines d'application des réseaux WLAN, tels que magasins de détail, établissements de soins médicaux, sites d'agence ou établissements scolaires, en examinant leurs exigences propres. Nous examinons aussi les scénarios pouvant donner lieu à l'emploi d'équipements clients provenant de différents fabricants ainsi que les difficultés à résoudre dans le cadre de WLAN distants. Nous présentons enfin les points à considérer lors de la conception de réseaux pour des lieux publics et les exigences propres aux services de sécurité publique.

L'industrie des WLAN évolue à un rythme exponentiel. Chaque jour voit apparaître sur le marché des innovations de la part des fabricants, qui renforcent les WLAN, facilitent leur déploiement et leur administration et, plus important encore, les rendent toujours plus rentables. Ce livre ne se veut pas une description exhaustive des WLAN. Son objectif est d'apporter les connaissances indispensables à l'administrateur de réseau pour lui permettre de planifier, déployer et exploiter un WLAN. Nous avons choisi des thèmes et des exemples issus de problèmes réels rencontrés lors du développement de produits en interne, chez Cisco Systems, ou par de nombreuses sociétés qui évaluent ou déploient activement des WLAN.

1

Les technologies Ethernet

Une nouvelle technologie d'accès, le réseau local sans fil, ou WLAN (*Wireless Local Area Network*), est en train de bouleverser l'industrie des réseaux. Parfois aussi appelée Ethernet sans fil ou Wi-Fi (*Wireless Fidelity*), elle représente l'équivalent sans fil de l'Ethernet câblé. Pour bien comprendre cette technologie, il n'est donc pas inutile de passer en revue les principes fondamentaux d'Ethernet.

Les réseaux possèdent généralement une structure hiérarchique incluant trois niveaux fonctionnels :

- **Accès.** Assure la connectivité des stations de travail avec le réseau.
- **Distribution.** Segmente le réseau en domaines de broadcast de niveau 2 par l'emploi de routeurs ou de commutateurs de niveau 3. Les services réseau, tels que les listes de contrôle d'accès, ou ACL (*Access Control List*), le filtrage de routes et la traduction NAT (*Network Address Translation*), sont appliqués à ce niveau.
- **Dorsale (ou backbone).** Achemine les trames aussi rapidement que possible entre les niveaux de distribution. Aucun service réseau n'est habituellement impliqué ici. La raison à cela est que la plupart des services nécessitent un traitement des trames ou paquets, qui ralentit le débit. Ce niveau peut être linéaire (couche 2 uniquement) ou hiérarchique (nécessitant un adressage de couche 3).

Même si les technologies Ethernet peuvent opérer à n'importe lequel de ces niveaux, ce chapitre aborde essentiellement Ethernet du point de vue de l'accès et traite plus particulièrement des caractéristiques de la famille de standards 802.3.

Ethernet 802.3

Tout standard de réseau fonctionne bien dans un environnement homogène et isolé. Dans la plupart des réseaux, de nombreuses topologies différentes coexistent cependant pour offrir à l'utilisateur une expérience optimale. Les réseaux Ethernet 802.3 sont pontés ou routés vers des réseaux Token Ring 802.5, par exemple, tandis que les réseaux FDDI ANSI X3T9.5 sont pontés ou routés vers des réseaux Fast Ethernet 802.3, et ainsi de suite. Les sujets suivants, qui sont traités dans les prochaines sections, vous permettront de saisir la façon dont les WLAN 802.11 fonctionnent et interopèrent avec les réseaux filaires :

- Ethernet 802.3 et le modèle d'interconnexion des systèmes ouverts, ou OSI (*Open Systems Interconnection*) ;
- le format des trames Ethernet 802.3 ;
- l'adressage Ethernet ;
- la méthode d'accès CSMA/CD (*Carrier Sense Multiple Access with Collision Detection*).
- l'emploi d'un support de transmission commun.

Ethernet 802.3 et le modèle OSI

Notre propos n'est pas d'entrer dans les détails du modèle OSI mais d'en examiner le niveau 2, ou couche liaison de données, afin de mettre les technologies Ethernet en perspective avec celles des réseaux sans fil 802.11.

La couche liaison de données comporte deux sous-couches (voir Figure 1.1) :

- **MAC (*Medium Access Control*).** Cette sous-couche de contrôle d'accès au support physique gère les implémentations spécifiques d'une topologie. Par exemple, elle est différente dans les réseaux Token Ring 802.5 et Ethernet 802.3.
- **LLC (*Logical Link Control*).** Identique pour tous les réseaux 802, cette sous-couche de liaison logique fournit un protocole simple de livraison de trames en mode sans connexion. Elle n'offre aucun mécanisme permettant de signaler à l'émetteur si la trame a été ou non reçue.

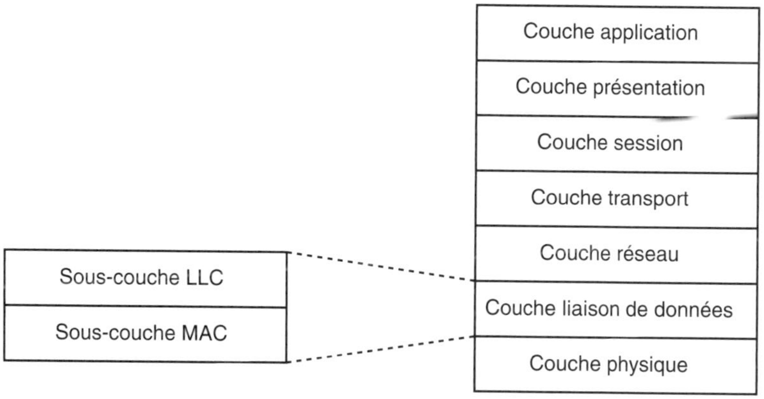

Figure 1.1
Le modèle de référence OSI.

Les sections suivantes se concentrent sur la sous-couche MAC. Cette couche est spécifique des réseaux 802.3 et à ce titre servira de point de comparaison à mesure que vous progresserez dans les chapitres de l'ouvrage.

Format de la trame Ethernet 802.3

La Figure 1.2 illustre la structure d'une trame Ethernet.

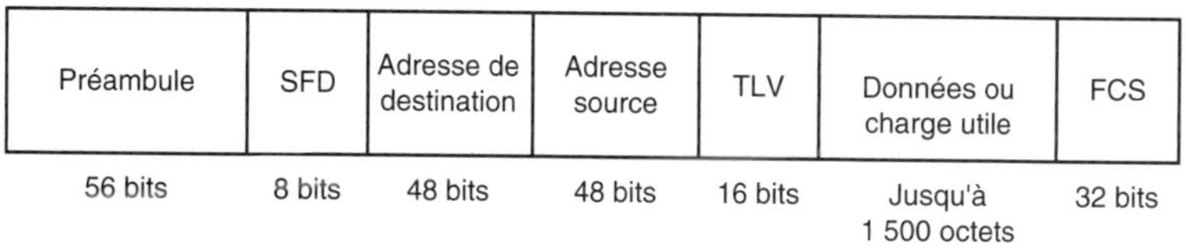

Figure 1.2
Une trame Ethernet.

Voici une description des différents champs de la trame :

- **Préambule.** Ce champ comporte 7 octets (un octet est égal à 8 bits), soit un total de 56 bits tantôt à 1 tantôt à 0. Chaque octet comporte la séquence de bits suivante : 10101010. Le préambule indique à la station réceptrice qu'une trame est en cours de transmission sur le support. Les topologies Ethernet qui offrent un débit supérieur à 10 Mbit/s incluent ce champ mais n'en ont pas besoin.
- **SFD (*Start of Frame Delimiter*).** Ce champ de 8 bits comporte une séquence de bits identique au préambule, à l'exception du dernier bit qui est à 1 (10101011). Il indique à la station réceptrice que le contenu de la trame suit immédiatement.
- **Adresse de destination.** Ce champ contient une valeur de 48 bits qui représente l'adresse de la station à laquelle la trame est destinée.

- **Adresse source.** Ce champ contient une valeur de 48 bits qui représente l'adresse de la station qui a émis la trame.
- **TLV (*Type/Length Value*).** Ce champ de 16 bits identifie le type de protocole de couche supérieure qui est encapsulé dans le champ de données ou de charge utile (*payload*). La valeur qu'il contient est qualifiée de *valeur Ethertype*. Le Tableau 1.1 présente certaines des valeurs Ethertype les plus courantes.

Tableau 1.1 : Quelques valeurs Ethertype courantes

Valeur	*Signification*
0800	IP (*Internet Protocol*)
0806	ARP (*Address Resolution Protocol*)
0BAD	Systèmes Banyan
6004	LAT (*Local Area Transport*), de DEC
8037	IPX (*Internetwork Packet eXchange*), de Novell
809B	EtherTalk (AppleTalk sur Ethernet)
80D5	Services SNA (*Systems Network Architecture*) sur Ethernet d'IBM
80F3	AARP (*AppleTalk Address Resolution Protocol*)
86DD	IP version 6

- **Données ou charge utile.** Ce champ contient des paquets de niveau supérieur. Il doit faire au minimum 46 octets et au maximum 1 500 octets de long. Une taille minimale est requise pour que toutes les stations aient une chance de recevoir la trame. Ce sujet est traité à la section "Diamètre de réseau et timeslot Ethernet". La station émettrice complète au besoin ce champ avec des bits de remplissage.
- **FCS (*Frame Check Sequence*).** Ce champ contient une valeur appelée total de contrôle, ou CRC (*Cyclic Redundancy Check*), calculée à partir de la séquence de bits de la trame. A réception de cette dernière, la station destination calcule à son tour un

CRC qu'elle compare à celui du champ FCS. Si les deux valeurs concordent, la trame est considérée sans erreur (voir Figure 1.3).

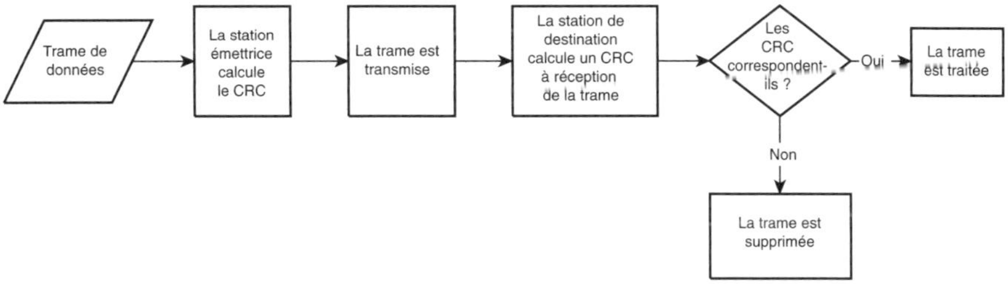

Figure 1.3
Calcul du CRC.

L'adressage Ethernet

Une adresse Ethernet est une valeur de 48 bits qui identifie de façon unique une station Ethernet sur un LAN. Elle se compose de deux parties : un identifiant assigné par l'IEEE (*Institute of Electrical and Electronics Engineers*) et un identifiant assigné par le fabricant de l'équipement. L'IEEE attribue à chaque fabricant un identifiant de 24 bits unique, ou OUI (*Organizational Unique Identifier*), qui apparaît en premier dans l'adresse. Le fabricant choisit ensuite une valeur unique à son niveau pour les 24 bits restants. Cette approche garantit l'unicité d'une adresse Ethernet et l'identification sans ambiguïté d'une station, quel que soit le réseau auquel elle se connecte dans le monde. Puisque cet adressage renvoie à une interface physique, on parle aussi d'*adressage MAC*. Pour la plupart, ces adresses sont exprimées sous forme hexadécimale, avec un tiret ou un signe deux-points séparant les octets, ou bien encore un point séparant les groupes de deux octets. Par exemple, l'adresse suivante est celle d'un routeur Cisco :

00-03-6b-48-e9-20

Cette valeur peut être écrite comme suit :

00:03:6b:48:e9:20 ou 0003.6b48.e920

Cisco Systems a reçu de l'IEEE l'OUI 00-03-6b et a assigné lui-même l'identifiant 48-e9-20 à l'équipement. Cet OUI offre une plage d'adresses allant de 00-03-6b-00-00-00 à 00-03-6b-ff-ff-ff, soit un total de 2^{24}, soit 16 777 216 adresses possibles.

Le mécanisme CSMA/CD

Pour contrôler l'utilisation du support de transmission partagé, Ethernet emploie une méthode d'accès partagé par écoute de la porteuse et détection de collision, appelée

CSMA/CD (*Carrier Sense Multiple Access with Collision Detection*), dont le principe est comparable à celui d'une audioconférence :

- Personne ne sait à quel moment les autres participants vont intervenir.
- Avant de s'exprimer, un participant doit attendre que le silence soit revenu sur la ligne téléphonique.
- Une fois la ligne libre, il se peut que deux participants tentent de prendre la parole en même temps.
- Si deux participants interviennent simultanément, ceux qui écoutent comprennent difficilement ce qu'ils disent. Il faut donc qu'ils s'arrêtent et vérifient que la ligne est disponible avant de reprendre la parole.

L'expression "écoute de la porteuse" (*carrier sense*) renvoie à la capacité des stations à écouter le canal pour savoir s'il est déjà utilisé par une transmission en cours. Comme il n'existe pas vraiment de signal porteur, ce qu'elles perçoivent est en fait l'absence de signal, indiquant que le support est libre. Les termes *accès partagé* signifient qu'il n'existe qu'un seul canal et que chaque station qui est prête à émettre peut tenter de l'accaparer. Comme lors d'une audioconférence, toutes les stations bénéficient d'un droit identique d'accès au support et doivent seulement attendre qu'il soit libre pour transmettre. A mesure que le nombre de stations augmente, le risque de collision croît également.

Une *collision* survient lorsque deux stations émettent simultanément. Leurs trames sont alors inutilisables et doivent être retransmises ultérieurement. La *détection de collision* est une fonctionnalité qui permet aux stations de détecter un chevauchement de signaux qui se produit lors d'un télescopage de trames. Les spécifications d'Ethernet prévoient un mécanisme de retransmission pour les stations dont les trames sont entrées en collision.

Diamètre de réseau et timeslot Ethernet

Le *diamètre de réseau* est la distance qui sépare les deux stations les plus éloignées dans un domaine de broadcast. Celles-ci peuvent être interconnectées à l'aide de hubs, de répéteurs, de commutateurs ou de ponts. La règle pour les réseaux Ethernet 802.3 est qu'une collision doit pouvoir être détectée dans l'intervalle requis pour transmettre la plus petite trame Ethernet autorisée, qui est de 64 octets, ou 512 bits. Compte tenu du délai de propagation du signal sur le support et du débit du canal (10 Mbit/s), la longueur d'un segment de câble Ethernet ne doit pas dépasser 2 800 m. Le temps pris par une trame pour couvrir le diamètre du réseau est appelé *timeslot* Ethernet.

INFO

Un *domaine de broadcast* est un ensemble d'équipements interconnectés capables de s'échanger des trames en broadcast, c'est-à-dire en diffusion générale, tous les nœuds recevant le message.

Examinons la Figure 1.4 qui illustre deux stations situées chacune à une extrémité du domaine de broadcast :

- La station A transmet une trame dont la taille est inférieure à 512 bits.
- Au même moment, la station B commence à émettre une trame.
- La station A transmet le dernier bit de la trame.
- Comme elle n'a détecté aucune collision pendant la transmission, elle supprime la trame de son tampon de transmission.
- Elle suppose que la station destination a reçu la trame.
- La trame de la station A entre en collision avec celle de la station B.
- Comme la station A a déjà supprimé la trame de son tampon, elle ne possède aucune trame à retransmettre.

Figure 1.4
Collision dans un domaine de broadcast.

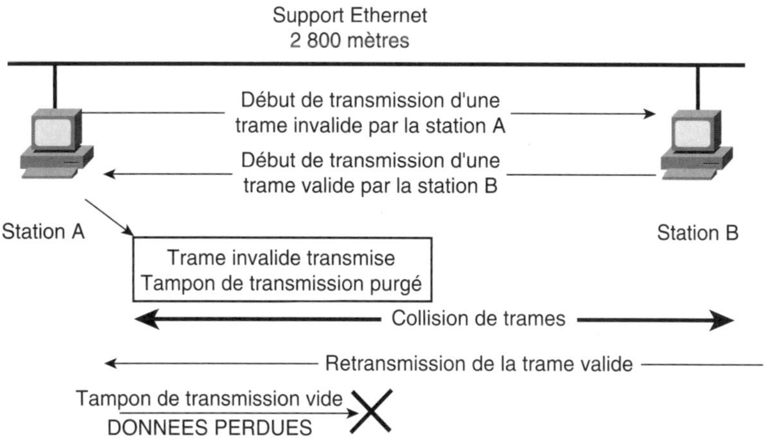

Ce scénario suppose que le segment Ethernet excède la longueur maximale de 2 800 m.

Trames unicast, multicast et broadcast

Une station dispose de trois méthodes pour adresser les trames qu'elle souhaite transmettre (voir Figure 1.5) :

- **Adressage broadcast.** La trame est envoyée à toutes les stations du domaine de broadcast.
- **Adressage de groupe, ou multicast.** La trame est envoyée à un sous-ensemble de stations du domaine de broadcast qui appartiennent à un groupe prédéfini.
- **Adressage unicast.** La trame est envoyée à une station spécifique.

Chaque type d'adressage présente des avantages et des inconvénients, comme nous allons le voir.

Figure 1.5
Types d'adressage Ethernet.

Une adresse de broadcast Ethernet est une adresse de destination de 48 bits particulière, dont tous les bits sont positionnés à 1, c'est-à-dire dont la valeur hexadécimale de chaque octet est ff. Elle peut donc être exprimée sous la forme ff-ff-ff-ff-ff-ff ou ffff.ffff.ffff. Une station qui souhaite transmettre une trame à toutes les autres stations sur son segment place cette adresse dans le champ d'adresse de destination.

La trame broadcast est reçue et traitée par toutes les stations qui partagent le support de transmission. Chacune d'elles exécute le processus illustré à la Figure 1.6 pour déterminer si la trame contient des données qui lui sont destinées. L'inconvénient avec ce type d'adressage est que certaines stations doivent traiter des trames qui ne les concernent pas, consommant inutilement leurs ressources processeur. Ce problème peut paraître mineur, mais, dans certaines situations, il peut se produire un phénomène appelé *tempête de broadcast*, où les stations sont submergées de trafic, pouvant conduire à la paralysie du réseau.

Figure 1.6
Traitement d'une trame broadcast.

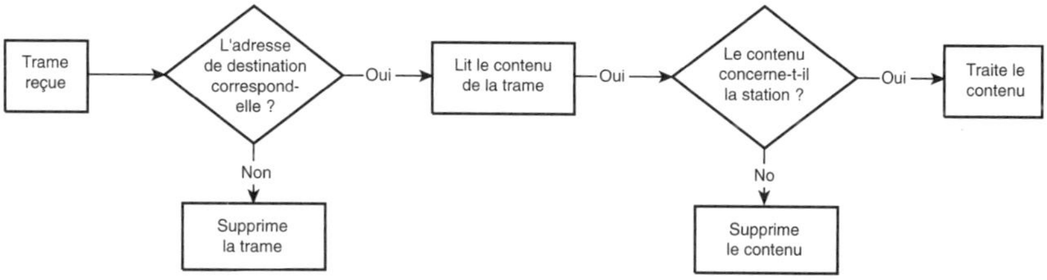

L'adressage multicast est analogue à l'adressage broadcast en ce qu'il permet à une station émettrice d'envoyer une trame à un groupe de destinataires plutôt qu'à un seul interlocuteur. Il réduit ainsi l'utilisation globale du réseau en évitant à l'émetteur d'avoir à transmettre plusieurs fois la même trame pour atteindre chaque destinataire. Pour recevoir des trames multicast, une station doit s'inscrire au groupe auquel elles se destinent. Lorsqu'une station reçoit des trames multicast pour un groupe dont elle ne fait pas partie, elle les supprime simplement.

Prenons comme exemple le streaming vidéo, qui implique généralement un débit de paquets élevé. Si une source transmettait le flux vidéo en broadcast à toutes les stations du domaine, celles qui ne sont pas intéressées consacreraient beaucoup de ressources au traitement et à la suppression du contenu des trames. Pour cette raison, le streaming vidéo s'appuie souvent sur la technique dite *IP multicast.* Les paquets IP multicast sont envoyés à une adresse IP de destination spéciale, avec une adresse MAC de destination dont l'identifiant OUI est 01-00-5E. Par exemple, EIGRP (*Enhanced Interior Gateway Routing Protocol*), un protocole de routage d'IP, envoie ses mises à jour de routage au groupe IP multicast possédant l'adresse IP 224.0.0.10 et dont l'adresse MAC correspondante est 01-00-5E-00-00-0A. Tous les équipements qui souhaitent recevoir les mises à jour des tables de routage acceptent les trames destinées à cette adresse, et ceux qui ne sont pas inscrits au groupe les suppriment.

Lorsque le trafic se destine à un nombre limité de stations, voire à une seule, recourir à l'adressage broadcast ou multicast devient inefficace en terme de performances. L'adressage unicast permet à l'émetteur d'envoyer une trame directement à l'adresse Ethernet de la station concernée. Dans ce cas, seule cette dernière reçoit la trame et traite son contenu.

Les réseaux Ethernet supportent ces trois types d'adressage. Les applications peuvent choisir celui qui leur convient le mieux et dont l'impact sur les performances est minimal.

Support de transmission partagé

Ethernet suit plusieurs modèles de câblage, parmi lesquels 10Base2, 10Base5, 10BaseT et 10BaseFL, qui ont chacun leurs avantages et leurs inconvénients. D'autres modèles similaires ne sont pas mentionnés ici en raison de leur faible diffusion.

Le 10BaseT est le support Ethernet à paires torsadées le plus courant. Il permet d'établir une connectivité sur un câblage à paires torsadées non blindées, ou UTP (*Unshielded Twisted Pair*), de catégorie 3 et de qualité voix, comportant seulement deux paires de fils. Même si le 10BaseT ne requiert que des câbles de catégorie 3, la plupart des déploiements sont réalisés en catégorie 5, qui permet d'évoluer vers des topologies plus performantes, telles que le 100BaseTX ou le 1000BaseT. La catégorie 5 garantit en outre une meilleure qualité de câble, et donc de signal. Le terme *10BaseT* désigne la capacité du support à opérer à 10 Mbit/s en utilisant un signal en bande de base sur un câblage à paires torsadées. Ce modèle autorise des segments d'environ 100 m, bien qu'Ethernet puisse atteindre 2 800 m de diamètre, en raison de la dégradation subie par le signal sur le câblage UTP.

Les stations 10BaseT sont raccordées physiquement à un équipement d'interconnexion (répéteur, hub ou commutateur) pour former une topologie physique en étoile. Sur le plan logique, le réseau possède une architecture en bus (voir Figure 1.7). L'intérêt d'une étoile physique est qu'en cas de rupture du câble de l'une des stations, la connectivité entre les autres équipements du réseau n'est pas interrompue.

Figure 1.7
La topologie 10BaseT.

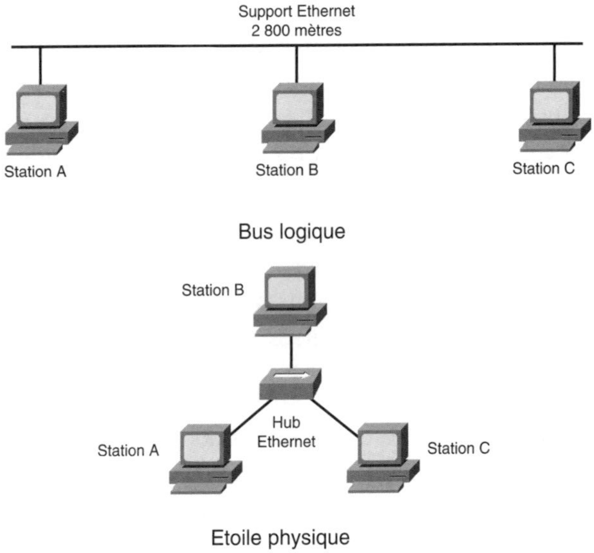

Avant que le modèle 10BaseT soit largement adopté, le 10Base2 était la topologie de choix pour les petits réseaux Ethernet en raison du coût relativement modique du câblage et de sa facilité de déploiement. La désignation 10Base2 se réfère à une signalisation en bande de base à 10 Mbit/s sur un segment de 200 m, généralement un câble coaxial de type RG-58. Cette longueur n'est que théorique puisqu'elle ne peut en réalité dépasser 185 m. Sur ce type de réseau, chaque équipement est raccordé au moyen d'un connecteur BNC à un segment principal continu. Une rupture n'importe où au niveau du câble est difficile à localiser et provoque une panne totale du réseau.

Un autre modèle connu est le 10Base5. Il réclame également l'usage d'un câble coaxial, mais beaucoup plus épais, d'une section proche de celle d'un tuyau d'arrosage. Son coût est beaucoup plus élevé, et il est peu commode à manier du fait de son épaisseur. Chaque station est reliée au segment principal au moyen d'un transceiver, également d'un coût non négligeable, muni d'une prise vampire qui vient se greffer sur le câble. Comme dans le cas du 10Base2, une rupture du support de transmission entraîne une perte totale de la connectivité pour tous les équipements du réseau.

Le modèle 10BaseFL constitue l'implémentation la plus courante d'Ethernet sur un support en fibre optique. Il permet d'installer des segments pouvant atteindre 2 km. Il n'est pas rare de le voir utilisé pour interconnecter des réseaux Ethernet distants. Il requiert l'emploi d'une fibre multimode à deux brins, respectivement pour la transmission et la réception.

Le Fast Ethernet 802.3u

Du fait de l'adoption d'Ethernet en tant que standard de transmission de données, les besoins des utilisateurs en bande passante n'ont cessé d'augmenter. L'IEEE y a répondu par la publication en 1995 du standard 802.3u définissant un modèle de câblage Ethernet à 100 Mbit/s. Parmi plusieurs solutions proposant ce débit, deux se sont imposées, le 100BaseTX et le 100BaseFX, connues collectivement sous l'appellation 100BaseX. La technologie 100BaseX s'inspire de FDDI (ANSI X3T9.5), qui représentait le standard de fait à 100 Mbit/s jusqu'à l'apparition du Fast Ethernet et possédait certains avantages en comparaison de l'Ethernet partagé.

Le modèle 100BaseTX applique les spécifications 100BaseX à un câblage à paires torsadées de catégorie 5. Il peut générer des signaux d'une fréquence élevée, qui réclament une qualité de câble supérieure à la catégorie 3 dont peut se suffire le modèle 10BaseT. A l'instar de ce dernier, ses segments de câble sont limités à environ 100 mètres, ce qui permet d'utiliser la même infrastructure de câblage, à condition qu'elle soit de catégorie 5 ou supérieure.

Le diamètre de réseau et le timeslot Ethernet diffèrent entre le Fast Ethernet et Ethernet. Le timeslot Ethernet définit le diamètre maximal d'un réseau, lequel ne doit pas excéder la distance qu'une trame d'une longueur de 512 bits peut parcourir avant que la station émettrice ait terminé de la transmettre. Le Fast Ethernet a conservé cette taille de trame pour offrir une compatibilité descendante avec Ethernet.

Le diamètre maximal d'un réseau Ethernet est de 2 800 m. Sur un réseau Fast Ethernet, la vitesse de transmission est dix fois plus élevée que sur un réseau Ethernet. Par conséquent, pour qu'une station puisse détecter une collision après l'envoi d'une trame de 512 bits, celle-ci ne doit avoir traversé qu'un dixième de la distance permise par Ethernet. Le diamètre autorisé est donc ramené à 200 m. Cette limitation ne pose par de réel problème car une implantation Fast Ethernet s'appuie sur le modèle 100BaseTX, dont le segment de câble est limité à 100 m.

Quant à l'autre variante du modèle 100BaseX, le 100BaseFX, les spécifications prévoient un support de transmission en fibre optique multimode. Dans ce cas, la carte réseau se charge de convertir le signal électrique en une impulsion lumineuse, laquelle est envoyée à travers la fibre à destination du détecteur de la carte réseau réceptrice. Cette dernière reconvertit le flux lumineux en un signal électrique.

Le 100BaseFX utilise le même mécanisme de codage que le 100BaseTX, mais la similitude s'arrête là. Du fait de l'emploi d'impulsions lumineuses, le système n'est pas sensible aux interférences électromagnétiques, ce qui permet une signalisation plus efficace. En mode semi-duplex, le diamètre de réseau maximal est d'environ 400 m. Ce modèle peut également opérer en mode duplex intégral (les modes duplex sont décrits à la prochaine section), éliminant tous les problèmes liés aux collisions et autorisant des diamètres dépassant aisément les 400 m. En fait, avec une fibre multimode standard de 62,5/125 microns, il est possible d'obtenir des segments de 2 km. Pour répondre à des exigences de connectivité supérieures, on peut recourir à de la fibre optique et à des transceivers monomodes afin d'atteindre des distances de 40 km. Le coût de ces systèmes est toutefois beaucoup plus élevé que celui de la fibre multimode.

La transmission en duplex

La transmission en semi-duplex (ou *half-duplex*) d'Ethernet et du Fast Ethernet s'appuie sur le mécanisme d'accès CSMA/CD. Comme expliqué précédemment, celui-ci s'apparente à une conférence téléphonique où chaque participant doit attendre que la ligne soit disponible avant de prendre la parole. En 1995, l'IEEE a ratifié le standard 802.3x, qui définit une technique de transmission sur les réseaux Ethernet appelée *duplex,* ou *duplex intégral* (*full-duplex*). Ce mode permet à une station d'envoyer et de recevoir simultanément des trames. Il offre une meilleure exploitation du support et un débit global supérieur (voir Figure 1.8), mais au prix d'une modification importante des fonctionnalités des équipements d'extrémité.

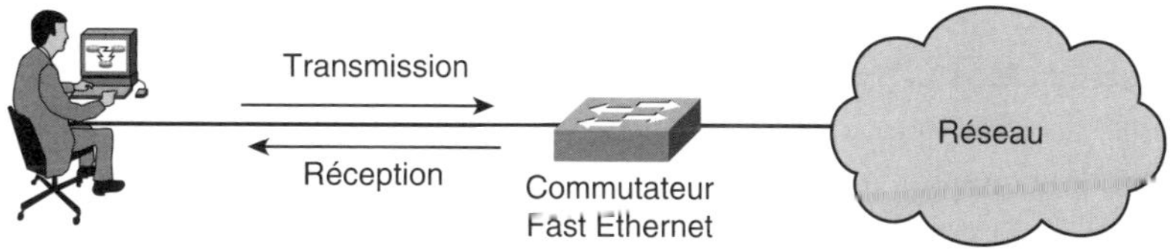

Figure 1.8
Fonctionnement de la transmission duplex.

Une transmission en duplex intégral est possible uniquement dans un environnement point-à-point, où les deux participants sont les seuls équipements du domaine de collision. Les stations reliées à des hubs, des répéteurs ou d'autres équipements d'interconnexion de ce genre sont incapables d'opérer dans ce mode. En revanche, les stations reliées directement ou par l'intermédiaire de commutateurs de niveau 2 supportant ce mode peuvent en bénéficier.

La faculté d'émettre et de recevoir à un même débit permet une utilisation plus efficace du support de transmission. La bande passante est théoriquement doublée puisque les stations jouissent d'un accès complet au support dans les deux directions. Dans le cas du 100BaseX, un tel accès offre à chaque station une bande passante maximale de 200 Mbit/s. Pour les équipements d'extrémité, tels que les ordinateurs de bureau, les envois et réceptions simultanés sont rares. Par contre, les serveurs et équipements d'infrastructure, tels que routeurs ou commutateurs, peuvent tirer pleinement parti de ce mode, acheminant le flux agrégé de sessions ou autres connexions d'une extrémité à l'autre du réseau, dorsale incluse, dans les deux sens à la fois.

Le fonctionnement en duplex élimine les limitations de distance imposées par le mode semi-duplex. Cela ne concerne toutefois que les interfaces pour fibre optique, comme dans le 100BaseFX, car les déploiements à base de paires torsadées sont soumis à des contraintes de distance maximale liées au support de transmission et non au diamètre du réseau imposé par le timeslot Ethernet ou Fast Ethernet.

INFO

Les modes duplex intégral et semi-duplex ne peuvent interopérer. Sur les réseaux à supports mixtes, les erreurs de non-concordance de mode sont fréquentes et génèrent un grand nombre d'anomalies, telles que des chevauchements de signaux en dehors de la fenêtre de collision (*late collision*) ou des trames perdues. Un équipement en duplex émet dès qu'il est prêt, sans procéder à une vérification préalable de la disponibilité du support. Si une station en semi-duplex est en cours de transmission, la collision qui en résulte n'est pas détectée par l'émetteur opérant en duplex. Il est donc important dans ce type de situation de contrôler le mode de transmission des équipements.

Le Gigabit Ethernet

Le passage du standard Ethernet au standard Fast Ethernet a offert aux utilisateurs une bande passante dix fois plus importante. Avec l'introduction du Gigabit Ethernet, et son débit de 1 Gbit/s, la capacité en bande passante a encore augmenté dans un même ordre de grandeur, sauf que le gain résultant est ici de 900 Mbit/s et non plus de 90 Mbit/s. Cet accroissement du débit a demandé aux développeurs des efforts supplémentaires pour résoudre les questions relatives au diamètre du réseau et au câblage.

Le Gigabit Ethernet suit les deux modèles d'implémentation suivants :

- **1000BaseT.** A l'instar des deux modèles antérieurs, le 10BaseT et le 100BaseTX, celui-ci peut opérer sur un câble UTP d'une longueur maximale de 100 m.
- **1000BaseX.** Il existe trois variantes de ce modèle :
  - **1000BaseSX.** Support en fibre optique multimode standard d'une longueur maximale de 200 m.
  - **1000BaseLX.** Support en fibre optique monomode d'une longueur maximale de 10 km. Dans certaines situations, il est possible d'utiliser une fibre multimode spéciale, dite de conditionnement (*mode-conditioning*), pour l'atténuation des effets DMD (*Differential Mode Delay*).
  - **1000BaseCX.** Support en cuivre blindé d'une longueur maximale de 25 m.

1000BaseT (802.3a)

Le standard 1000BaseT résulte des efforts de développement du Fast Ethernet. La recherche d'une solution idéale sur support en cuivre pour le Fast Ethernet a été à l'origine de l'adoption du 100BaseTX. Il existait cependant deux autres standards moins connus, le 100BaseT4 et le 100BaseT2. Le premier n'a pas été bien accueilli en raison de la nécessité d'utiliser un câblage à quatre paires torsadées de catégorie 3 ou 5. En conformité avec les spécifications 10BaseT, de nombreuses installations n'utilisaient qu'un câble à double paire torsadée de catégorie 3 ou 5. Une autre limitation était qu'il ne gérait pas le mode duplex.

Le 100BaseT2 était un standard plus évolué, autorisant un débit de 100 Mbit/s sur un câblage à deux paires torsadées de catégorie 3. Le problème est qu'aucun fabricant ne l'a jamais implémenté. Lorsque les industriels se sont penché sur le développement d'une solution de l'ordre du gigabit, ils ont pris le meilleur de tous les standards à 100 Mbit/s pour produire les spécifications 1000BaseT.

1000BaseX (802.3z)

Le standard 802.3z a été publié en 1999 et intégré au standard 802.3. Le 1000BaseX constitue le modèle de câblage pour le Gigabit Ethernet sur fibre optique, à l'exception du 1000BaseCX, qui utilise le cuivre. La technologie sous-jacente n'est pas une innovation en elle-même puisqu'elle se fonde sur le standard Fibre Channel de l'ANSI (ANSI X3T11). Ce modèle se décline en trois variantes : 1000BaseSX, 1000BaseLX et 1000BaseCX. Le 1000BaseSX constitue le support de transmission le plus répandu et le moins onéreux. Ce coût inférieur ne va pas sans inconvénient puisqu'un segment ne peut excéder 220 m, à comparer au diamètre de 2 km du mode duplex du 100BaseFX. La version 1000BaseLX emploie généralement une fibre monomode et autorise une distance maximale de 5 km.

La version 1000BaseCX est la plus insolite des trois. Elle prévoit un fonctionnement sur un câble spécial blindé, lequel ne se termine pas par la prise RJ-45 habituelle des spécifications 10/100/1000BaseT mais par un connecteur DB9 ou HSSDC. La longueur de segment maximale autorisée est de 25 m, reléguant ce modèle au rang de solution de raccordement pour armoires de câblage. Il est rarement choisi car le 1000BaseT peut offrir pour une fraction de son prix la même fonction et une longueur de segment quatre fois plus élevée, tout en opérant sur un câble UTP standard à quatre paires de catégorie 5.

Le timeslot Gigabit Ethernet

Le diamètre de réseau Gigabit Ethernet pose certains problèmes. Dans le mode semi-duplex, les règles qui s'appliquent à Ethernet prévoient une taille de trame minimale de 512 bits de façon que toutes les stations puissent détecter une trame en cours de transmission et propager au besoin un signal de détection de collision avant que la station émettrice élimine la trame. Selon les principes évoqués précédemment, un segment 1000BaseT ou 1000BaseX serait donc limité à 20 m puisque ces modèles offrent une vitesse de transmission dix fois supérieure à celle de leur prédécesseur (en partant du 100BaseTX, environ 200 m divisé par 10).

Cette distance de 20 m ne convenant pas dans la plupart des situations, l'IEEE impose que la taille de trame minimale soit portée à 4 096 bits (8 fois plus que les 512 bits initiaux) sur un réseau Gigabit Ethernet. En cas de taille insuffisante, au lieu de procéder par remplissage (*padding*) du champ de charge utile de la trame, le standard apporte une nouvelle fonctionnalité sous la forme de *bits d'extension de trame* (*carrier extensions*) .

Imaginez qu'une station Gigabit Ethernet détecte la disponibilité du support et souhaite émettre une trame de 512 bits trop petite. Sa carte réseau ajoute 3 584 bits d'extension en fin de trame. Ces bits sont reconnus par les autres stations Gigabit Ethernet comme n'étant pas des données mais faisant néanmoins partie de la trame (voir Figure 1.9). Lorsque la station réceptrice reçoit la trame, elle élimine ces bits. Ce processus permet l'envoi d'une trame dont la taille est inférieure au minimum requis, sans risque de collision en dehors de la fenêtre de collision.

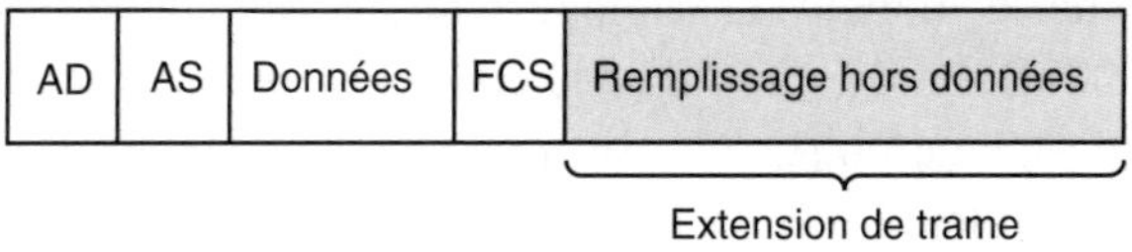

Figure 1.9
Bits d'extension de la trame Gigabit Ethernet.

Si l'emploi de bits d'extension résout le problème du diamètre du réseau, il introduit un nouveau problème. Pour chaque trame de 512 bits envoyée, sept fois plus de bits d'extension sont transmis, gaspillant d'autant la bande passante. Pour éviter cette surcharge, le standard stipule un mode rafale (*burst mode*) comme solution au problème de timeslot et de surcharge.

La transmission en rafale permet de chaîner plusieurs trames de petite taille par l'envoi de bits d'extension durant l'espace intertrame. Les autres stations souhaitant émettre reconnaissent cet espace mais détectent aussi un signal d'occupation et évitent de transmettre. Le standard autorise la transmission de 64 kilobits successifs de trafic dans ce mode avant un espace intertrame.

Ce mécanisme procède par l'envoi d'une petite trame complétée par des bits d'extension jusqu'à un total de 4 096 bits, évitant ainsi tout risque de collision avec un autre signal. Une fois cette transmission réussie, l'espace intertrame est comblé par des bits d'extension afin d'empêcher les autres stations d'accéder au support (voir Figure 1.10). Les trames supplémentaires sont ensuite transmises sans bit d'extension jusqu'à concurrence des 64 kilobits autorisés, après quoi le support est libéré. Bien qu'imparfaite, cette méthode permet une meilleure exploitation du support que le seul emploi de bits d'extension.

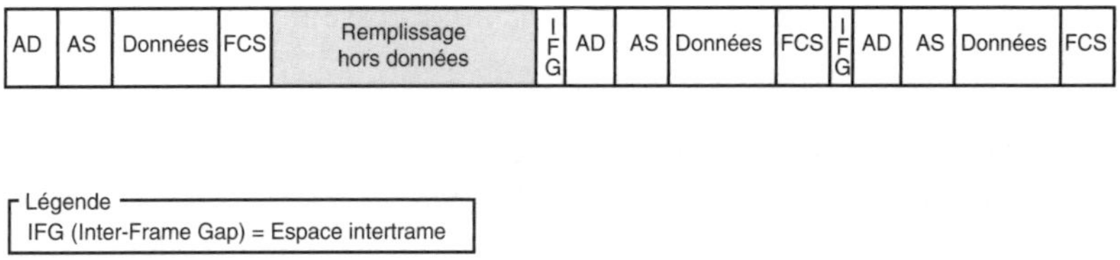

Figure 1.10
Le mode rafale Gigabit Ethernet.

INFO

Le mécanisme de bits d'extension associés au mode rafale n'est nécessaire que dans le cas d'une transmission semi-duplex puisque l'accès duplex n'implique aucune contention. Il n'y a donc pas lieu de se préoccuper du timeslot ni de la taille des trames.

Négociation automatique des caractéristiques de transmission

Etant donné le nombre de combinaisons possibles de débits et de modes de transmission d'Ethernet, la fonction de négociation automatique vise à déterminer la compatibilité des participants. Elle est généralement prévue pour un support à paires torsadées car les équipements pour fibre optique ne la prennent pas en charge. Son implémentation n'est d'ailleurs pas réalisable pour les différents câblages en fibre.

Le processus de négociation commence lorsqu'une station détecte une activité sur son interface :

- L'équipement envoie un signal FLP (*Fast Link Pulse*) pour annoncer son débit et son mode de transmission. Le Tableau 1.2 récapitule ces modes et leur niveau de priorité.
- Si la station distante gère la négociation automatique, elle envoie à son tour un signal FLP avec ses propres caractéristiques de transmission.
- Les deux stations négocient la meilleure combinaison possible.

Tableau 1.2 : Priorités des modes de transmission

Priorité	*Mode de transmission*
1	100BaseTX duplex intégral
2	100BaseT4
3	100BaseTX
4	100BaseT duplex intégral
5	10BaseT

Si, sur les deux participants d'une communication, un seul gère la négociation automatique, le mécanisme recourt à la fonction d'auto-sensing du support. Par exemple, une station 10BaseT peut se connecter à un commutateur capable de gérer la négociation automatique. Lorsque le commutateur envoie un signal FLP à la station en demandant un débit de 100 Mbit/s en duplex intégral, celle-ci ne comprend pas le signal et l'ignore. Naturellement, elle ne peut émettre de signal FLP, et le port concerné sur le commutateur ne manque pas de détecter cette absence de signal. Celui-ci en déduit qu'il s'agit d'une station 10BaseT et ramène son débit au plus petit dénominateur commun, soit 10 Mbit/s.

Prenons maintenant le cas d'une station 100BaseTX qui fonctionne en mode semi-duplex et ne gère pas la négociation automatique. Est-elle condamnée à opérer dans le mode 10BaseT ? Non, grâce aux signaux FLP. Ce mécanisme est dérivé des signaux NLP

(*Network Link Pulse*) définis dans le standard Ethernet, qui sont des impulsions périodiques constituant pour ainsi dire le battement cardiaque d'un réseau. Les FLP jouent un rôle similaire sur les réseaux 100BaseX, sauf qu'ils interviennent dix fois plus souvent. Lorsqu'une station 100BaseTX ne peut pas négocier ses paramètres de transmission, elle peut néanmoins envoyer des signaux FLP, permettant au commutateur de savoir qu'elle est capable de fonctionner à 100 Mbit/s.

La négociation automatique sur les réseaux Gigabit Ethernet présente quelques différences par rapport à celle supportée entre les équipements Fast Ethernet ou Ethernet. Le 1000BaseT utilise un support en cuivre et emploie le même mécanisme FLP que ces derniers. Par contre, puisque la fonction de négociation dépend du type de support, les équipements 1000BaseX fonctionnant sur fibre optique emploient entre eux une autre méthode. Du fait que le débit est prédéfini, donc non négociable, le seul paramètre variable est le mode de transmission utilisé. Au lieu d'employer des signaux FLP, chaque variante du système 1000BaseX emploie donc une signalisation qui lui est propre.

Résumé

Grâce à ses évolutions successives, le standard Ethernet a permis de répondre aux attentes des utilisateurs et des administrateurs réseau et continuera de le faire avec le 10 Gigabit Ethernet. Le Tableau 1.3 reprend les différents modèles topologiques avec leur type de support de transmission. Chacun d'eux a un rôle à jouer dans les réseaux actuels en fonction de son coût, de son débit utile, de sa distance maximale, de l'infrastructure en place et d'autres exigences. L'exemple de l'Ethernet filaire prouve l'importance d'une compatibilité descendante pour permettre aux nouvelles topologies de durer, de se développer et d'être acceptées en tant que standards.

Tableau 1.3 : Récapitulatif des topologies Ethernet

Topologie	*Débit (Mbit/s)*	*Type de câble*	*Longueur maximale (m)*
10Base5	10	Coaxial épais	485
10Base2	10	Coaxial fin RG-58	185
10BaseT	10	UTP deux paires, catégorie 3/5	100
10BaseFL	10	Fibre multimode deux brins	2 000
100BaseTX	100	UTP deux paires, catégorie 5	100
100BaseFX	100	Fibre multimode deux brins	2000
1000BaseT	1000	UTP quatre paires, catégorie 5	100

Tableau 1.3 : Récapitulatif des topologies Ethernet

Topologie	*Débit (Mbit/s)*	*Type de câble*	*Longueur maximale (m)*
1000BaseCX	1 000	STP (*Shielded Twisted Pair*) deux paires, catégorie 5	25
1000BaseSX	1 000	Fibre multimode deux brins	200
1000BaseLX	1 000	Fibre monomode deux brins	10 000

2

Les LAN sans fil 802.11 (WLAN)

Si les réseaux locaux sans fil, ou WLAN (*Wireless Local Area Network*), issus du standard 802.11 deviennent si omniprésents dans les déploiements de réseaux c'est principalement en raison de leur facilité d'implémentation et d'utilisation. Pour l'utilisateur, ils opèrent à l'identique des LAN Ethernet partagés. Pourtant, l'architecture 802.11 est tout sauf simple. Les défis que pose un support de transmission non guidé sont plus complexes que ceux du support Ethernet guidé.

La sous-couche MAC doit fournir un mécanisme d'accès équitable au support. Tandis que les stations Ethernet câblées emploient la méthode d'accès CSMA/CD (*Carrier Sense Multiple Access/Collision Detection*), qui leur permet de détecter les collisions, les stations 802.11 ne sont pas en mesure d'effectuer cette détection. C'est pourquoi la sous-couche MAC 802.11 doit offrir davantage de fonctions et être évolutive, tout en limitant la surcharge de service.

Ce chapitre présente le mécanisme d'accès de base des WLAN 802.11.

Les topologies de WLAN

Les réseaux 802.11 offrent intrinsèquement une très grande souplesse. Trois types de topologies peuvent être déployées pour concevoir un WLAN, qui sont décrites dans les prochaines sections :

- IBSS (*Independent Service Set*)
- BSS (*Basic Service Set*)
- ESS (*Extended Service Set*)

Un *service set*, ou *ensemble de services*, consiste en un groupement logique d'équipements. Dans un WLAN, les transmissions se font sur une porteuse radio, c'est-à-dire un signal émis dans les fréquences hertziennes. Une station réceptrice peut se trouver dans la plage de fréquences de plusieurs stations émettrices appartenant à des groupes différents. Pour permettre au récepteur de trier les signaux reçus afin de ne retenir que ceux qui l'intéressent, l'émetteur préfixe un identifiant de service set, ou SSID (*Service Set Identifier*), aux données qu'il transmet.

IBSS

Un IBSS est un groupe de stations qui communiquent directement entre elles. Il s'agit donc d'un WLAN peer-to-peer. La Figure 2.1 illustre trois stations équipées chacune d'une carte réseau 802.11 qui forment un IBSS.

Figure 2.1
Un IBSS.

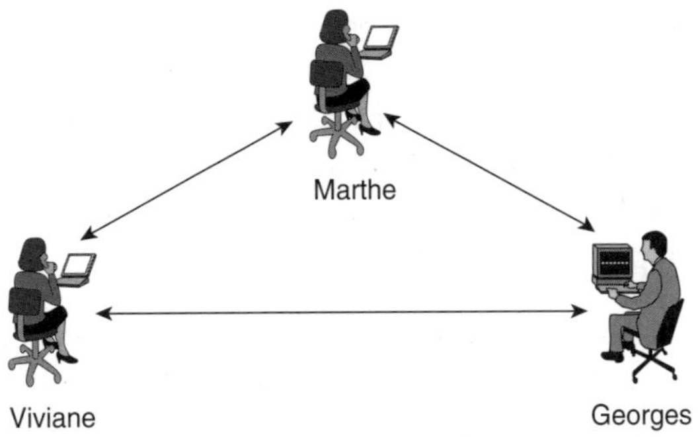

WLAN ad-hoc/IBSS

Un WLAN ad-hoc, ou IBSS, est formé par plusieurs équipements clients, au minimum deux, et représente un réseau autonome, c'est-à-dire sans point d'accès, ou AP (*Access Point*). Il ne demande aucune planification ou étude de site préalable car il est généralement petit et dure seulement le temps d'échanger les données nécessaires. Contrairement à ce qui se produit dans un BSS, les clients sont directement reliés les uns aux autres et ne disposent d'aucune interface avec le réseau câblé. Il leur manque le raccordement au système de distribution, qui est essentiel pour former un ESS, comme nous le verrons plus loin. Il n'existe aucune limite standard concernant le nombre d'équipements pouvant faire partie d'un IBSS. Comme chacun d'eux est un client, il arrive que certains membres ne puissent communiquer en raison du problème du nœud caché. Malgré cela, aucun mécanisme n'est prévu pour assurer une fonction de relais dans un IBSS.

En l'absence de point d'accès (AP), la synchronisation se fait de manière distribuée, c'est-à-dire qu'elle est gérée par les clients eux-mêmes. Le client qui initie l'IBSS définit l'intervalle de transmission des trames balises, ou beacon, pour créer un ensemble de valeurs TBTT (*Target Beacon Transmission Time*), chacune d'elles marquant le début d'une nouvelle période de transmission beacon. A chaque TBTT, chaque client accomplit les actions suivantes :

- Il suspend le temporisateur de backoff en cours datant de la dernière TBTT — ce temporisateur détermine le délai d'attente avant la prochaine transmission de données.
- Il détermine un nouveau délai aléatoire.
- S'il reçoit une trame beacon avant l'expiration de ce délai, il reprend son temporisateur de backoff. Si le délai expire sans qu'il ait reçu une trame beacon, il envoie lui-même une trame beacon et reprend son temporisateur de backoff.

En raison du problème du nœud caché, qui est évoqué plus loin, il peut arriver que plusieurs trames beacon soient envoyées par différents clients pendant la période de transmission beacon, auquel cas certains clients en recevront plusieurs. Cette possibilité prévue par le standard ne doit pas poser de problème puisque les clients attendent en fait la réception de la première trame beacon correspondant à leur délai aléatoire.

Chaque trame beacon contient une valeur TSF (*Time Synchronization Function*) de synchronisation d'horloge. Lorsqu'un client reçoit une trame beacon, il examine la TSF qu'elle contient et met à jour sa propre valeur si celle reçue est supérieure, signifiant que l'horloge de l'émetteur est plus rapide. Ce processus a pour effet de régler progressivement la vitesse d'horloge de tous les équipements sur celle du client le plus rapide. Dans un grand réseau ad-hoc, où les clients ne peuvent pas tous communiquer directement, la synchronisation peut être assez longue.

BSS

Un BSS (*Basic Service Set*) est un groupe de stations 802.11 qui communiquent entre elles par l'intermédiaire d'une station spéciale, appelée *point d'accès*, ou AP (*Access Point*). Les clients ne peuvent communiquer directement et sont obligés de passer par l'AP, qui achemine les trames vers la destination appropriée. L'AP peut disposer d'un port de liaison montante (*uplink*) vers le réseau câblé, par exemple une liaison Ethernet, auquel cas on parle de BSS d'infrastructure. La Figure 2.2 illustre un BSS d'infrastructure type.

Figure 2.2
Un BSS d'infrastructure.

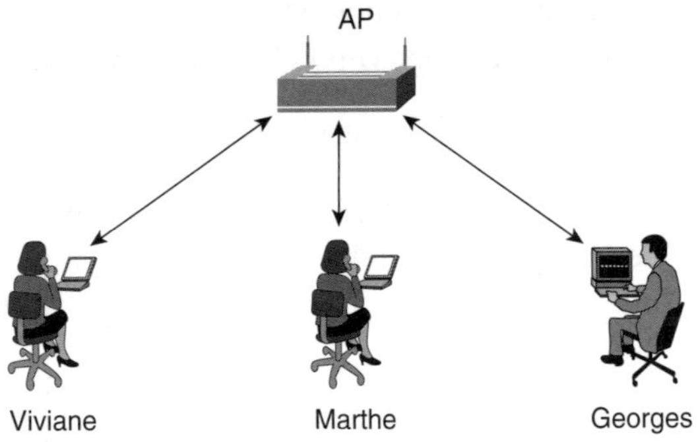

ESS

Plusieurs BSS d'infrastructure peuvent être reliés entre eux *via* leur interface uplink. Dans l'univers 802.11, cette interface relie le BSS au système de distribution, ou DS (*Distribution System*). Un ensemble de BSS interconnectés *via* le DS s'appelle un ESS (*Extended Service Set*). La Figure 2.3 illustre l'implémentation d'un ESS. Même si les spécifications 802.11 permettent que la liaison montante vers le DS soit sans fil, elle consiste la plupart du temps en un câble Ethernet.

Figure 2.3
Un ESS.

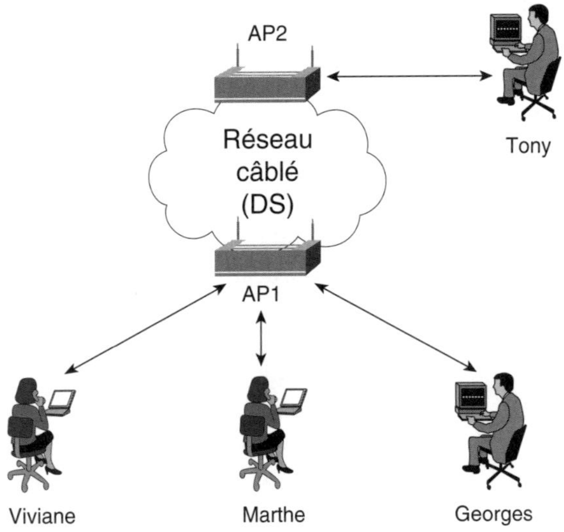

Les mécanismes d'accès au support

Le Chapitre 1 a décrit la méthode d'accès CSMA/CD (*Carrier Sense Multiple Access with Collision Detection*) mise en œuvre dans les réseaux Ethernet 802.3. Les WLAN 802.11 emploient une méthode similaire, dite d'accès partagé par écoute de la porteuse, ou CSMA/CA (*CSMA with Collision Avoidance*). Cette méthode fonctionne selon le principe LBT (*Listen Before Talk*), qui consiste pour une station à écouter avant de transmettre. Une station qui souhaite émettre doit donc écouter le support pour détecter un éventuel signal porteur et attendre qu'il soit libre pour émettre.

Un réseau Ethernet offre la possibilité de détecter les collisions qui ont lieu sur le support de transmission. Lorsque deux stations émettent au même moment, le niveau du signal sur le câble augmente, leur indiquant qu'une collision a eu lieu. Les stations sans fil 802.11 n'ayant pas cette capacité, le mécanisme d'accès doit donc tout faire pour éviter les collisions.

Présentation de CSMA/CA

Le Chapitre 1 a comparé le processus CSMA/CD à une audioconférence. Un participant qui souhaite parler doit attendre que tous les autres se taisent. Lorsque la ligne est libre, il peut tenter de parler. Si un autre participant prend la parole au même moment, les deux interlocuteurs doivent s'arrêter et essayer de nouveau une fois le silence revenu.

CSMA/CA est plus contraignant que CSMA/CD. Voici comment se déroulerait une audioconférence selon cette méthode :

- Avant de prendre la parole, un participant indique pendant combien de temps il compte occuper le canal, donnant une idée aux autres participants de leur durée d'attente avant de pouvoir s'exprimer à leur tour.
- Aucun participant ne peut intervenir avant que le temps de parole du participant en cours soit écoulé.
- Un participant ne peut savoir que sa voix a été entendue par les autres participants que s'il en reçoit la confirmation.
- Si deux participants parlent en même temps, ils l'ignorent. Le fait de ne pas recevoir de confirmation leur indique toutefois qu'ils n'ont pas été entendus.
- Lorsqu'un participant ne reçoit pas de confirmation, il patiente pendant une durée aléatoire puis tente de parler de nouveau.

Les règles plus strictes de CSMA/CA contribuent à éviter les collisions. Cette prévention est essentielle dans les réseaux sans fil puisqu'il n'existe aucun mécanisme explicite de détection des collisions. Une collision est détectée implicitement lorsque l'émetteur ne reçoit pas d'acquittement.

L'implémentation 802.11 de CSMA/CA est principalement incarnée par la fonction DCF (*Distributed Coordination Function*). Voici les principales composantes de cette implémentation dans un réseau 802.11 :

- écoute de la porteuse ;
- fonction de coordination distribuée, ou DCF ;
- trames d'acquittement ;
- réservation du support au moyen de trames RTS (*Request To Send*) et CTS (*Clear To Send*).

Les deux autres aspects importants suivants de l'accès au support 802.11 sont indépendants de CSMA/CA :

- fragmentation des trames ;
- fonction de coordination par AP, ou PCF (*Point Coordination Function*).

L'écoute de la porteuse

Une station qui souhaite émettre doit d'abord écouter le support sans fil pour déterminer s'il est occupé ou non. S'il l'est, elle doit différer sa transmission jusqu'à ce qu'il soit libre. Pour savoir si le support est disponible, elle peut procéder de deux manières :

- examiner la couche physique (couche 1, ou PHY) afin de détecter la présence d'un signal porteur ;
- utiliser un mécanisme d'écoute virtuelle de la porteuse, appelé NAV (*Network Allocation Vector*).

Il peut arriver qu'une station vérifie la couche PHY et détermine que le support est libre alors qu'en réalité il est réservé par une autre station à l'aide du NAV. Le NAV est un temporisateur qui est mis à jour par les trames de données transmises sur le support partagé. Par exemple, dans un BSS d'infrastructure, si Marthe envoie une trame à Georges (voir Figure 2.4), Viviane reçoit aussi la trame car les transmissions se font en mode broadcast sur le WLAN. Cette dernière contient un champ de durée dont la valeur est assez élevée pour couvrir la transmission de la trame et de l'acquittement attendu en retour. Lorsque Viviane reçoit la trame, elle met à jour son NAV avec la valeur contenue dans le champ de durée et s'abstient d'émettre jusqu'à ce que son NAV ait été décrémenté jusqu'à 0.

Figure 2.4
Le processus de mise à jour du NAV.

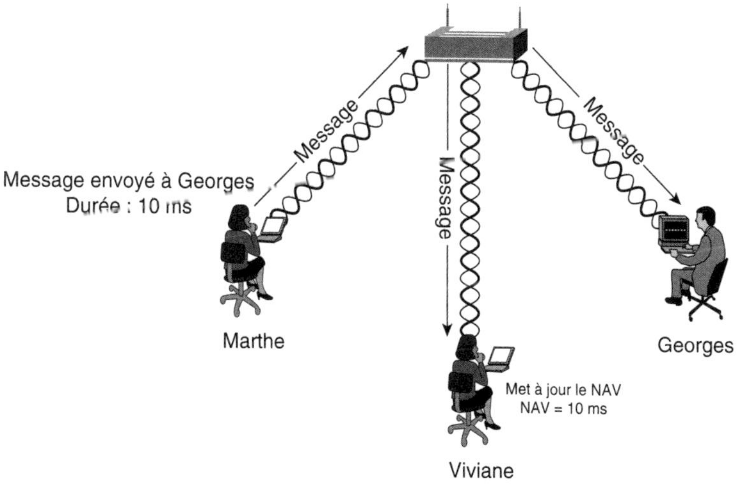

Les stations n'actualisent leur NAV que lorsque la valeur de durée reçue est supérieure à celle qu'elles possèdent. Par exemple, si Viviane possède un NAV de 10 millisecondes et qu'elle reçoive une trame avec une durée de 20 ms, elle met à jour son NAV ; si la trame reçue a une durée de 5 ms, elle ne le met pas à jour.

La fonction DCF

Le mécanisme d'accès imposé par l'IEEE pour les réseaux 802.11 est la fonction DCF, qui se fonde sur la méthode CSMA/CA. Avant de décrire le mode opératoire de DCF, il convient de définir certains concepts. La Figure 2.5 donne une représentation temporelle du scénario de la Figure 2.4.

Figure 2.5
Représentation temporelle de l'accès au support avec DCF.

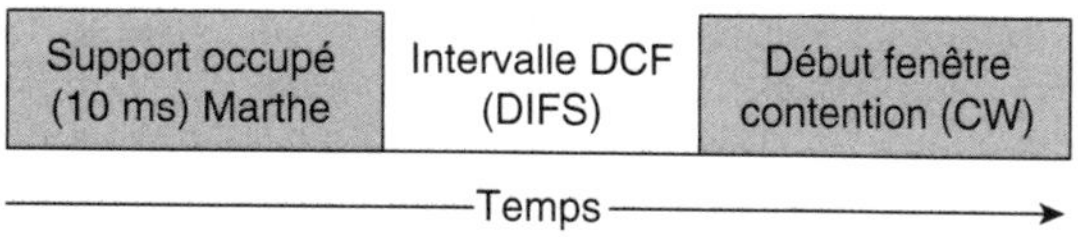

Avec DCF, une station qui veut émettre doit patienter pendant un intervalle de temps déterminé après que le support est devenu libre. Cet intervalle se nomme DIFS (*Distributed Inter-Frame Space*). Lorsqu'il expire, le support redevient utilisable par les autres stations.

Pour reprendre notre exemple, supposons que Viviane et Georges veuillent envoyer des trames lorsque Marthe termine de transmettre. Les deux stations doivent pour cela avoir le même NAV et détecter que le support est libre. Il est fort probable qu'elles tentent d'émettre en même temps, provoquant une collision. Pour éviter cette situation, DCF utilise un temporisateur de backoff aléatoire.

L'algorithme de backoff sous-jacent sélectionne aléatoirement une valeur entre 0 et la valeur courante de la fenêtre de contention, ou CW (*Contention Window*). Les valeurs minimale et maximale par défaut de cette fenêtre varient selon les fabricants et sont stockées sur la carte réseau de la station. La limite inférieure de la plage des valeurs de backoff est de 0 timeslot. Sa limite supérieure peut aller de CW_{min} jusqu'à CW_{max}. Imaginons ici que $CW_{min} = 7$ et $CW_{max} = 255$ (voir Figure 2.6).

Figure 2.6

Accès DCF avec l'algorithme de backoff.

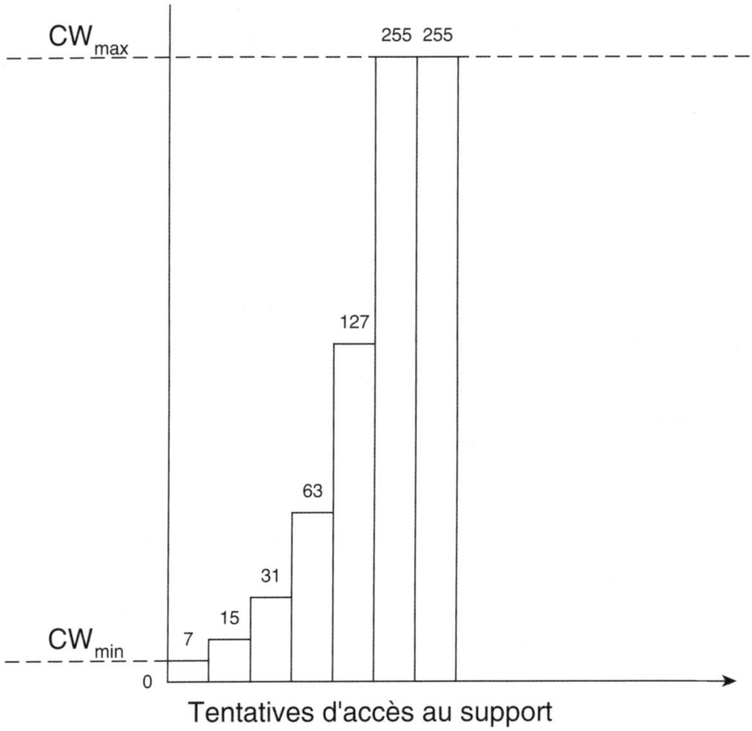

La valeur aléatoire choisie par l'algorithme de backoff correspond au nombre de timeslots d'inactivité du support durant lesquels la station doit attendre avant de transmettre. Le timeslot est une valeur dérivée de la couche PHY et se fonde sur les caractéristiques radio du BSS.

Revenons maintenant à notre exemple avec Viviane qui est prête à transmettre. Son temporisateur NAV a atteint 0, et sa couche PHY indique que le support est libre. Viviane, ou plutôt sa station sélectionne une valeur de backoff située entre 0 et la CW courante, qui est ici de 7, puis patiente pendant le nombre de timeslots choisi avant d'émettre. La Figure 2.7 illustre ce processus avec un temporisateur de backoff de quatre timeslots.

Figure 2.7
Transmission d'une trame à expiration du temporisateur de backoff.

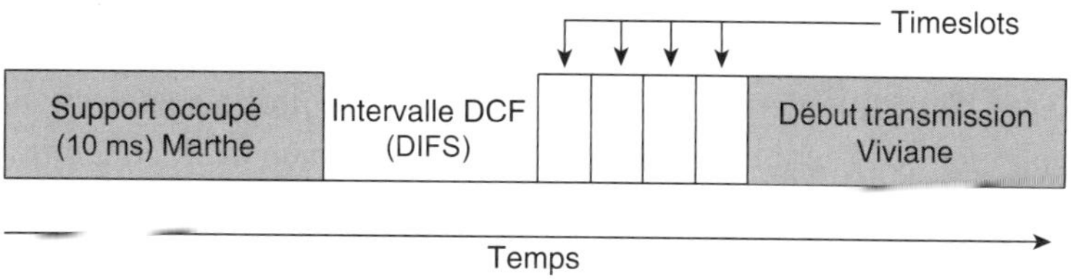

Une fois que les quatre timeslots se sont écoulés, Viviane peut envoyer ses données. Mais que se passe-t-il si Georges possède un temporisateur de backoff de deux timeslots au moment où Viviane a encore ses quatre timeslots ? Viviane détecte en ce cas une nouvelle durée dans la trame émise par Georges et met à jour son NAV en conséquence. Elle doit alors attendre que son NAV atteigne 0 et que sa couche PHY signale un support libre d'accès avant de reprendre la décrémentation de son temporisateur de backoff là où elle l'a laissé. Cela revient à dire qu'elle patiente pendant encore deux timeslots.

Comment Viviane peut-elle savoir que sa trame est arrivée à destination ? Conformément aux spécifications 802.11, la station réceptrice envoie une trame d'acquittement à l'émetteur. Si ce dernier ne reçoit pas de trame d'acquittement, il en déduit qu'une collision s'est produite sur le support. Il réinitialise alors son compteur de retransmission, double la CW et entame à nouveau le processus d'accès. La Figure 2.8 résume les étapes que doit accomplir une station avec DCF avant de pouvoir envoyer une trame.

Figure 2.8
Le processus d'accès au support avec DCF.

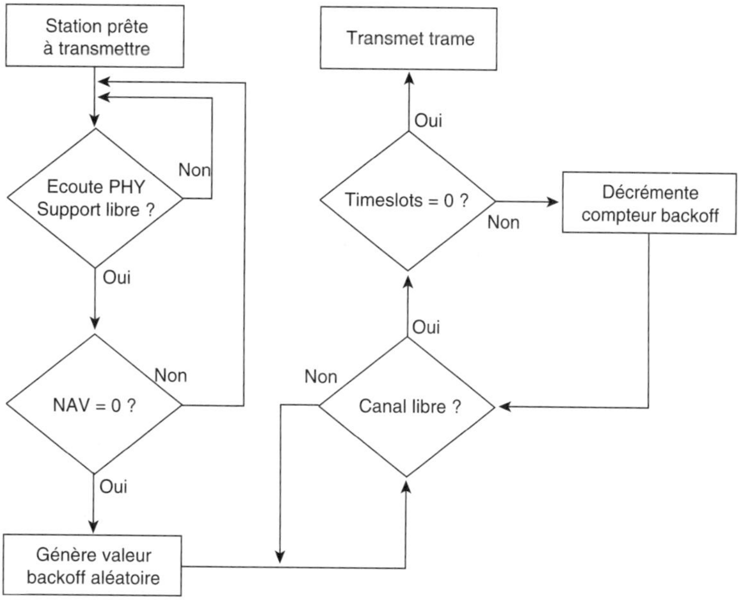

Les trames d'acquittement

Une station qui reçoit une trame exempte d'erreur en accuse réception en renvoyant une trame d'acquittement à l'émetteur. Puisqu'elle doit accéder au support pour cela, on peut imaginer que l'acquittement ait du retard en raison de la contention avec les autres stations. La transmission des trames d'acquittement est un cas particulier. Ces trames peuvent passer outre le processus de backoff et n'attendre qu'un bref intervalle, appelé SIFS (*Short Inter-Frame Space*), avant d'être envoyées. Plus court que l'intervalle DIFS de deux timeslots, cet intervalle offre à la station réceptrice toutes les chances de pouvoir accuser réception d'une trame reçue avant qu'une autre station n'occupe le support.

Revenons-en à Viviane au moment où elle dispose d'un temporisateur de backoff de quatre timeslots. A expiration de son temporisateur, et si le support est libre, elle envoie une trame à Georges (voir Figure 2.9). L'AP reçoit la trame et patiente le temps d'un intervalle SIFS avant d'envoyer une trame d'acquittement à Viviane.

Figure 2.9
Transmission d'une trame suivie d'un acquittement.

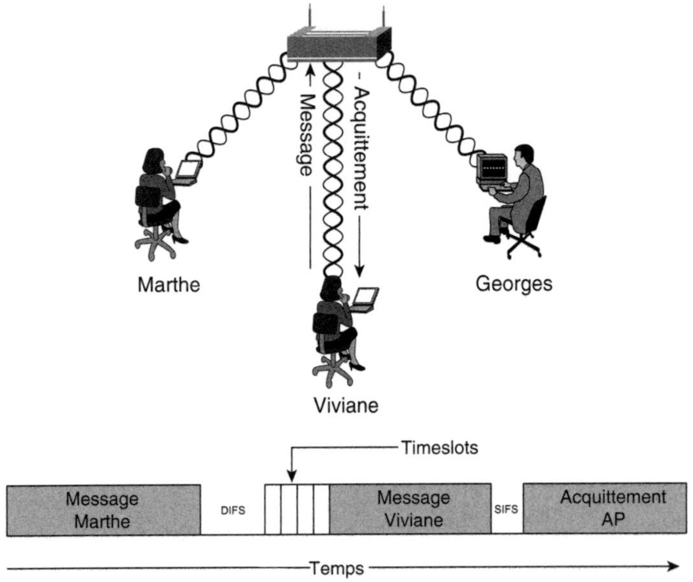

Si Viviane ne reçoit pas l'acquittement, elle double la CW, l'amenant à 15, et recommence le processus de backoff. Pour chaque tentative d'accès qui échoue, elle incrémente un compteur de retransmission. La CW continue à doubler jusqu'à atteindre CW_{max}. La sous-couche MAC peut continuer à essayer de transmettre la trame, mais une fois que le compteur de retransmission a atteint un seuil défini par l'administrateur, Viviane tente de réserver le support.

Le problème du nœud caché et les trames RTS/CTS

Il se peut que Viviane ne parvienne pas à transmettre en raison d'une autre station qui se trouve dans la zone de couverture de l'AP mais pas dans la sienne propre, comme illustré à la Figure 2.10. Viviane et Georges se trouvent chacun dans la zone de couverture de l'autre ainsi que dans celle de l'AP, mais pas dans celle de Tony. Ce dernier se trouve lui aussi dans la zone de couverture de l'AP et tente de transmettre. On se trouve ici dans la situation dite du *nœud caché* (*hidden node*) car Tony n'est visible ni de Viviane ni de Georges.

Figure 2.10
Le problème du nœud caché.

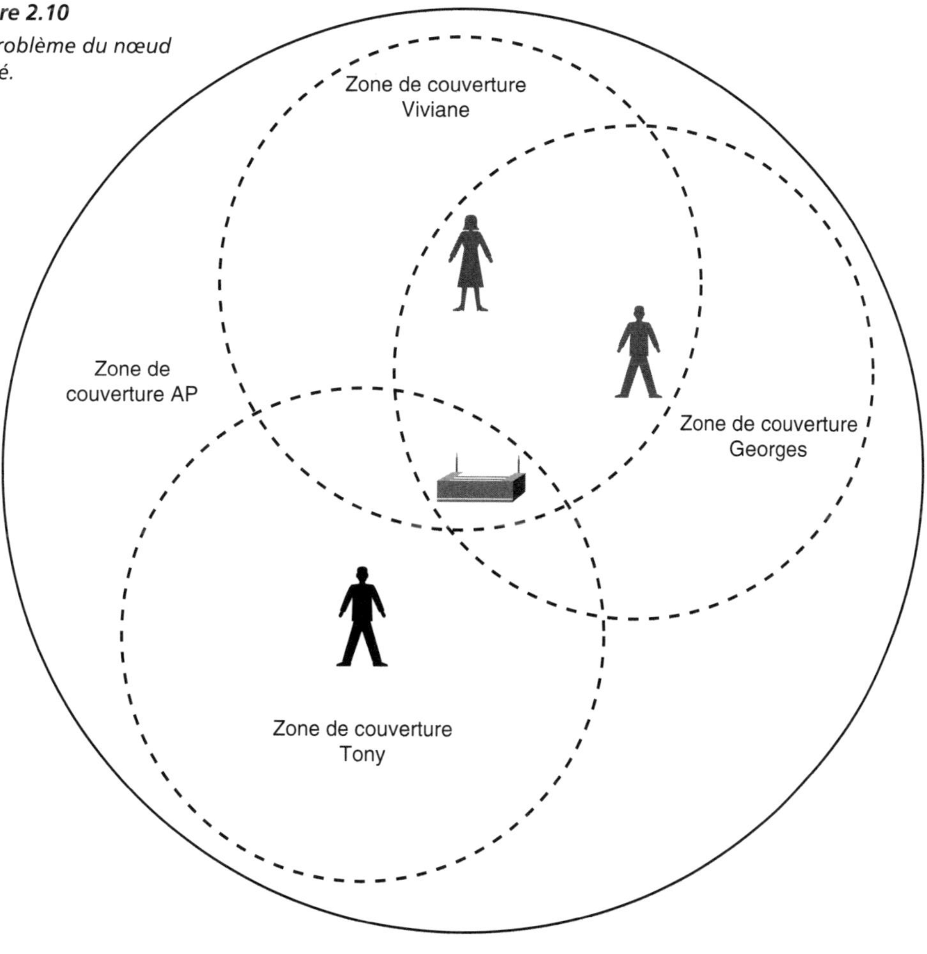

Pour réserver le support, Viviane utilise une trame de contrôle spéciale, appelée RTS (*Request To Send*), qui correspond en fait à une demande d'émission. Cette trame est envoyée à l'AP pour lui indiquer, ainsi qu'à toutes les stations qui se trouvent dans sa zone de couverture, la durée escomptée de l'échange de trames de Viviane, ce qui inclut la trame initiale et celle d'acquittement.

Lorsqu'il reçoit la trame RTS de Viviane, l'AP répond par une trame de contrôle nommée CTS (*Clear To Send*), c'est-à-dire une autorisation à émettre. Cette trame contient une valeur de durée suffisamment longue pour permettre l'échange de Viviane. Toutes les stations qui se trouvent dans la zone de couverture de l'AP, ici Tony et Georges, reçoivent également la trame CTS et mettent à jour leur NAV, comme illustré à la Figure 2.11.

Figure 2.11

Réservation du support au moyen de trames RTS et CTS.

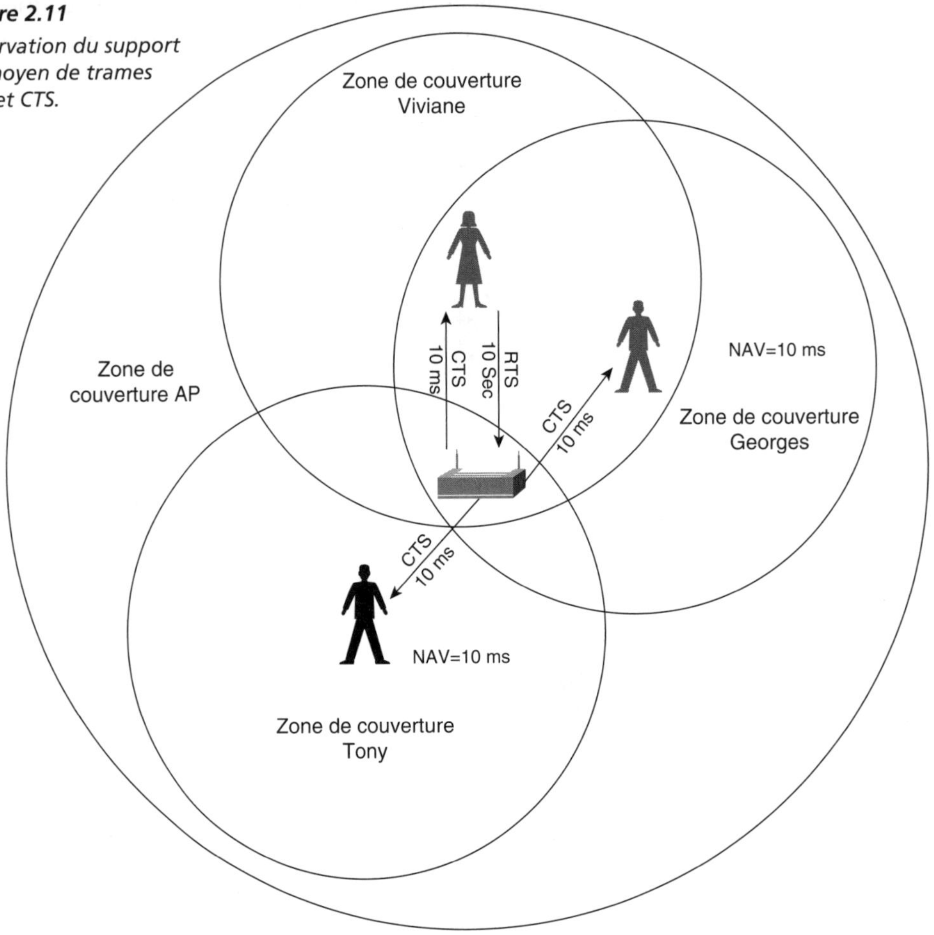

La trame RTS de Viviane doit passer par le processus DCF, comme n'importe quelle autre trame. En revanche, à l'instar d'une trame d'acquittement, la trame CTS correspondante de l'AP échappe à ce processus et doit seulement attendre un intervalle SIFS pour être transmise. La Figure 2.12 détaille l'échange complet de Viviane, trames de réservation incluses.

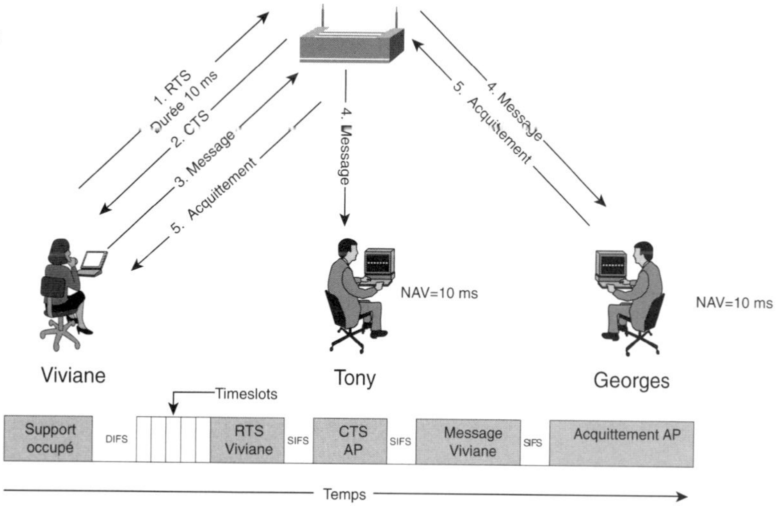

Figure 2.12
Exemple d'échange après réservation du support.

Lorsque Georges reçoit la trame de Viviane *via* l'AP, il envoie immédiatement un acquittement. Bien que son NAV soit différent de zéro, puisqu'il l'a précédemment mis à jour à réception de la trame CTS, il lui faut seulement attendre un intervalle SIFS.

Fragmentation des trames

La fragmentation des trames est une fonction de la sous-couche MAC qui vise à augmenter la fiabilité des transmissions sur le support sans fil. Elle consiste à décomposer chaque trame en fragments de taille plus petite, qui sont envoyés individuellement (voir Figure 2.13), le principe étant qu'un petit fragment a davantage de chances d'être transmis correctement dans ce milieu hostile. Chaque fragment donne lieu à un acquittement. En conséquence, si l'un d'eux subit une altération ou une collision, seul ce fragment doit être retransmis, et non la trame entière, ce qui permet d'accroître le début utile du support.

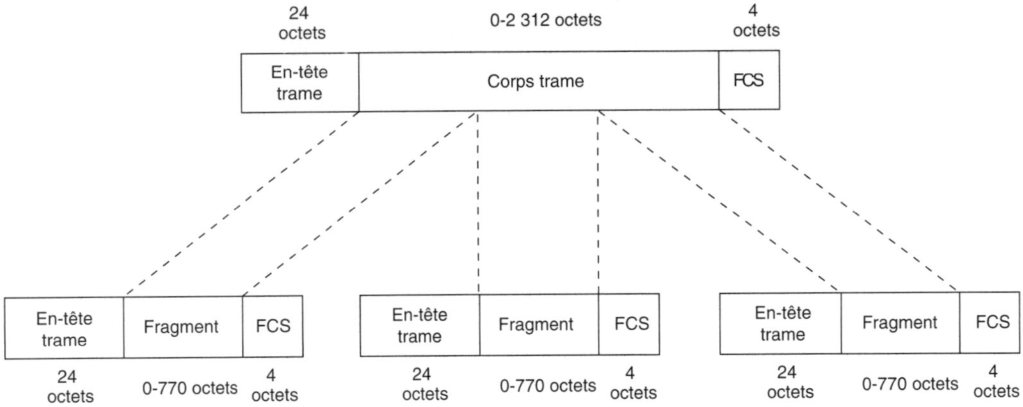

Figure 2.13
Fragmentation d'une trame.

La taille des fragments peut être définie par l'administrateur réseau (voir Figure 2.14). La fragmentation s'applique uniquement aux trames unicast, épargnant de ce fait les trames broadcast et multicast. En outre, les fragments d'une trame sont envoyés en rafale lors d'une même itération du processus d'accès DCF.

Figure 2.14
Configuration de la fragmentation sur un adaptateur sans fil Cisco Aironet.

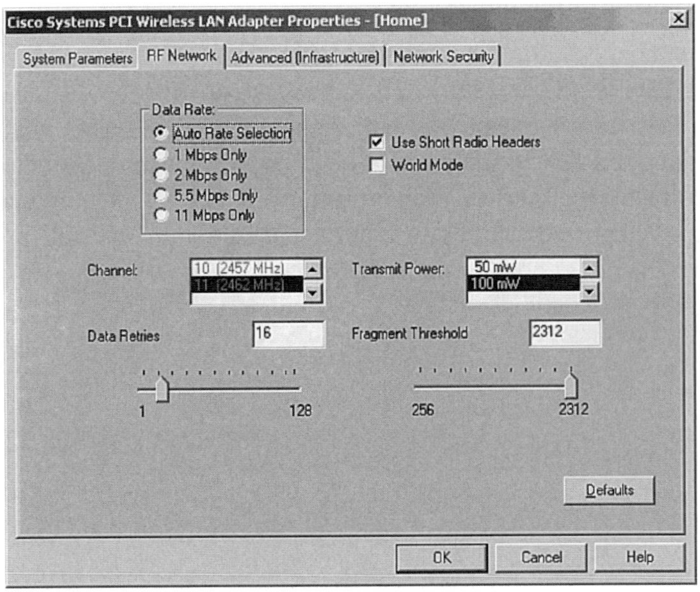

Si elle améliore la fiabilité, la fragmentation contribue en contrepartie à augmenter la surcharge de service (*overhead*) du protocole MAC 802.11. En effet, chaque fragment inclut les informations d'en-tête 802.11 et requiert une trame d'acquittement, faisant chuter le débit effectif de la station sans fil. La fragmentation est donc une fonction à double tranchant.

La fonction PCF

La fonction de coordination par AP, ou PCF *(Point Coordination Function)*, est un mécanisme d'accès optionnel utilisé en plus de DCF, qui vise à assurer une livraison sans contention des trames *via* l'AP. La plupart des fabricants d'équipements ne l'implémentent pas car elle augmente la surcharge de service du protocole sur le BSS. Les améliorations qui sont prévues pour la qualité de service (QoS) de 802.11 s'appuient sur PCF.

Cette section décrit le mode opératoire de cette fonction, qui implique un coordinateur, ou PC (*Point Coordinator*), et des stations PCF, appelées stations CF-Pollable dans les spécifications 802.11.

La fenêtre CFP

La période sans contention, ou CFP (*Contention Free Period*), est la fenêtre pendant laquelle opère PCF. Elle débute à intervalles réguliers, faisant suite à une trame beacon contenant un élément d'information, ou IE (*Information Element*), appelé DTIM (*Delivery Traffic Indication Map*), que nous détaillons plus loin. Sa fréquence est déterminée par l'administrateur réseau.

Au début d'une période CFP, l'AP prend le rôle de coordinateur (PC). PCF ne peut donc être utilisé que dans un BSS d'infrastructure. Chaque client 802.11 définit son NAV avec la valeur Durée maximale CFP (*CFP MaxDuration*), laquelle est incluse dans l'IE Jeu de paramètres CF (*CF Parameter Set*), décrit plus loin. Cette valeur indique la durée maximale de la fenêtre CFP, mais le PC peut y mettre fin avant. L'AP transmet des trames beacon à intervalles réguliers. Les trames beacon envoyées pendant la période CFP contiennent un champ Mise à jour durée restante CFP (*CFP DurationRemaining*), qui sert à mettre à jour le NAV des stations avec la durée restante de la période. La Figure 2.15 illustre ce processus.

Figure 2.15
Période de contention de PCF.

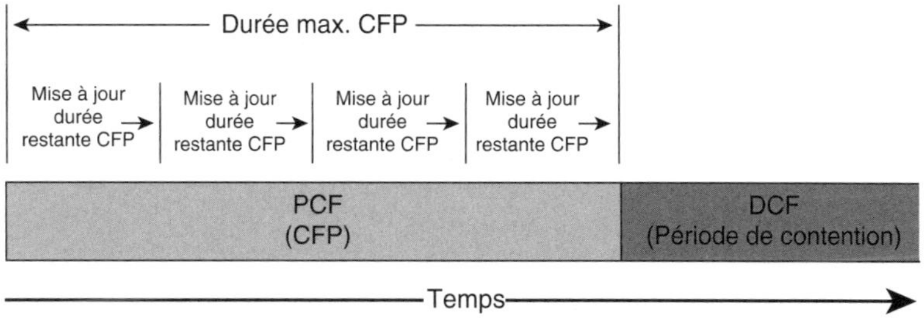

Contrairement à DCF, PCF n'autorise pas les stations à accéder librement au support et à envoyer des données. Les stations peuvent transmettre (une trame à la fois) uniquement lorsqu'elles y sont invitées par le PC au moyen d'une trame de polling. Ce dernier peut envoyer des trames de données aux stations, les inviter à transmettre, accuser réception de trames nécessitant un acquittement de niveau MAC et terminer la période CFP.

Fonctionnement du PC

Lorsque la CFP débute, le PC doit accéder au support de la même manière qu'une station DCF, à cette différence près qu'il doit seulement patienter le temps d'un intervalle appelé PIFS (*PCF Inter-Frame Space*). Cet intervalle est supérieur d'un timeslot au SIFS et inférieur d'un timeslot au DIFS, permettant aux stations PCF d'accéder au support avant les stations DCF, tout en autorisant les trames de contrôle, comme celles d'acquittement, à avoir la plus grande chance d'être transmises. La Figure 2.16 illustre la relation entre tous ces intervalles et un timeslot.

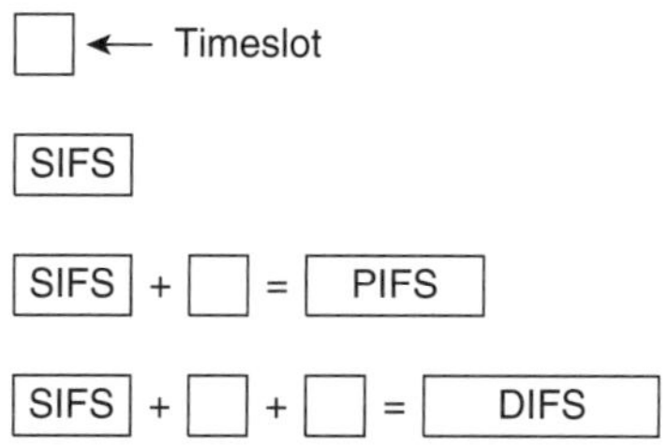

Figure 2.16
Relation entre les intervalles SIFS, PIFS et DIFS et un timeslot.

A l'issue d'un intervalle PIFS, le PC envoie la trame beacon initiale contenant l'IE Jeu de paramètres CF. Il attend un autre intervalle PIFS puis envoie une des trames suivantes à une station CF-Pollable :

- trame de données ;
- trame de polling (CF-Poll) ;
- trame combinant données et polling (Data+CF-Poll) ;
- trame de fin de CFP (CF-End).

Si le PC n'a pas de trame à envoyer et qu'il n'y ait pas de station CF-Pollable, la CFP est considérée comme étant nulle. Immédiatement après la trame beacon, le PC envoie une trame CF-End pour fermer la fenêtre CFP.

Exemple de fonctionnement de PCF

Reprenons notre exemple où Viviane, Marthe et Georges communiquent *via* AP1 (voir Figure 2.17).

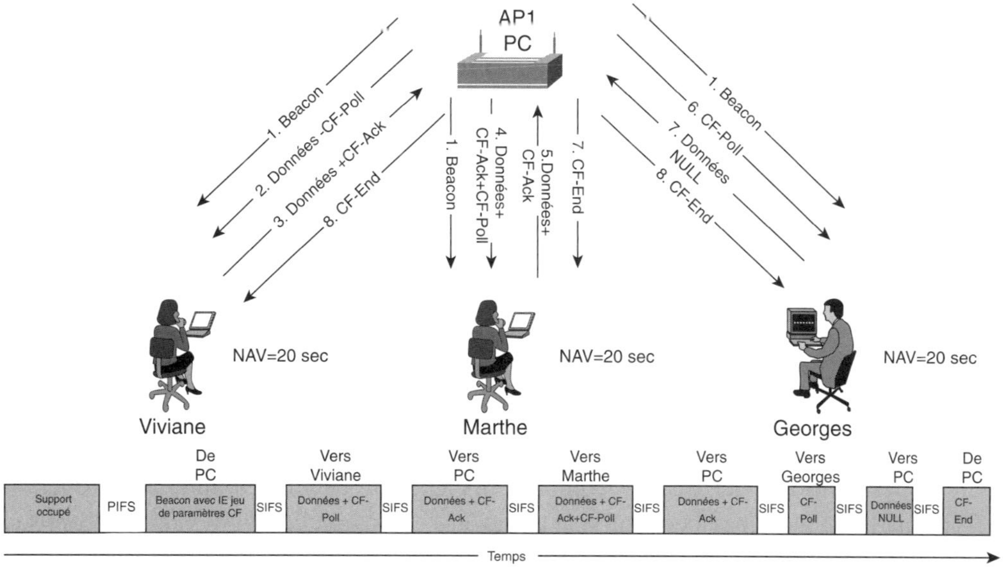

Figure 2.17

L'accès au support avec PCF.

AP1 envoie une trame beacon indiquant le début d'une CFP. Cette fenêtre est configurée pour durer vingt secondes. Viviane, Marthe et Georges mettent à jour leur NAV pour refléter cette durée. A l'issue d'un intervalle SIFS, AP1 transmet à Viviane une trame qu'il conservait en tampon à son attention ainsi qu'une trame Data+CF-Poll pour lui permettre d'envoyer des données. A réception de cette dernière, Viviane émet une trame de données et une trame d'acquittement sans contention combinées (Data+CF-Ack) après un intervalle SIFS. Notez que Viviane ignore alors son NAV.

AP1 examine sa liste de polling et en arrive à Marthe. Il utilise une trame combinée (Data+CF-Ack+CF-Poll) pour lui envoyer des données, accuser réception de la trame de Viviane et inviter Marthe à transmettre. Bien que destinée à Marthe, cette trame combinée permet d'accuser réception de la dernière trame de Viviane du fait de la nature partagée de l'accès au support 802.11. Marthe attend un intervalle SIFS et envoie une trame Data+CF-Ack.

AP1 passe ensuite à Georges. Il n'a pas de trame de données pour lui en tampon et lui envoie donc seulement une trame CF-Poll. Georges n'a pas non plus de trame à envoyer et répond par une trame sans donnée. Bien que la période CFP ne touche pas encore à sa fin, AP1 émet une trame CF-End pour la terminer et repasser dans le mode normal d'accès au support, c'est-à-dire DCF. Lorsqu'ils reçoivent la trame CF-End, Viviane, Marthe et Georges mettent à jour leur NAV.

Equipements non standards

La section précédente a décrit l'accès au support sans fil par des équipements qui respectent scrupuleusement le standard 802.11. La présente section décrit le cas d'équipements qui ne sont pas couverts par les spécifications 802.11 mais qui exploitent néanmoins cette technologie en la modifiant, voire en l'étendant, et qui peuvent avoir leur utilité dans un WLAN. Il s'agit des équipements suivants :

- AP répéteurs ;
- clients universels (UC) et ponts de groupe de travail (WGB) ;
- ponts sans fil.

Il ne faut pas perdre de vue que ces équipements n'offrent aucune garantie d'interopérabilité, puisqu'ils ne sont pas conformes au standard. Les fonctionnalités qu'ils proposent peuvent donc être implémentées différemment selon les fabricants. Pour préserver la fiabilité du réseau, il est recommandé de choisir en ce cas des équipements d'un même fabricant ou au moins, s'ils sont de fabricants différents, de s'assurer qu'ils sont compatibles.

AP répéteurs

Dans certaines situations, il peut être difficile de raccorder un AP à l'infrastructure câblée. Il peut aussi arriver qu'un obstacle ne permette pas à un AP déjà connecté au système de distribution (DS) d'associer directement des clients situés dans une zone spécifique de l'entreprise. La solution à ces problèmes consiste à utiliser un AP répéteur. La Figure 2.18 illustre un scénario où Hélène se trouve dans la zone de couverture d'AP3, lequel n'est pas relié au réseau filaire mais se trouve dans la zone de couverture d'AP2, qui lui l'est.

Figure 2.18
Emploi d'un AP répéteur.

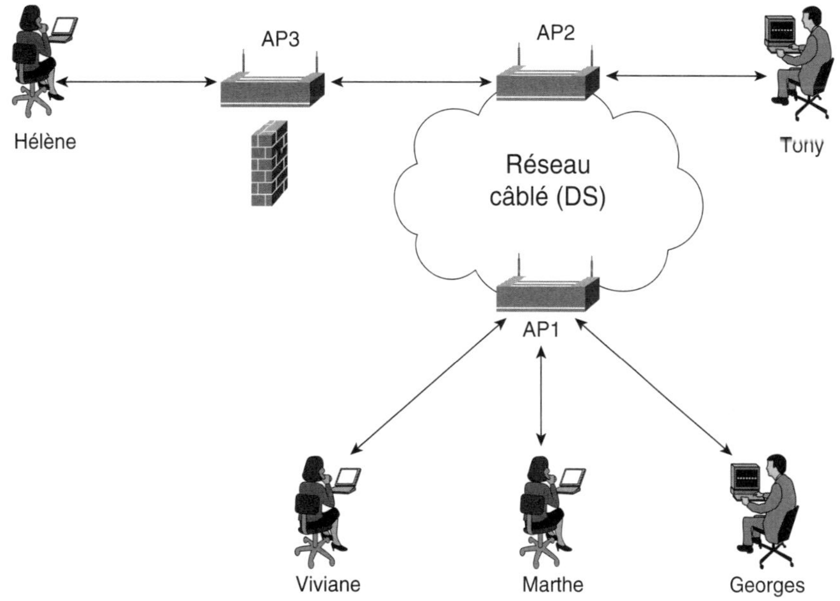

A l'instar d'un répéteur traditionnel, un répéteur sans fil ne fait que retransmettre les paquets qu'il reçoit sur l'interface air. Cette retransmission se fait sur le même canal que celui de réception. Un AP répéteur a pour effet d'étendre le BSS et donc aussi le domaine de collision. Malgré l'intérêt que présente ce type d'équipement, il faut se montrer prudent dans son utilisation. En effet, le recouvrement, ou chevauchement, de domaines de broadcast peut diviser le débit par deux puisque l'AP d'origine entend également les retransmissions. Le problème peut s'aggraver encore avec l'emploi d'une chaîne d'AP répéteurs. De plus, l'utilisation d'un AP répéteur peut contraindre d'utiliser des clients disposant d'extensions leur permettant de supporter l'association et l'exécution de services au travers d'AP répéteurs. En dépit des ces limitations, cette option peut s'avérer très pratique.

Clients universels et ponts de groupe de travail

A mesure que vous intégrez le sans-fil à votre infrastructure câblée, il se peut que certains équipements disposent de slots pour interface Ethernet ou série mais pas pour interface sans fil. Dans ce contexte, vous pouvez employer deux types d'équipements : un client universel, ou UC (*Universal Client*), ou un pont de groupe de travail, ou WGB (*WorkGroup Bridge*), comme illustré à la Figure 2.19.

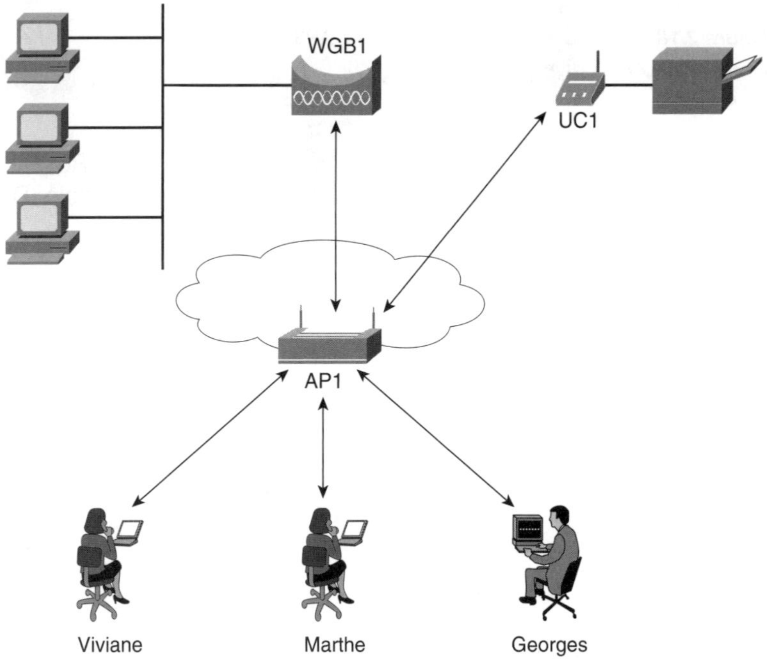

Figure 2.19
Emploi d'un client universel (UC) et d'un pont de groupe de travail (WGB).

UC et WGB peuvent être utiles pour raccorder au réseau sans fil des équipements tels que ceux utilisés dans les commerces de détail, des imprimantes, d'anciens PC, des photocopieurs ou de petits réseaux mobiles. Ils encapsulent les paquets provenant du réseau câblé dans des paquets pouvant être transmis sur l'interface air 802.11 vers l'AP. Un UC sert généralement d'interface pour un seul client tandis qu'un WGB peut s'interfacer avec un petit réseau ou plusieurs équipements à la fois. Comme il n'existe aucun mécanisme d'encapsulation ou de transmission standard pour les données issues du réseau câblé, il convient de vérifier que l'UC ou le WGB est compatible avec l'AP.

Ponts sans fil

Un pont sans fil (*wireless bridge*) peut être considéré comme une extension du concept de pont de groupe de travail en ce qu'il permet de relier entre eux plusieurs réseaux câblés. Sa fonction est analogue à celle d'un pont classique. Il peut trouver son utilité dans l'interconnexion de réseaux intrinsèquement mobiles ou qui se trouvent dans des endroits différents. La principale différence entre un pont de groupe de travail et un pont sans fil est que le premier ne peut raccorder au support sans fil qu'un petit réseau dans les limites des locaux d'une entreprise tandis que le second peut relier des réseaux plus vastes, souvent séparés par des distances bien supérieures à celles d'un WLAN. Nombre de fabricants proposent des produits dont la portée excède largement les définitions et limitations du standard 802.11. La Figure 2.20 en donne un exemple.

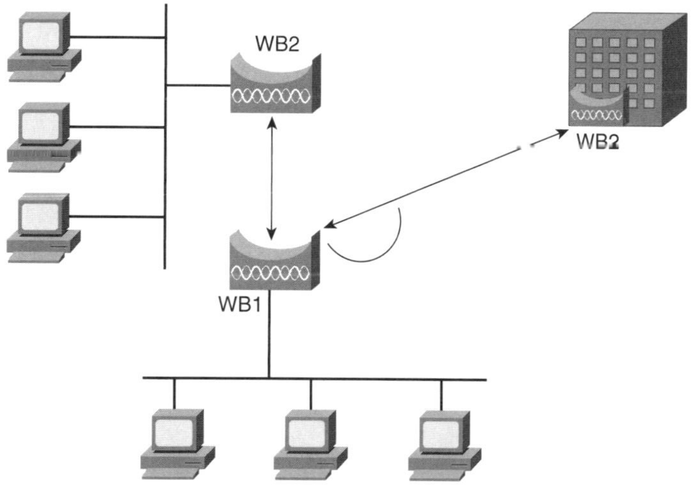

Figure 2.20
Emploi de ponts sans fil.

Sur cette figure, un des ponts joue le rôle d'AP dans le WLAN tandis que les autres sont des clients. Bien que les ponts sans fil implémentent les fonctions élémentaires des couches PHY et MAC 802.11, chaque fabricant adopte une approche qui lui est propre pour l'encapsulation du trafic provenant du réseau câblé et l'extension de la portée radio. Il convient donc de s'assurer que les produits choisis sont capables d'interopérer entre eux et avec l'AP.

Fonctions de la sous-couche MAC 802.11

Maintenant que vous savez comment les stations 802.11 se partagent l'accès au support sans fil, vous pouvez aborder les sujets suivants :

- **Connectivité des stations avec l'AP,** ou comment les stations 802.11 choisissent un AP et communiquent avec lui.
- **Mode d'économie d'énergie,** ou comment les trames sont livrées aux stations qui se trouvent dans ce mode.
- **Format des trames de la couche MAC,** ou de quels champs sont constituées les trames évoquées dans les sections précédentes.

Connectivité des stations avec l'AP

Cette section revient sur l'exemple dans lequel Georges, Marthe, Viviane et Tony se partagent le support sans fil au sein d'un BSS pour décrire comment une station se joint à un WLAN.

Trois échanges sont requis entre la station et l'AP :

- processus de sondage, ou probe ;
- processus d'authentification ;
- processus d'association.

Le processus de sondage (probe)

Dans la Figure 2.21, Viviane se trouve dans la portée de trois AP. Deux d'entre eux appartiennent au service Marketing et le troisième au service Ventes. La station de Viviane est configurée pour faire partie du service Marketing.

Figure 2.21
Viviane et les AP environnants.

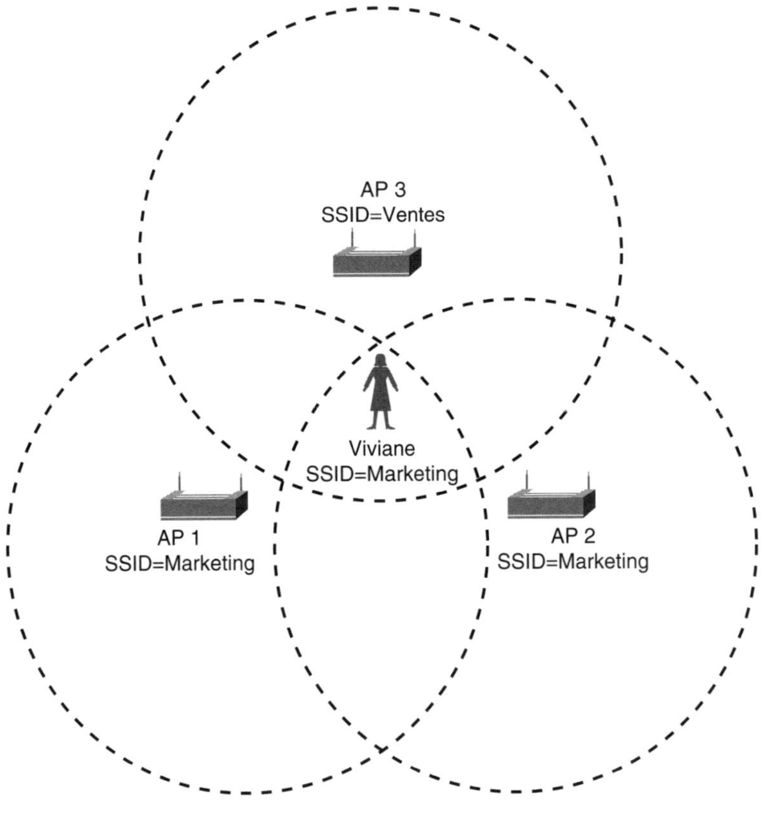

Une station 802.11 commence généralement par émettre une trame de requête probe sur chaque canal qu'elle est autorisée à utiliser (canaux 1 à 11 en Amérique du Nord et 1 à 13 en Europe). Ce processus n'est toutefois pas exigé par le standard. La requête contient des informations sur la station émettrice, telles que les débits de données qu'elle supporte et l'ensemble de services (*service set*) auquel elle appartient. La Figure 2.22 présente un décodage de protocole de cette trame.

```
DLC: Signal level                  = 100%
DLC: Channel                       = 1
DLC: Data rate                     = 2 ( 1.0 Megabits per second)
DLC:
DLC: Frame Control Field #1 = 40
DLC:                ..... ..00 = 0x0 Protocol Version
DLC:                .... 00.. = 0x0 Management Frame
DLC:                0100 .... = 0x4 Probe request (Subtype)
DLC: Frame Control Field #2 = 00
DLC:                .... ...0 = Not to Distribution System
DLC:                .... ..0. = Not from Distribution System
DLC:                .... .0.. = Last fragment
DLC:                .... 0... = Not retry
DLC:                ...0 .... = Active Mode
DLC:                ..0. .... = No more data
DLC:                .0.. .... = Wired Equivalent Privacy is off
DLC:                0... .... = Not ordered
DLC: Duration                      = 0 (in microseconds)
DLC: Destination Address           = BROADCAST FFFFFFFFFFFF. Broadcast
DLC: Source Address                = Station Airont502F3F
DLC: Basic Service Set ID          = BROADCAST FFFFFFFFFFFF. Broadcast
DLC: Sequence Control              = 0x5690
DLC: ...Sequence Number            = 0x569 (1385)
DLC: ...Fragment Number            = 0x0   (0)
DLC: Element ID                    = 0 (Service Set Identifier)
DLC: ...Length                     = 9 octet(s)
DLC: ...Service Set Identity       = "marketing"
DLC:
DLC: Element ID                    = 1 (Supported Rates)
DLC: ...Length                     = 4 octet(s)
DLC: ...Supported Rates information field = 02
DLC:                                 0... .... = Not Basic Service Set Basic Rate
DLC:                                 .000 0010 =  1.0 Megabits per second
DLC: ...Supported Rates information field = 04
DLC:                                 0... .... = Not Basic Service Set Basic Rate
DLC:                                 .000 0100 =  2.0 Megabits per second
DLC: ...Supported Rates information field = 0B
DLC:                                 0... .... = Not Basic Service Set Basic Rate
DLC:                                 .000 1011 =  5.5 Megabits per second
DLC: ...Supported Rates information field = 16
DLC:                                 0... .... = Not Basic Service Set Basic Rate
DLC:                                 .001 0110 = 11.0 Megabits per second
```

Figure 2.22

Décodage de protocole d'une trame de requête probe.

Voici les champs les plus importants d'une requête probe :

- **IE SSID (*Service Set Identifier*).** Contient le SSID avec lequel la station est configurée.
- **IE Débits acceptés/Supported Rates.** Indique tous les débits auxquels la station peut opérer.

Ce processus de sondage permet à la station de découvrir les AP qui se trouvent à proximité. Comme elle ne sait rien des AP, la plupart des requêtes probe sont envoyées au débit minimal de 1 Mbit/s (voir Figure 2.22).

Lorsqu'un AP reçoit une requête probe valide, c'est-à-dire qui a passé le contrôle d'intégrité FCS (*Frame Sequence Check*), il répond par une trame de réponse probe. La Figure 2.23 présente un décodage de protocole de cette trame.

```
DLC: Frame Control Field #1 = 50
DLC:                 .... ..00 = 0x0 Protocol Version
DLC:                 .... 00.. = 0x0 Management Frame
DLC:                 0101 .... = 0x5 Probe response (Subtype)
DLC: Frame Control Field #2 = 00
DLC:                 .... ...0 = Not to Distribution System
DLC:                 .... ..0. = Not from Distribution System
DLC:                 .... .0.. = Last fragment
DLC:                 .... 0... = Not retry
DLC:                 ...0 .... = Active Mode
DLC:                 ..0. .... = No more data
DLC:                 .0.. .... = Wired Equivalent Privacy is off
DLC:                 0... .... = Not ordered
DLC: Duration                     = 213 (in microseconds)
DLC: Destination Address          = Station Airont502F3F
DLC: Source Address               = Station 00097CAC4391
DLC: Basic Service Set ID         = 00097CAC4391
DLC: Sequence Control             = 0x2C30
DLC: ...Sequence Number           = 0x2C3 (707)
DLC: ...Fragment Number           = 0x0   (0)
DLC: Timestamp                    = 72298844
DLC: Beacon Interval              = 100
DLC: Capability information field #1 = 21
DLC:                          .... ...1 = Extended Service Set is on
DLC:                          .... ..0. = Independent Basic Service Set is off
DLC:                          .... 00..   = No point coordinator at Access Point
DLC:                          ...0 .... = No privacy
DLC:                          ..1. .... = Short Preamble option is allowed
DLC:                          .0.. .... = Packet Binary Convolutional Coding Modulation mode option is not allowed
DLC:                          0... .... = Channel agility is not in use
DLC: Capability information field #2 = 00
DLC:                          0000 0000 = Reserved
DLC:
DLC: Element ID                   = 0 (Service Set Identifier)
DLC: ...Length                    = 9 octet(s)
DLC: ...Service Set Identity      = "marketing"
DLC:
DLC: Element ID                   = 1 (Supported Rates)
DLC: ...Length                    = 4 octet(s)
DLC: ...Supported Rates information field = 82
DLC:                              1... .... = Basic Service Set Basic Rate
DLC:                              .000 0010 =  1.0 Megabits per second
DLC: ...Supported Rates information field = 84
DLC:                              1... .... = Basic Service Set Basic Rate
DLC:                              .000 0100 =  2.0 Megabits per second
DLC: ...Supported Rates information field = 8B
DLC:                              1... .... = Basic Service Set Basic Rate
DLC:                              .000 1011 =  5.5 Megabits per second
DLC: ...Supported Rates information field = 96
DLC:                              1... .... = Basic Service Set Basic Rate
DLC:                              .001 0110 = 11.0 Megabits per second
DLC:
DLC: Element ID                   = 3 (Direct Sequence Parameter set)
DLC: ...Length                    = 1 octet(s)
DLC: ...dot11CurrentChannelNumber = 1
```

Figure 2.23

Décodage de protocole d'une trame de réponse probe.

Voici les principaux champs d'une réponse probe :

- **Horodate/Timestamp.** Contient la valeur du temporisateur TSF de l'émetteur. Ce champ sert à synchroniser l'horloge de la station avec celle de l'AP.
- **Intervalle de balisage/Beacon Interval.** Contient le nombre d'unités de temps, ou TU (*Time Unit*), entre les trames beacon, une TU étant égale à 1 024 microsecondes (µs).
- **Informations de capacité/Capability Information.** Renseigne sur les capacités des couches MAC et PHY. Ce champ est décrit en détail à la section "Format des trames de la couche MAC", plus loin dans ce chapitre.
- **IE SSID (*Service Set Identifier*).** Contient le SSID avec lequel l'AP est configuré.

- **IE Débits acceptés/Supported Rates.** Indique tous les débits auxquels l'AP peut opérer.
- **IE Jeu de paramètres PHY.** Soit FH (*Frequency Hopping*), soit DS (*Direct Sequence*). Ce champ fournit à la station des informations spécifiques à la couche PHY. Les IE FH et DS sont décrits en détail à la section "Format des trames de la couche MAC".

Lorsque la station reçoit les trames de réponse probe des AP environnants, elle les compare pour déterminer à quel AP s'associer. Le mécanisme de sélection d'un AP n'étant pas spécifié par le standard, les fabricants sont libres de l'implémenter comme ils l'entendent. Cette sélection peut se faire selon des critères tels que le SSID, qui doit être le même pour la station et l'AP, la puissance du signal que la station détecte lorsqu'elle reçoit la trame de réponse et des extensions propres au fabricant. Pour notre exemple, les critères utilisés sont le SSID, les débits supportés et la puissance du signal (voir Figure 2.24).

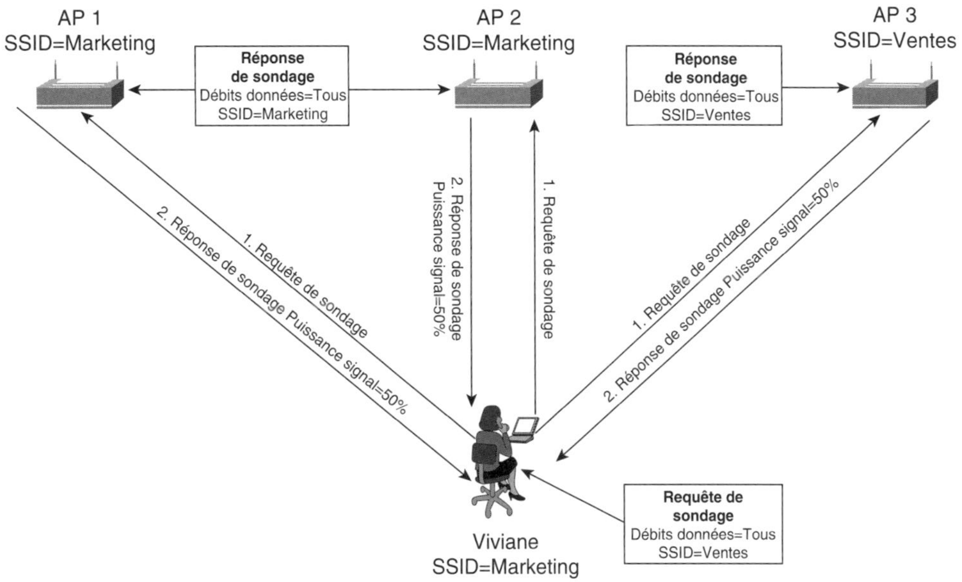

Figure 2.24
Le processus de sondage (probe).

Le Tableau 2.1 récapitule les informations contenues dans les trames de réponse probe reçues par Viviane.

Tableau 2.1 : Informations contenues dans les trames de réponse probe

Nom de l'AP	*Débit accepté*	*SSID*	*Puissance du signal*
AP1	Tous	Marketing	50 %
AP2	Tous	Marketing	100 %
AP3	Tous	Ventes	20 %

Viviane choisit de communiquer avec AP2, qui possède le même SSID, supporte tous les débits de données et pour lequel Viviane capte une puissance de signal de 100 %. AP1 pourrait aussi intéresser Viviane, mais sa puissance de signal n'est que de 50 %.

A présent que Viviane a identifié l'AP auquel s'associer, elle peut entamer la deuxième phase d'établissement de la connectivité, c'est-à-dire l'authentification.

Le processus d'authentification

Le standard 802.11 offre deux modes d'authentification, Open System et Shared Key, qui sont décrits en détail au Chapitre 4, consacré à la sécurité dans les réseaux sans fil. L'authentification 802.11 s'applique aux équipements et permet de déterminer s'ils sont autorisés à accéder au réseau. Dans cette section, nous simplifions ce processus à l'échange d'une requête d'authentification et d'une réponse d'authentification, comme illustré à la Figure 2.25.

Figure 2.25
Le processus d'authentification.

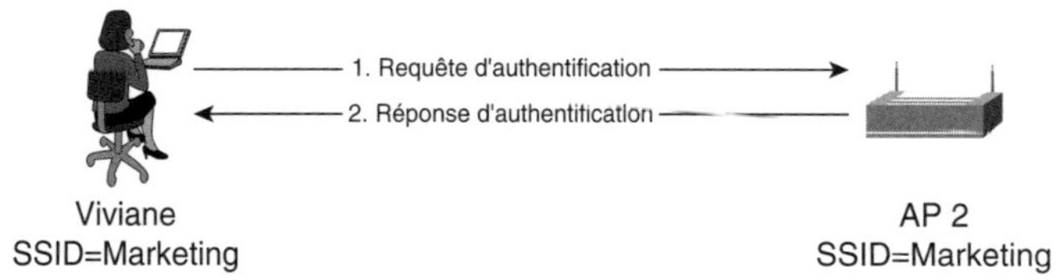

Le processus d'association

Le processus d'association 802.11 autorise un AP à assigner un port logique, ou identifiant d'association AID (*Association Identifier*), à la station sans fil. Il est initié par la station au moyen d'une trame de requête d'association contenant des informations de capacité la concernant. Il se termine par une réponse de l'AP sous la forme d'une trame de réponse d'association, qui indique le succès ou l'échec du processus ainsi qu'un code de motif. Les Figures 2.26 et 2.27 présentent un décodage de protocole respectivement d'une requête d'association et d'une réponse d'association.

```
DLC: Frame Control Field #1 = 00
DLC:             .... ..00 = 0x0 Protocol Version
DLC:             .... 00.. = 0x0 Management Frame
DLC:             0000 .... = 0x0 Association request (Subtype)
DLC: Frame Control Field #2 = 00
DLC:             .... ...0 = Not to Distribution System
DLC:             .... ..0. = Not from Distribution System
DLC:             .... .0.. = Last fragment
DLC:             .... 0... = Not retry
DLC:             ...0 .... = Active Mode
DLC:             ..0. .... = No more data
DLC:             .0.. .... = Wired Equivalent Privacy is off
DLC:             0... .... = Not ordered
DLC: Duration                       = 314 (in microseconds)
DLC: Destination Address            = Station 00097CAC4391
DLC: Source Address                 = Station Airont502F3F
DLC: Basic Service Set ID           = 00097CAC4391
DLC: Sequence Control               = 0x1720
DLC: ...Sequence Number             = 0x172 (370)
DLC: ...Fragment Number             = 0x0   (0)
DLC: Capability information field #1 = 21
DLC:                       .... ...1 = Extended Service Set is on
DLC:                       .... ..0. = Independent Basic Service Set is off
DLC:                       .... 00..   = STA is not Contention Free-Pollable
DLC:                       ...0 .... = No privacy
DLC:                       ..1. .... = Short Preamble option is implemented
DLC:                       .0.. .... = Packet Binary Convolutional Coding Modulation mode option is not implemented
DLC:                       0... .... = Channel agility is not in use
DLC: Capability information field #2 = 00
DLC:                       0000 0000 = Reserved
DLC: Listen interval                = 200
DLC:
DLC: Element ID                     = 0 (Service Set Identifier)
DLC: ...Length                      = 5 octet(s)
DLC: ...Service Set Identity        = "cisco"
DLC:
DLC: Element ID                     = 1 (Supported Rates)
DLC: ...Length                      = 4 octet(s)
DLC: ...Supported Rates information field = 02
DLC:                            0... .... = Not Basic Service Set Basic Rate
DLC:                            .000 0010 =  1.0 Megabits per second
DLC: ...Supported Rates information field = 04
DLC:                            0... .... = Not Basic Service Set Basic Rate
DLC:                            .000 0100 =  2.0 Megabits per second
DLC: ...Supported Rates information field = 0B
DLC:                            0... .... = Not Basic Service Set Basic Rate
DLC:                            .000 1011 =  5.5 Megabits per second
DLC: ...Supported Rates information field = 16
DLC:                            0... .... = Not Basic Service Set Basic Rate
DLC:                            .001 0110 = 11.0 Megabits per second
DLC:
```

Figure 2.26

Décodage de protocole d'une trame de requête d'association.

Voici les principaux champs d'une requête d'association :

- **Intervalle d'écoute/Listen Interval.** Sert au fonctionnement en mode d'économie d'énergie. Cette valeur indique à l'AP la fréquence avec laquelle la station sort de ce mode pour recevoir les trames conservées en tampon par l'AP. Ce mode est décrit à la section suivante.
- **IE SSID (*Service Set Identifier*).** Indique à l'AP le SSID de la station. Normalement, l'AP n'accepte pas les requêtes d'association provenant de stations dont le SSID diffère du sien.
- **IE Débits acceptés/Supported Rates.** Indique à l'AP les débits supportés par la station.

```
DLC: Frame Control Field #1 = 10
DLC:                 .... ..00 = 0x0 Protocol Version
DLC:                 .... 00.. = 0x0 Management Frame
DLC:                 0001 .... = 0x1 Association response (Subtype)
DLC: Frame Control Field #2 = 00
DLC:                 .... ...0 = Not to Distribution System
DLC:                 .... ..0. = Not from Distribution System
DLC:                 .... .0.. = Last fragment
DLC:                 .... 0... = Not retry
DLC:                 ...0 .... = Active Mode
DLC:                 ..0. .... = No more data
DLC:                 .0.. .... = Wired Equivalent Privacy is off
DLC:                 0... .... = Not ordered
DLC: Duration                      = 117 (in microseconds)
DLC: Destination Address           = Station Airont502F3F
DLC: Source Address                = Station 00097CAC4391
DLC: Basic Service Set ID          = 00097CAC4391
DLC: Sequence Control              = 0x1150
DLC: ...Sequence Number            = 0x115 (277)
DLC: ...Fragment Number            = 0x0   (0)
DLC: Capability information field #1 = 21
DLC:                           .... ...1 = Extended Service Set is on
DLC:                           .... ..0. = Independent Basic Service Set is off
DLC:                           .... 00..   = No point coordinator at Access Point
DLC:                           ...0 .... = No privacy
DLC:                           ..1. .... = Short Preamble option is allowed
DLC:                           .0.. .... = Packet Binary Convolutional Coding Modulation mode option is not allowed
DLC:                           0... .... = Channel agility is not in use
DLC: Capability information field #2 = 00
DLC:                           0000 0000 = Reserved
DLC: Status code                   = 0 (Successful)
DLC: Association ID                = 29
DLC:
DLC: Element ID                    = 1 (Supported Rates)
DLC: ...Length                     = 4 octet(s)
DLC: ...Supported Rates information field = 82
DLC:                                1... .... = Basic Service Set Basic Rate
DLC:                                .000 0010 =  1.0 Megabits per second
DLC: ...Supported Rates information field = 84
DLC:                                1... .... = Basic Service Set Basic Rate
DLC:                                .000 0100 =  2.0 Megabits per second
DLC: ...Supported Rates information field = 8B
DLC:                                1... .... = Basic Service Set Basic Rate
DLC:                                .000 1011 =  5.5 Megabits per second
DLC: ...Supported Rates information field = 96
DLC:                                1... .... = Basic Service Set Basic Rate
DLC:                                .001 0110 = 11.0 Megabits per second
DLC:
```

Figure 2.27

Décodage de protocole d'une trame de réponse d'association.

Voici les principaux champs d'une réponse d'association :

- **Code d'état/Status Code.** Indique le résultat du processus d'association. Tous les codes possibles sont décrits plus loin à la section "Format des trames de la couche MAC".
- **AID (*Association ID*).** L'AID peut être comparé à un port physique sur un hub ou commutateur Ethernet, sauf qu'il est logique. La station a besoin de cet identifiant lorsqu'elle opère dans le mode d'économie d'énergie. En effet, l'AP envoie dans des trames beacon des notifications signalant pour quels AID elle conserve des trames en tampon. Ce principe est décrit plus en détail à la section suivante.
- **IE Débits acceptés/Supported Rates.** Indique à la station les débits supportés par l'AP.

Mode d'économie d'énergie

Pour préserver l'autonomie de la batterie sur les clients WLAN portables, le standard 802.11 prévoit des modes de fonctionnement compatibles avec une gestion de l'alimentation, ou PS (*Power Save*), sur les clients, qui se répartissent en deux catégories :

- fonctionnement pour la trame unicast ;
- fonctionnement pour une trame multicast ou broadcast.

Le principe de l'économie d'énergie est simple. Une station se met en veille en désactivant son dispositif radio. L'AP auquel elle est associée met alors dans un tampon (*buffer*) toutes les trames qui se destinent à la station. A intervalles réguliers, elle se réveille et reste attentive à l'arrivée d'une trame beacon de la part de l'AP, qui lui indiquerait la présence de trames à son intention.

Le fonctionnement en PS pour les transmissions unicast emploie un intervalle d'écoute ou de réveil spécifié par le client. A l'inverse, le fonctionnement en PS pour les transmissions multicast ou broadcast emploie un intervalle défini sur l'AP, lequel est annoncé dans les trames beacon.

Lorsque la station constate qu'il y a des trames pour elle dans le tampon de l'AP, elle l'invite par polling à les lui envoyer. Dans le cas contraire, elle se remet en veille pendant l'intervalle prévu jusqu'au prochain réveil.

Le mode d'économie pour les trames unicast

Lorsqu'un client s'associe à un AP, il spécifie un intervalle d'écoute dans sa trame de requête d'association. Cette valeur représente le nombre de trames beacon qui doivent circuler avant que le client entre à nouveau en activité. Par exemple, un intervalle d'écoute de 200 indique que le client se réveille toutes les 200 trames beacon.

La trame beacon inclut un élément d'information (IE) appelé TIM (*Traffic Indication Map*). Celui-ci contient une liste de tous les identifiants d'association (AID) pour lesquels des trames sont conservées sur l'AP. Etant donné qu'il peut y avoir jusqu'à 2 008 AID uniques, l'élément TIM peut à lui seul avoir une longueur de 251 octets. Pour réduire la surcharge de service du protocole sur le réseau, le TIM emploie une méthode synthétique de listage des

AID. La Figure 2.28 illustre un décodage de protocole d'une trame beacon avec un TIM signalant la présence de trafic pour un client.7

Figure 2.28
Décodage de protocole d'un élément d'information TIM.

```
DLC: Element ID                                  = 5 (Traffic Indication Map)
DLC: ...Length                                   = 5 octet(s)
DLC: ...Delivery Traffic Indication Message Count  = 5
DLC: ...Delivery Traffic Indication Message Period = 10
DLC: ...Bitmap control field = 03
DLC:                  .... ...1 = Traffic Indicator bit
DLC:                  0000 001. = 1 Bitmap offset
DLC: ...Partial Virtual Bitmap       = 0020
```

L'AID du client n'apparaît nulle part dans le décodage de la trame. Pour déterminer l'AID d'une ou de plusieurs station, il faut disposer des éléments suivants :

- valeur du champ Length ;
- valeur du champ Bitmap Offset ;
- valeur du champ Partial Virtual Bitmap.

Le standard 802.11 définit un masque binaire virtuel partiel d'indication de trafic, le Partial Virtual Bitmap, pour déterminer les AID ayant du trafic conservé sur l'AP. Le bitmap peut gérer les AID 1 à 2 007. L'AID 0 est réservé pour les transmissions multicast ou broadcast. Le Tableau 2.2 montre l'apparence que peut avoir ce masque. Pour chaque station ayant du trafic sur l'AP, l'indicateur (le bit) associé à l'AID de la station est mis à 1. Sinon, l'indicateur est à 0.

Tableau 2.2 : Un exemple du bitmap virtuel d'indication de trafic

AID	1	2	3	...	15	16	17	18	19	20	21	22	23	24	25	26	27	28	29	30	31	32	...	2 007
Indic.	0	0	0	...	0	0	0	0	0	0	0	0	0	0	0	0	0	0	0	0	0	0	...	0

Les valeurs en grisé sont contenues dans le bitmap virtuel partiel.

Le bitmap partiel élimine tous les indicateurs à 0 superflus en les synthétisant. Toutes les stations possédant du trafic — leur indicateur est alors à 1 — sont incluses dans le bitmap. Tous les AID dont l'indicateur est à 0 et figurant en tête du bitmap partiel sont synthétisés au moyen d'une valeur dérivée, désignée X dans les exemples suivants. Tous les AID dont l'indicateur est à 0 et qui suivent le bitmap partiel sont synthétisés à l'aide d'une valeur dérivée, désignée Y dans les exemples. En prenant pour exemple le Tableau 2.2, nous désignerons les AID 1 à 15 par X et les AID 32 à 2 007 par Y.

Pour calculer X et Y, vous devez d'abord trouver N1 et N2. Voici les formules utilisées pour calculer ces quatre valeurs :

$N1 = (\text{Bitmap Offset} \times 2)$

$N2 = (\text{Length} - 4) + N1$

$X = (N1 \times 8) - 1$

$Y = (N2 + 1) \times 8$

En partant des valeurs du décodage de la Figure 2.28, nous avons :

$N1 = (1 \times 2) = 2$ et $N2 = (5 - 4) + 2 = 3$.

Les valeurs de X et Y sont respectivement 15 et 32 :

$X = (2 \times 8) - 1$

$Y = (3 + 1) \times 8$

Ainsi, X indique que les AID 1 à 15 ont leur indicateur à 0, et Y que les AID 32 à 2 007 ont le leur à 0 aussi. Les AID 16 à 31 restants forment le bitmap partiel. Dans notre exemple, il constitue une valeur sur 2 octets : 0x0004. Le premier octet, 0x00 (soit la séquence binaire 00000000), indique que les 8 prochains indicateurs d'AID après X (les AID 16 à 23) sont tous à 0. Le second octet est 0x04 (soit 00000100). Les AID 24 à 28 possèdent donc un indicateur à 0, et l'AID 29 possède un indicateur à 1. On en conclut que c'est le seul à avoir du trafic sur l'AP.

Si un client détermine qu'il a du trafic en attente, il envoie une trame de contrôle du sous-type PS-Poll. La Figure 2.29 illustre un décodage de protocole de la trame que le client envoie à l'AP en réponse à la trame beacon. Le champ AID indique la valeur 29, comme calculé dans l'exemple précédent.

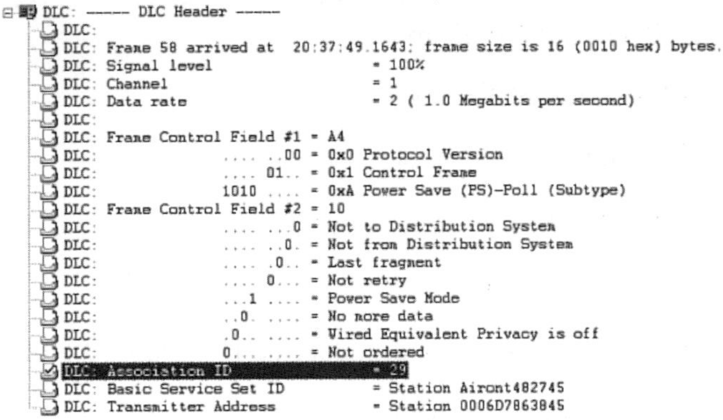

```
DLC: ----- DLC Header -----
DLC:
DLC: Frame 58 arrived at  20:37:49.1643; frame size is 16 (0010 hex) bytes.
DLC: Signal level                      = 100%
DLC: Channel                           = 1
DLC: Data rate                         = 2 ( 1.0 Megabits per second)
DLC:
DLC: Frame Control Field #1 = A4
DLC:             .... ..00 = 0x0 Protocol Version
DLC:             .... 01.. = 0x1 Control Frame
DLC:             1010 .... = 0xA Power Save (PS)-Poll (Subtype)
DLC: Frame Control Field #2 = 10
DLC:             .... ...0 = Not to Distribution System
DLC:             .... ..0. = Not from Distribution System
DLC:             .... .0.. = Last fragment
DLC:             .... 0... = Not retry
DLC:             ...1 .... = Power Save Mode
DLC:             ..0. .... = No more data
DLC:             .0.. .... = Wired Equivalent Privacy is off
DLC:             0... .... = Not ordered
DLC: Association ID                    = 29
DLC: Basic Service Set ID              = Station Airont482745
DLC: Transmitter Address               = Station 0006D7863845
```

Figure 2.29

Décodage de protocole d'une trame de contrôle PS-Poll.

Le mode d'économie pour les trames broadcast

Ce mode est semblable au précédent, à l'exception des points suivants :

- L'administrateur définit sur l'AP l'intervalle de reprise d'activité des clients pour recevoir le trafic broadcast ou multicast.
- Un élément d'information TIM spécial, appelé DTIM, indique si du trafic broadcast ou multicast est présent dans le tampon de l'AP.
- Les trames broadcast et multicast sont placées en tampon pour toutes les stations du BSS, y compris celles qui ne fonctionnent pas dans le mode d'économie d'énergie, lorsque au moins une station fonctionnant dans ce mode s'associe à l'AP.

Le TIM possède deux sous-champs pour indiquer s'il y a ou non du trafic et pendant combien de temps ce trafic doit attendre avant d'être livré dans le BSS :

- **Décompte DTIM/DTIM Count.** Ce champ indique le nombre de trames beacon qui doivent être envoyées avant la livraison des trames en tampon. La valeur 0 indique que le TIM est un DTIM et que, s'il y a des trames, elles sont transmises immédiatement après la trame beacon appropriée.
- **Période DTIM/DTIM Period.** Ce champ donne le nombre de trames beacon qui doivent être envoyées entre des DTIM successifs. Par exemple, la valeur 10 indique que chaque dixième trame beacon contient un DTIM.

La Figure 2.30 illustre un décodage de protocole d'une trame beacon contenant un DTIM. Dans la Figure 2.31, notez que les trames qui suivent la trame beacon sont toutes des trames multicast.

```
DLC: Element ID                                = 5 (Traffic Indication Map)
DLC: ...Length                                 = 4 octet(s)
DLC: ...Delivery Traffic Indication Message Count  = 0
DLC: ...Delivery Traffic Indication Message Period = 10
DLC: ...Bitmap control field = 01
DLC:                    .... ...1 = Traffic Indicator bit
DLC:                    0000 000. = 0 Bitmap offset
DLC: ...Partial Virtual Bitmap     = 00
```

Figure 2.30
Décodage de protocole d'un IE DTIM.

```
[1]   Airont482745   Broadcast      802.11: 1.0 Mbps, Signal=100%, Beacon
[1]   [13.1.1.1]     [224.0.0.10]   EIGRP: Hello AS=10
[1]   Airont482745   014096000000   SNAP: ID=Airont Type=0000
[1]   [13.1.1.1]     [224.0.0.10]   EIGRP: Hello AS=10
```

Figure 2.31
Trames multicast à la suite d'une trame beacon avec un IE DTIM.

Format des trames de la couche MAC

La couche MAC du standard 802.11 comporte les trois catégories de trames suivantes :

- **Trames de contrôle (Control Frame).** Ces trames de divers types permettent de gérer la bonne transmission des trames. Elles participent à la simplification de l'accès au canal ainsi qu'à la fiabilité de son utilisation.
- **Trames de gestion (Management Frame).** De divers types également, ces trames sont sous-jacentes à la connectivité globale, à l'authentification et à l'état du canal dans un WLAN.
- **Trames de données (Data Frame).** Ces trames véhiculent les données d'une station entre un transmetteur et un récepteur.

Toutes ces trames s'appuient sur le format de la trame de base MAC (voir Figure 2.32), avec certaines variations propres à leur fonction.

Contrôle de trame	Durée/ID	Adresse 1	Adresse 2	Adresse 3	Contrôle de séquence	Adresse 4	Corps de trame	FCS
2 octets	2 octets	6 octets	6 octets	6 octets	2 octets	6 octets	0 - 2 312 octets	4 octets

Figure 2.32
Structure de la trame de base MAC.

Voici les principaux champs de cette trame.

- **Contrôle de trame/Frame Control.** D'une longueur de 2 octets, il se compose de 11 sous-champs qui sont détaillés dans la Figure 2.33 et dont les valeurs apparaissent dans le décodage de protocole de la Figure 2.34.

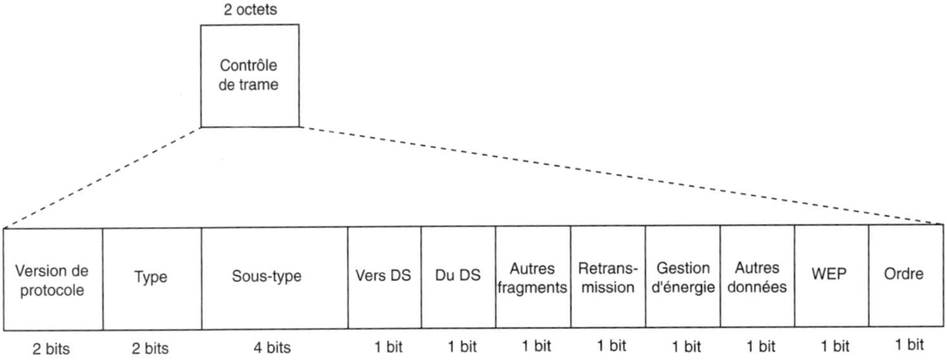

Figure 2.33

Détail du champ de contrôle de trame.

Figure 2.34

Décodage de protocole avec les sous-champs du champ de contrôle de trame.

```
DLC: Frame Control Field #1 = B0
DLC:               .... ..00 = 0x0 Protocol Version
DLC:               .... 00.. = 0x0 Management Frame
DLC:               1011 .... = 0xB Authentication (Subtype)
DLC: Frame Control Field #2 = 00
DLC:               .... ...0 = Not to Distribution System
DLC:               .... ..0. = Not from Distribution System
DLC:               .... .0.. = Last fragment
DLC:               .... 0... = Not retry
DLC:               ...0 .... = Active Mode
DLC:               ..0. .... = No more data
DLC:               .0.. .... = Wired Equivalent Privacy is off
DLC:               0... .... = Not ordered
```

Voici la description de ces sous-champs, dans l'ordre de leur apparition dans le décodage :

- **Version de protocole.** Spécifie la version du protocole de la couche MAC 802.11. Comme il n'y a à ce jour qu'une version, la seule valeur valide est 0. Toutes les autres valeurs sont réservées.
- **Type.** Indique le type de la trame : de contrôle, de gestion ou de données. La quatrième valeur est réservée.
- **Sous-type.** Ce champ spécifie le sous-type de la trame. Ses valeurs sont listées dans le Tableau 2.3.

Tableau 2.3 : Types et sous-types de trames

Valeur du type (Bits 3 et 2)	*Description du type*	*Valeur du sous-type (bits 7, 6, 5 et 4)*	*Description du sous-type*
00	Gestion/Management	0000	Requête d'association/Association Request
00	Gestion/Management	0001	Réponse d'association/ Association Response
00	Gestion/Management	0010	Requête de réassociation/ Reassociation Request
00	Gestion/Management	0011	Réponse de réassociation/ Reassociation Response
00	Gestion/Management	0100	Requête probe/Probe Request
00	Gestion/Management	0101	Réponse probe/Probe Response
00	Gestion/Management	0110-0111	Réservé/Reserved
00	Gestion/Management	1000	Balise/Beacon
00	Gestion/Management	1001	ATIM (*Announcement Traffic Indication Message*)
00	Gestion/Management	1010	Désassociation/Deassociation
00	Gestion/Management	1011	Authentification/Authentication
00	Gestion/Management	1100	Désauthentification/ Deauthentication
00	Gestion/Management	1101-1111	Réservé/Reserved
01	Contrôle/Control	0000-1001	Réservé/Reserved
01	Contrôle/Control	1010	Economie d'énergie/PS-Poll (*Power Save*)
01	Contrôle/Control	1011	Demande d'émission/RTS (*Request to Send*)
01	Contrôle/Control	1100	Autorisation d'émission/CTS (*Clear to Send*)
01	Contrôle/Control	1101	Acquittement/ACK (*Acknowlegement*)
01	Contrôle/Control	1110	Fin de CFP/CF-End (*Contention Free*)
01	Contrôle/Control	1111	CF-End+CF-Ack

Tableau 2.3 : Types et sous-types de trames *(suite)*

Valeur du type (Bits 3 et 2)	*Description du type*	*Valeur du sous-type (bits 7, 6, 5 et 4)*	*Description du sous-type*
10	Données/Data	0000	Données/Data
10	Données/Data	0001	Données/Data+CF-Ack
10	Données/Data	0010	Données/Data+CF-Poll
10	Données/Data	0011	Données/Data+CF-Poll+CF-Ack
10	Données/Data	0100	Trame nulle (sans donnée)/Null Function
10	Données/Data	0101	CF-Ack (sans donnée)
10	Données/Data	0110	CF-Poll (sans donnée)
10	Données/Data	0111	CF-Ack+CF-Poll (sans donnée)
10	Données/Data	1000-1111	Réservé/Reserved
11	Réservé/Reserved	0000-1111	Réservé/Reserved

- **Vers DS.** Indique si la trame se destine ou non au système de distribution, ou DS (*Distribution System*).
- **Du DS.** Indique si la trame provient du DS.
- **Autres fragments.** Indique si la trame est la seule trame de gestion ou de données, s'il existe d'autres fragments à venir.
- **Retransmission.** Indique s'il s'agit d'une retransmission de la trame et permet au récepteur d'ignorer les trames dupliquées.
- **Gestion d'énergie.** Indique le mode de gestion de l'énergie de la station. La valeur 1 signale qu'elle fonctionne en mode d'économie d'énergie, et la valeur 0 qu'elle est dans le mode actif. Les trames en provenance de l'AP indiquent toujours la valeur 0.
- **Autres données.** Indique 1 pour signaler à la station réceptrice qu'elle possède des données qui lui sont destinées dans le tampon de transmission de l'AP. Sinon 0.
- **WEP.** Indique si le chiffrement WEP (*Wired Equivalent Privacy*) est utilisé pour sécuriser le corps de la trame.
- **Ordre.** Indique 1 si la trame utilise la classe de service StrictlyOrdered, sinon 0.

- **Durée/AID-Duration/ID.** Ce champ est utilisé différemment si la station accédant au support fonctionne dans le mode d'économie d'énergie (sous-type PS-Poll), si le support se trouve en période CFP du mode PCF ou si une station DCF accède au support. Le Tableau 2.4 décrit les valeurs de bit pour ces diverses situations.

Tableau 2.4 : Valeurs du champ de durée/AID

Bit 15	*Bit 14*	*Bit 13-0*	*Description*
0	0-32 767		Durée du dialogue (en microsecondes) pour les stations DCF.
1	0	0	Valeurs utilisées durant les échanges de trame CFP.
1	0	1-1 683	Réservé.
1	1	0	Réservé.
1	1	1-2 007	Identifiant d'association à utiliser dans les trames PS-Poll.
1	1	2 008-16 383	Réservé.

- **Adresse 1, 2, 3 et 4.** Ces champs varient selon le type et le sous-type de la trame.
- **Contrôle de séquence/Sequence Control.** Ce champ se décompose en deux valeurs indiquant respectivement le numéro de séquence et celui du fragment.
- **FCS.** Ce champ contient une valeur de contrôle, ou CRC32, calculée à partir de tous les champs de l'en-tête MAC et du corps de la trame.

La Figure 2.35 illustre un décodage de protocole des champs Duration, DA et SA, ainsi que des sous-champs du champ Sequence Control.

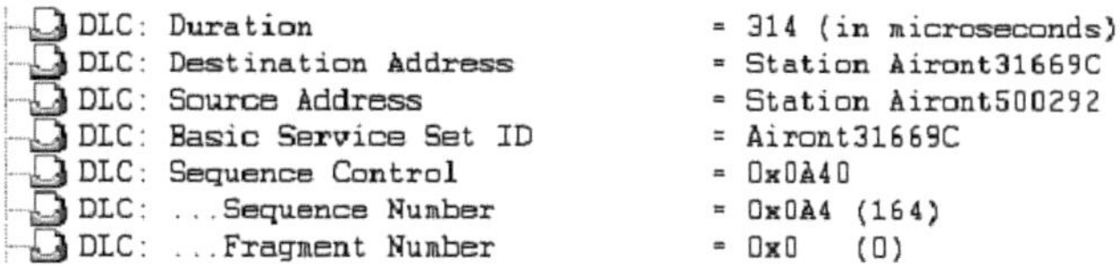

Figure 2.35
Décodage de protocole des champs restants de la trame de base.

Les trames de contrôle

La spécification stipule six trames de contrôle uniques :

- PS-Poll (*Power Save*)
- RTS

- CTS
- ACK
- CF-End (*Contention Free*)
- CF-End+CF-ACK

Les quatre premières trames sont les plus importantes. Les deux dernières interviennent dans le mode PCF, qui n'est pas très déployé.

La trame PS-Poll

La trame PS-Poll signale à l'AP qu'une station se trouvant dans le mode d'économie d'énergie demande que les trames conservées dans le tampon de l'AP à son intention lui soient envoyées. La trame PS-Poll contient certains champs non présents dans la trame de base :

- **AID.** Identifiant d'association du client, avec les deux bits de poids fort à 1.
- **BSSID.** Identifiant de BSS. C'est l'adresse MAC de l'AP dans un réseau en mode infrastructure.
- **TA.** Adresse MAC de la station en mode d'économie d'énergie.

La Figure 2.36 illustre le format de la trame PS-Poll, dont les champs apparaissent dans le décodage de protocole de la Figure 2.37.

Figure 2.36
Format de la trame PS-Poll.

Contrôle de trame	AID	BSSID	TA	FCS
2 octets	2 octets	6 octets	6 octets	4 octets

Figure 2.37
Décodage de protocole de la trame PS-Poll.

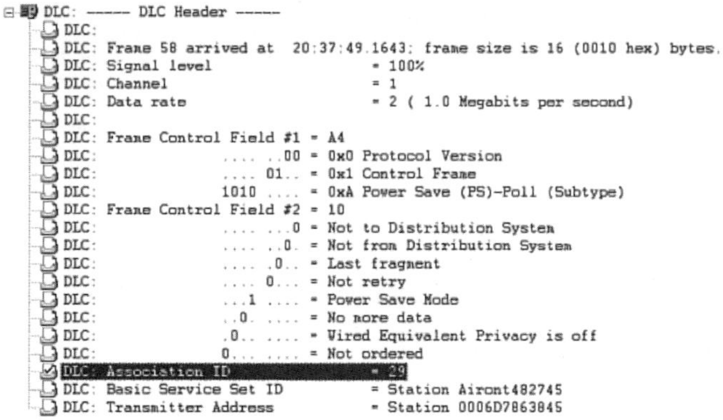

```
DLC: ----- DLC Header -----
DLC:
DLC: Frame 58 arrived at  20:37:49.1643; frame size is 16 (0010 hex) bytes.
DLC: Signal level                    = 100%
DLC: Channel                         = 1
DLC: Data rate                       = 2 ( 1.0 Megabits per second)
DLC:
DLC: Frame Control Field #1 = A4
DLC:                 .... ..00 = 0x0 Protocol Version
DLC:                 .... 01.. = 0x1 Control Frame
DLC:                 1010 .... = 0xA Power Save (PS)-Poll (Subtype)
DLC: Frame Control Field #2 = 10
DLC:                 .... ...0 = Not to Distribution System
DLC:                 .... ..0. = Not from Distribution System
DLC:                 .... .0.. = Last fragment
DLC:                 .... 0... = Not retry
DLC:                 ...1 .... = Power Save Mode
DLC:                 ..0. .... = No more data
DLC:                 .0.. .... = Wired Equivalent Privacy is off
DLC:                 0... .... = Not ordered
DLC: Association ID                  = 29
DLC: Basic Service Set ID            = Station Airont482745
DLC: Transmitter Address             = Station 0006D7863845
```

La trame RTS

La trame RTS représente une demande de réservation du support dans le cadre du mécanisme d'accès au support :

- **Durée/Duration.** Temps total nécessaire à l'envoi de la trame, donné en microsecondes. Il comprend l'envoi de la trame RTS et la réception de la trame CTS (l'intervalle SIFS inclus), l'envoi de la trame de données (SIFS inclus) et la réception de la trame ACK (SIFS inclus).
- **Adresse du récepteur/RA (*Receiver Address*).** Adresse MAC du destinataire de la trame.
- **Adresse de l'émetteur/TA (*Transmitter Address*).** Adresse MAC de l'émetteur de la trame.

La Figure 2.38 illustre le format de la trame RTS. Ses champs apparaissent dans le décodage de protocole de la Figure 2.39.

Contrôle de trame	Durée	RA	TA	FCS
2 octets	2 octets	6 octets	6 octets	4 octets

Figure 2.38
Format de la trame RTS.

```
DLC: Frame Control Field #1 = B4
DLC:              .... ..00 = 0x0 Protocol Version
DLC:              .... 01.. = 0x1 Control Frame
DLC:              1011 .... = 0xB Request To Send (RTS) (Subtype)
DLC: Frame Control Field #2 = 00
DLC:              .... ...0 = Not to Distribution System
DLC:              .... ..0. = Not from Distribution System
DLC:              .... .0.. = Last fragment
DLC:              .... 0... = Not retry
DLC:              ...0 .... = Active Mode
DLC:              ..0. .... = No more data
DLC:              .0.. .... = Wired Equivalent Privacy is off
DLC:              0... .... = Not ordered
DLC: Duration                       = 1054 (in microseconds)
DLC: Receiver Address               = Station 00097CAC4391
DLC: Transmitter Address            = Station Airont502F3F
```

Figure 2.39
Décodage de protocole de la trame RTS.

La trame CTS

La trame CTS représente la réponse à une trame RTS. C'est une indication à la station ayant émis la trame RTS que le support a été réservé pour la durée spécifiée :

- **Durée/Duration.** Valeur obtenue à partir du champ de durée de la trame RTS reçue juste avant, moins le temps requis pour l'envoi de la trame CTS et son intervalle SIFS.
- **Adresse du récepteur/RA (*Receiver Address*).** Adresse MAC du destinataire de la trame.

La Figure 2.40 illustre le format de la trame CTS. Ses champs apparaissent dans le décodage de protocole de la Figure 2.41.

Figure 2.40
Format de la trame CTS.

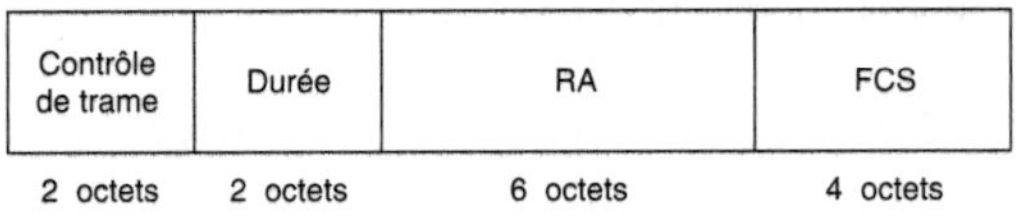

Figure 2.41
Décodage de protocole de la trame CTS.

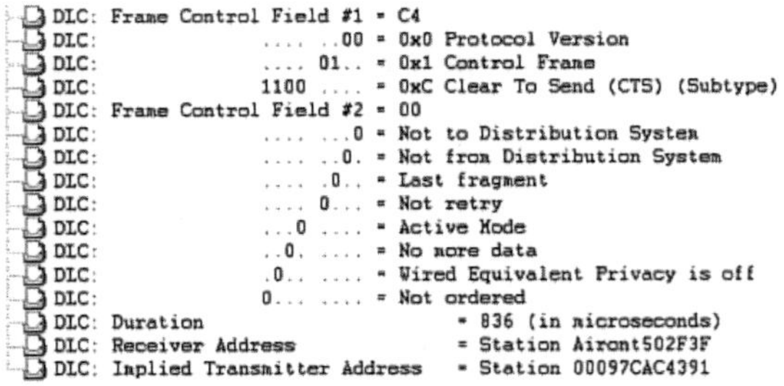

```
DLC: Frame Control Field #1 = C4
DLC:              .... ..00 = 0x0 Protocol Version
DLC:              .... 01.. = 0x1 Control Frame
DLC:              1100 .... = 0xC Clear To Send (CTS) (Subtype)
DLC: Frame Control Field #2 = 00
DLC:              .... ...0 = Not to Distribution System
DLC:              .... ..0. = Not from Distribution System
DLC:              .... .0.. = Last fragment
DLC:              .... 0... = Not retry
DLC:              ...0 .... = Active Mode
DLC:              ..0. .... = No more data
DLC:              .0.. .... = Wired Equivalent Privacy is off
DLC:              0... .... = Not ordered
DLC: Duration                     = 836 (in microseconds)
DLC: Receiver Address             = Station Airont502F3F
DLC: Implied Transmitter Address  = Station 00097CAC4391
```

La trame ACK

La trame ACK est envoyée par le destinataire d'une trame à son émetteur pour lui signifier la bonne réception de la trame. Ses champs sont les suivants :

- **Durée/Duration.** Contient généralement la valeur 0 car la trame faisant l'objet de cet acquittement contient déjà le temps englobant le SIFS et la trame ACK.
- **Adresse du récepteur/RA (*Receiver Address*).** Adresse MAC du destinataire de la trame.

La Figure 2.42 illustre le format de la trame ACK. Ses champs apparaissent dans le décodage de protocole de la Figure 2.43.

Figure 2.42
Format de la trame ACK.

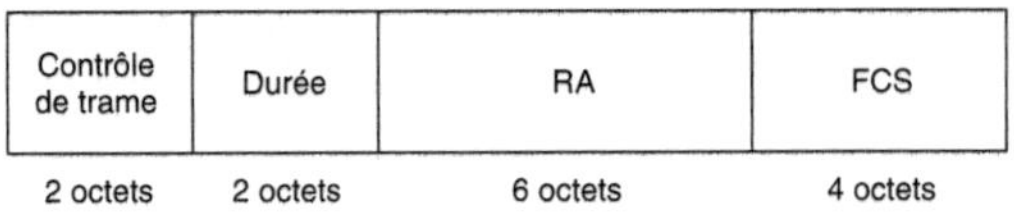

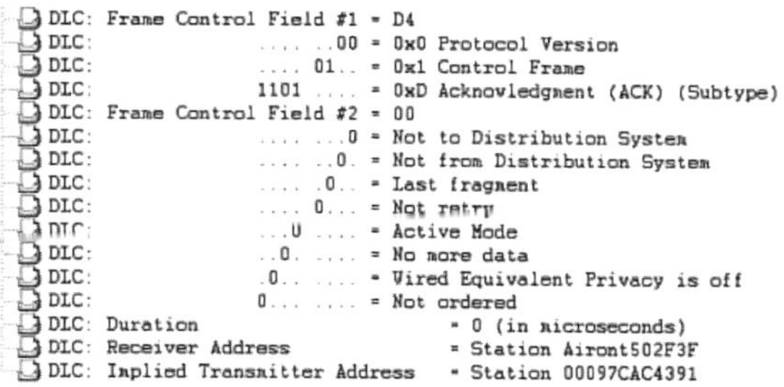

Figure 2.43
Décodage de protocole de la trame ACK.

Les trames CF-End et CF-End+CF-ACK

Les trames CF-End et CF-End+CF-ACK sont propres au mode PCF. Elles signalent la fin de la période exempte de contention, ou CFP. La trame CF-End+CF-ACK inclut en outre un acquittement de la dernière trame reçue par le PC (*Point Coordinator*). La Figure 2.44 illustre le format de ces deux trames. La liste suivante en décrit les champs essentiels :

Figure 2.44
Format des trames CF-End et CF-End+CF-ACK.

Contrôle de trame	Durée	RA	BSSID	FCS
2 octets	2 octets	6 octets	6 octets	4 octets

- **Durée/Duration.** Défini à 0.
- **Adresse du récepteur/RA (*Receiver Address*).** Adresse MAC du destinataire de la trame. Dans le cas de trames CF-End, c'est l'adresse MAC de broadcast car chaque station dans le Service Set doit en recevoir la notification.
- **BSSID.** Adresse MAC de l'AP.

Champs et éléments d'information de la trame de gestion

Les trames de gestion (Management) utilisent certains champs de la trame de base décrite précédemment, mais aussi des structures de données, appelées éléments d'information, ou IE (*Information Element*), ainsi que des champs fixes.

La Figure 2.45 illustre le format d'un IE. Les IE et les champs fixes permettent de donner des définitions de capacités aux différents types de trames et constituent un moyen évolutif d'étendre les fonctionnalités des trames de gestion. Celles-ci sont formées à partir de certains champs de la trame de base, choisis pour leur pertinence pour le type de trame concerné, et en ajoutant les IE et les champs fixes appropriés (voir Figure 2.46).

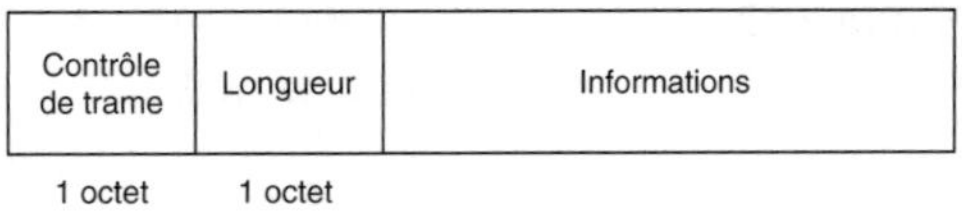

Figure 2.45
Format d'un IE.

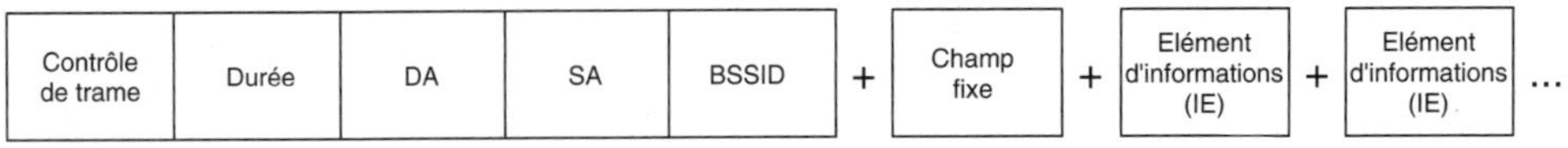

Figure 2.46
Structure d'une trame de gestion avec des IE et des champs fixes.

Le Tableau 2.5 récapitule les divers IE définis dans le standard 802.11.

Tableau 2.5 : Les éléments d'information du standard 802.11

IE	*Identifiant de l'élément*
SSID (*Service Set Identifier*)	0
Débits acceptés/Supported Rates	1
Jeu de paramètres FH (*Frequency Hop*)/FH Parameter Set	2
Jeu de paramètres DS (*Direct Sequence*)/DS Parameter Set	3
Jeu de paramètres CF (*Contention Free*)/CF Parameter Set	4
TIM (*Traffic Indication Map*)	5
Jeu de paramètres IBSS (*Independent BSS*)/IBSS Parameter Set	6
Réservé	7-15
Texte challenge/Challenge Text	16
Réservé pour l'extension de texte challenge	17-31
Réservé	32-255

L'IE SSID

L'IE SSID (*Service Set Identifier*) peut avoir jusqu'à 32 octets. Lorsque sa valeur est 0, il signale une trame broadcast.

La Figure 2.47 illustre le format de cette trame. Ses champs apparaissent dans le décodage de protocole de la Figure 2.48.

Figure 2.47

Format de l'IE Service Set Identifier.

ID élément	Longueur	SSID
1 octet	1 octet	0 - 32 octets

Figure 2.48

Décodage de protocole d'un IE Service Set Identifier.

```
DLC: Element ID                     = 0 (Service Set Identifier)
DLC: ...Length                      = 7 octet(s)
DLC: ...Service Set Identity        = "sliders"
```

L'IE Débits acceptés

L'IE Débits acceptés(*Supported Rates*) spécifie les vitesses de transfert que la station peut gérer. Les valeurs binaires des éléments sont données par pas de 500 Kbit/s, soit 0,5 Mbit/s. Par exemple, pour un débit de 11 Mbit/s, la valeur hexadécimale de l'élément est 0x16, soit 22 en décimal ($22 \times 0,5 = 11$ Mbit/s).

La Figure 2.49 illustre le format de la trame. Le décodage des champs est montré à la Figure 2.50.

Figure 2.49

Format de l'IE Débits acceptés.

ID élément	Longueur	Débits acceptés
1 octet	1 octet	1 - 8 octets

Figure 2.50

Décodage de protocole de l'IE Débits acceptés.

```
DLC: Element ID                          = 1 (Supported Rates)
DLC: ...Length                           = 4 octet(s)
DLC: ...Supported Rates information field = 02
DLC:                           0... .... = Not Basic Service Set Basic Rate
DLC:                           .000 0010 =  1.0 Megabits per second
DLC: ...Supported Rates information field = 04
DLC:                           0... .... = Not Basic Service Set Basic Rate
DLC:                           .000 0100 =  2.0 Megabits per second
DLC: ...Supported Rates information field = 0B
DLC:                           0... .... = Not Basic Service Set Basic Rate
DLC:                           .000 1011 =  5.5 Megabits per second
DLC: ...Supported Rates information field = 16
DLC:                           0... .... = Not Basic Service Set Basic Rate
DLC:                           .001 0110 = 11.0 Megabits per second
```

L'IE Jeu de paramètres FH

La Figure 2.51 présente la structure de l'IE Jeu de paramètres pour FH (*Frequency Hop Parameter Set*). En voici la description :

- **Temps de maintien/Dwell Time.** Temps de maintien FH exprimé en unité de temps (TU).
- **Jeu de séquences/Hop set.** Identifiant du jeu de séquences.
- **Séquence de sauts/Hop pattern.** Séquence de sauts individuelle dans un jeu.

- **Indice de saut/Hop index.** Indice identifiant le canal actuel au sein d'une séquence de sauts.

Figure 2.51
Format de l'IE Jeu de paramètres FH.

ID élément	Longueur	Temps maintien	Jeu séquences	Séquence sauts	Indice saut
1 octet	1 octet	2 octets	1 octet	1 octet	1 octet

L'IE Jeu de paramètres DS

La Figure 2.52 illustre le format de l'IE Jeu de paramètre DS (*Direct Sequence Parameter Set*). Le champ Canal actuel indique le canal qui est utilisé par la station sans fil fonctionnant en séquence directe.

Figure 2.52
Format de l'IE Jeu de paramètres DS.

ID élément	Longueur	Canal actuel
1 octet	1 octet	1 octet

L'IE Jeu de paramètres CF

La Figure 2.53 illustre le format de l'IE Jeu de paramètres CF (*Contention Free Parameter Set*). Voici la description de ses principaux champs :

- **Décompte CFP/CFP Count.** Compteur des DTIM restants, y compris la trame en cours, avant le début de la prochaine période CFP.
- **Période CFP/CFP Period.** Nombre d'intervalles DTIM entre les CFP.
- **Durée CFP maximale/CFP MaxDuration.** Durée maximale de la CFP en TU (*Transmission Unit*).
- **Durée CFP restante/CFP DurationRemaining.** Durée restante en TU pour la CFP en cours.

Figure 2.53
Format de l'IE Jeu de paramètres CF.

ID élément	Longueur	Décompte CFP	Période CFP	Durée max. CFP (TU)	Durée restante CFP (TU)
1 octet	1 octet	1 octet	1 octet	2 octets	2 octets

L'IE TIM (Traffic Indication Map)

La Figure 2.54 illustre le format de l'IE TIM. Son détail apparaît dans le décodage de protocole de la Figure 2.55. Ses champs principaux sont les suivants :

- **Décompte DTIM/DTIM Count.** Compte à rebours des trames beacon, la trame en cours incluse, devant apparaître avant le prochain DTIM. La valeur 0 indique que la trame est le DTIM.
- **Période DTIM/DTIM Period.** Nombre d'intervalles beacon séparant des DTIM successifs. La valeur 1 indique que tous les TIM sont des DTIM. La valeur 0 est réservée.
- **Masque de contrôle/Bitmap Control.** Le bit 0 de ce champ représente l'indicateur de trafic (*Traffic Indicator*) associé à l'AID 0. Ce bit est à 1 dans les éléments TIM dont le champ Décompte DTIM est à 0, lorsque une ou plusieurs trames broadcast ou multicast sont présentes dans le tampon de l'AP. Les 7 bits restants du champ forment l'offset du bitmap.
- **Bitmap virtuel partiel/Partial Virtual Bitmap.** Renseigne sur l'état du tampon de trames de l'AP. Une valeur pour l'AID 0 indique que des trames broadcast ou multicast sont en attente.

Figure 2.54
Format de l'IE TIM.

ID élément	Longueur	Décompte DTIM	Période DTIM	Contrôle bitmap	Bitmap virtuel partiel
1 octet	1 octet	1 octet	1 octet	1 octet	1 - 251 octets

Figure 2.55
Décodage de protocole de l'IE TIM.

```
DLC: Element ID                                = 5 (Traffic Indication Map)
DLC: ...Length                                 = 5 octet(s)
DLC: ...Delivery Traffic Indication Message Count  = 5
DLC: ...Delivery Traffic Indication Message Period = 10
DLC: ...Bitmap control field = 03
DLC:                    .... ...1 = Traffic Indicator bit
DLC:                    0000 001. = 1 Bitmap offset
DLC: ...Partial Virtual Bitmap                 = 0020
```

L'IE Jeu de paramètres IBSS

La Figure 2.56 illustre le format de l'IE Jeu de paramètres IBSS (*Independent Basic Service Set Parameter Set*).

Figure 2.56
Format de l'IE Jeu de paramètres IBSS.

ID élément	Longueur	Fenêtre ATIM
1 octet	1 octet	2 octets

Le champ Fenêtre ATIM (*Announcement Traffic Indication Message*) indique la durée de la fenêtre ATIM en unités de temps (TU).

L'IE Texte challenge

La Figure 2.57 illustre le format de l'IE Texte challenge (*Challenge Text*).

Le champ Texte challenge indique le texte à utiliser dans les trames d'authentification.

Figure 2.57
Format de l'IE Texte challenge.

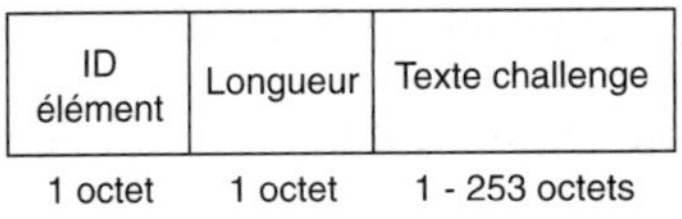

Les champs fixes de la trame de gestion

En plus des éléments d'information, le standard 802.11 prévoit 10 champs fixes à utiliser dans les trames de gestion. Ces champs sont récapitulés au Tableau 2.6.

Tableau 2.6 : Les champs fixes du standard 802.11

Champ fixe	*Longueur (en bits)*
Numéro d'algorithme d'authentification/Authentication Algorithm Number	16
Numéro de séquence de transaction d'authentification/Authentication Transaction Sequence Number	16
Intervalle de balisage/Beacon Interval	16
Informations de capacité/Capability Information	16
Adresse de l'AP actuel/Current Access Point Address	48
Intervalle d'écoute/Listen Interval	16
Code de motif/Reason Code	16
Identifiant d'association/Association ID	16
Code d'état/Status Code	16
Horodate/Timestamp	64

Numéro d'algorithme d'authentification

Ce champ peut prendre la valeur 0, pour le mode d'authentification Open System, ou la valeur 1, pour le mode Shared Key. Toute autre valeur est réservée.

Numéro de séquence de transaction d'authentification

Ce champ indique l'étape en cours d'une procédure d'authentification se déroulant en plusieurs phases.

Intervalle de balisage

Ce champ indique le nombre d'unités de temps (TU) s'écoulant entre chaque trame beacon.

Informations de capacité

Ce champ se décompose en une série de sous-champs (voir Figure 2.58) ne concernant que les trames de gestion pour lesquelles des règles de transmission ont été définies. Voici ses sous-champs principaux :

- **ESS.** Le point d'accès attribue la valeur 1 à ce sous-champ et la valeur 0 au sous-champ IBSS dans les trames de réponse beacon et probe.
- **IBSS.** Les stations d'un IBSS donnent la valeur 1 à ce sous-champ et la valeur 0 au sous-champ ESS dans les trames de réponse beacon et probe.
- **CF-Pollable** et **Requête CF-Poll**. Ces deux sous-champs sont employés par les stations et l'AP. Les Tableaux 2.7 et 2.8 décrivent les valeurs respectives qu'ils peuvent prendre.
- **Confidentialité.** Ce sous-champ reçoit la valeur 1 si le chiffrement WEP est requis pour les trames de données. Il est contenu dans diverses trames de gestion : beacon, réponse probe, association et réponse d'association. Si le chiffrement WEP n'est pas requis, sa valeur est 0.

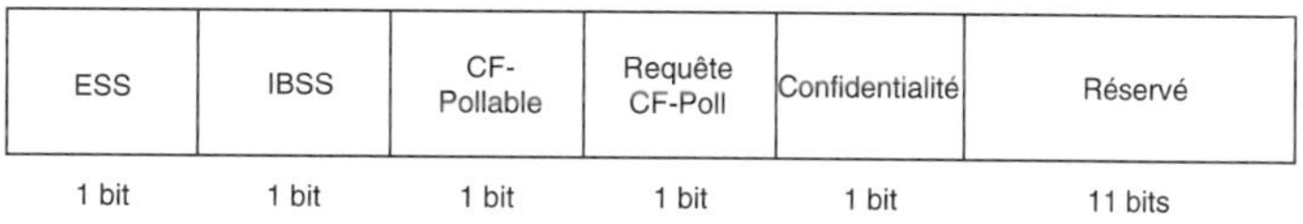

Figure 2.58
Format du champ Informations de capacité.

Tableau 2.7 : Les valeurs CF-Pollable et Requête CF-Poll des trames émises par les stations

CF-Pollable	*Requête CF-Poll*	*Description*
0	0	La station ne peut être interrogée par la fonction de coordination.
1	0	La station peut être interrogée et demande d'être placée dans la liste de polling.
0	1	La station peut être interrogée et ne demande pas à figurer dans la liste de polling.
1	1	La station peut être interrogée et demande de ne jamais être placée dans la liste de polling.

Tableau 2.8 : Les valeurs CF-Pollable et Requête CF-Poll des trames émises par le point d'accès

CF-Pollable	*Requête CF-Poll*	*Description*
0	0	L'AP ne supporte pas PCF. Pas de coordinateur (PC).
1	0	Le PC ne gère que la livraison de trames.
0	1	Le PC gère la livraison de trames et le polling.
1	1	Réservé.

Adresse de l'AP actuel

Ce champ contient l'adresse MAC du point d'accès auquel la station est actuellement associée.

Intervalle d'écoute

Ce champ indique le nombre d'intervalles de beacon qu'une station observe avant de redevenir active et attentive à l'arrivée d'une trame beacon.

Code de motif

Ce champ indique le motif sous-jacent à la transmission d'une trame de désauthentification ou de désassociation non sollicitée. Le Tableau 2.9 récapitule tous les codes de motifs et leur signification.

Tableau 2.9 : Codes de motifs du standard 802.11

Code de motif	*Description*
0	Réservé.
1	Motif non spécifié.
2	La précédente authentification n'est plus valide.
3	Trame de désauthentification. Une station émettrice quitte ou a quitté l'IBSS ou l'ESS.
4	Trame de désassociation. La station est inactive.
5	Trame de désassociation. L'AP est incapable de gérer toutes les stations actuellement associées.
6	Une trame de classe 2 a été reçue de la part d'une station non authentifiée.
7	Une trame de classe 3 a été reçue de la part d'une station non associée.
8	Trame de désassociation. La station émettrice quitte ou a quitté le BSS.
9	Une station réclamant une (ré)association n'est pas authentifiée auprès de la station qui lui répond.

Tableau 2.9 : Codes de motifs du standard 802.11

Code de motif	*Description*
10-65 535	Réservé.

Identifiant d'association

Ce champ indique la valeur assignée par l'AP représentant l'identifiant de 16 bits de la station. Cette valeur est un port logique ouvert pour la station.

Code d'état

Ce champ indique une valeur dans les trames de gestion en réponse, qui signale la réussite ou l'échec d'une opération demandée. Le Tableau 2.10 récapitule tous les codes d'état et leur signification.

Tableau 2.10 : Les codes d'état du standard 802.11

Code d'état	*Description*
0	Succès.
1	Echec sans motif précisé.
2-9	Réservé.
10	Ne peut supporter toutes les caractéristiques demandées dans le champ d'informations de capacité.
11	Réassociation rejetée en raison de l'impossibilité de confirmer que l'association existe.
12	Association rejetée pour une raison sortant du cadre de ce standard.
13	La station qui répond ne supporte pas l'algorithme d'authentification spécifié.
14	Une trame d'authentification a été reçue avec une valeur hors séquence dans le champ Numéro de séquence de transaction d'authentification.
15	Authentification rejetée en raison de l'échec d'une procédure de challenge.
16	Authentification rejetée en raison d'une expiration de temporisateur en attendant la trame suivante dans la séquence.
17	Association rejetée car l'AP ne peut gérer les stations supplémentaires associées.
18	Association rejetée car la station demandeuse ne gère pas tous les débits indiqués dans le paramètre BSSBasicRateSet.
19-65 535	Réservé.

Horodate

Ce champ indique la valeur du temporisateur TSFTIMER de la fonction TSF (*Timing Synchronization Function*) de l'émetteur de la trame.

Les trames de gestion

Les trames de gestion sont de différents types :

- Beacon
- Requête probe
- Réponse probe
- Authentification
- Désauthentification
- Requête d'association
- Réponse d'association
- Requête de réassociation
- Réponse de réassociation
- Désassociation
- ATIM

Les sections suivantes donnent davantage de détails sur chaque trame de gestion.

La trame beacon

La trame beacon, ou de balisage, est une trame de gestion que l'AP ou un émetteur quelconque dans un IBSS transmet périodiquement selon l'intervalle de balisage — champ fixe vu plus haut — stipulé. Cette trame permet à l'AP et aux stations de se synchroniser. Elle transmet en outre des paramètres spécifiques relatifs à la couche physique (PHY). De plus, les stations fonctionnant dans le mode d'économie d'énergie (*Power Save*) sont alertées si l'AP possède dans son tampon des trames qui leur sont destinées. Outre les éléments d'information et les champs fixes définis dans le standard 802.11, des IE spécifiques du fabricant de matériel peuvent être ajoutés.

La Figure 2.59 montre le format de cette trame. Ses champs sont visibles dans le décodage de protocole de la Figure 2.60.

Contrôle de trame	Durée	DA	SA	BSSID	Contrôle de séquence	Timestamp	Intervalle beacon	Informations de capacité	IE SSID	IE débits acceptés	IE jeu de param. FH/DS	IE jeu de param. CF (optionnel)	IE jeu de param. IBSS (optionnel)	IE TIM (optionnel)

Figure 2.59

Format de la trame beacon.

```
DLC: Frame Control Field #1 = 80
DLC:                 .... ..00 = 0x0 Protocol Version
DLC:                 .... 00.. = 0x0 Management Frame
DLC:                 1000 .... = 0x8 Beacon (Subtype)
DLC: Frame Control Field #2 = 00
DLC:                 .... ...0 = Not to Distribution System
DLC:                 .... ..0. = Not from Distribution System
DLC:                 .... .0.. = Last fragment
DLC:                 .... 0... = Not retry
DLC:                 ...0 .... = Active Mode
DLC:                 ..0. .... = No more data
DLC:                 .0.. .... = Wired Equivalent Privacy is off
DLC:                 0... .... = Not ordered
DLC: Duration                     = 0 (in microseconds)
DLC: Destination Address          = BROADCAST FFFFFFFFFFFF. Broadcast
DLC: Source Address               = Station Airont482745
DLC: Basic Service Set ID         = Airont482745
DLC: Sequence Control             = 0x0070
DLC: ...Sequence Number           = 0x007 (7)
DLC: ...Fragment Number           = 0x0   (0)
DLC: Timestamp                    = 16385154 (in microseconds)
DLC: Beacon Interval              = 2000
DLC: Capability information field #1 = 21
DLC:                          .... ...1 = Extended Service Set is on
DLC:                          .... ..0. = Independent Basic Service Set is off
DLC:                          .... 00..   = No point coordinator at Access Point
DLC:                          ...0 .... = No privacy
DLC:                          ..1. .... = Short Preamble option is allowed
DLC:                          .0.. .... = Packet Binary Convolutional Coding Modulation mode option is not allowed
DLC:                          0... .... = Channel agility is not in use
DLC: Capability information field #2 = 00
DLC:                          0000 0000 = Reserved
DLC:
DLC: Element ID                   = 0 (Service Set Identifier)
DLC: ...Length                    = 9 octet(s)
DLC: ...Service Set Identity      = 'powersave'
DLC:
DLC: Element ID                   = 1 (Supported Rates)
DLC: ...Length                    = 4 octet(s)
DLC: ...Supported Rates information field = 82
DLC:                              1... .... = Basic Service Set Basic Rate
DLC:                              .000 0010 =  1.0 Megabits per second
DLC: ...Supported Rates information field = 84
DLC:                              1... .... = Basic Service Set Basic Rate
DLC:                              .000 0100 =  2.0 Megabits per second
DLC: ...Supported Rates information field = 8B
DLC:                              1... .... = Basic Service Set Basic Rate
DLC:                              .000 1011 =  5.5 Megabits per second
DLC: ...Supported Rates information field = 96
DLC:                              1... .... = Basic Service Set Basic Rate
DLC:                              .001 0110 = 11.0 Megabits per second
DLC:
DLC: Element ID                   = 3 (Direct Sequence Parameter set)
DLC: ...Length                    = 1 octet(s)
DLC: ...dot11CurrentChannelNumber = 1
DLC:
DLC: Element ID                   = 5 (Traffic Indication Map)
DLC: ...Length                    = 4 octet(s)
DLC: ...Delivery Traffic Indication Message Count  = 2
DLC: ...Delivery Traffic Indication Message Period = 10
DLC: ...Bitmap control field = 00
DLC:                  .... ...0 = Traffic Indicator bit
DLC:                  0000 000. = 0 Bitmap offset
DLC: ...Partial Virtual Bitmap    = 00
```

Figure 2.60

Décodage de protocole d'une trame beacon.

La trame de requête probe

La Figure 2.61 illustre le format de cette trame. La Figure 2.62 donne un exemple de son décodage.

Contrôle de trame	Durée	DA	SA	BSSID	Contrôle de séquence	IE SSID	IE débits acceptés

Figure 2.61
Format de la trame de requête probe.

```
DLC: Frame Control Field #1 = 40
DLC:            .... ..00 = 0x0 Protocol Version
DLC:            .... 00.. = 0x0 Management Frame
DLC:            0100 .... = 0x4 Probe request (Subtype)
DLC: Frame Control Field #2 = 00
DLC:            .... ...0 = Not to Distribution System
DLC:            .... ..0. = Not from Distribution System
DLC:            .... .0.. = Last fragment
DLC:            .... 0... = Not retry
DLC:            ...0 .... = Active Mode
DLC:            ..0. .... = No more data
DLC:            .0.. .... = Wired Equivalent Privacy is off
DLC:            0... .... = Not ordered
DLC: Duration                       = 0 (in microseconds)
DLC: Destination Address            = BROADCAST FFFFFFFFFFFF, Broadcast
DLC: Source Address                 = Station Airont500292
DLC: Basic Service Set ID           = BROADCAST FFFFFFFFFFFF, Broadcast
DLC: Sequence Control               = 0x6F30
DLC: ...Sequence Number             = 0x6F3 (1779)
DLC: ...Fragment Number             = 0x0   (0)
DLC: Element ID                     = 0 (Service Set Identifier)
DLC: ...Length                      = 7 octet(s)
DLC: ...Service Set Identity        = "sliders"
DLC:
DLC: Element ID                     = 1 (Supported Rates)
DLC: ...Length                      = 4 octet(s)
DLC: ...Supported Rates information field = 02
DLC:                      0... .... = Not Basic Service Set Basic Rate
DLC:                      .000 0010 =  1.0 Megabits per second
DLC: ...Supported Rates information field = 04
DLC:                      0... .... = Not Basic Service Set Basic Rate
DLC:                      .000 0100 =  2.0 Megabits per second
DLC: ...Supported Rates information field = 0B
DLC:                      0... .... = Not Basic Service Set Basic Rate
DLC:                      .000 1011 =  5.5 Megabits per second
DLC: ...Supported Rates information field = 16
DLC:                      0... .... = Not Basic Service Set Basic Rate
DLC:                      .001 0110 = 11.0 Megabits per second
```

Figure 2.62
Décodage de protocole d'une trame de requête probe.

La trame de réponse probe

La Figure 2.63 illustre le format de cette trame. La Figure 2.64 donne un exemple de son décodage.

Contrôle de trame	Durée	DA	SA	BSSID	Contrôle de séquence	Timestamp	Intervalle beacon	Informations de capacité	IE SSID	IE débits acceptés	IE jeu de param. FH/DS	IE jeu de param. CF (optionnel)	IE jeu de param. IBSS (optionnel)

Figure 2.63
Format de la trame de réponse probe.

```
DLC: Frame Control Field #1 = 50
DLC:              .... ..00 = 0x0 Protocol Version
DLC:              .... 00.. = 0x0 Management Frame
DLC:              0101 .... = 0x5 Probe response (Subtype)
DLC: Frame Control Field #2 = 00
DLC:              .... ...0 = Not to Distribution System
DLC:              .... ..0. = Not from Distribution System
DLC:              .... .0.. = Last fragment
DLC:              .... 0... = Not retry
DLC:              ...0 .... = Active Mode
DLC:              ..0. .... = No more data
DLC:              .0.. .... = Wired Equivalent Privacy is off
DLC:              0... .... = Not ordered
DLC: Duration                      = 213 (in microseconds)
DLC: Destination Address           = Station Airont502F3F
DLC: Source Address                = Station 00097CAC4391
DLC: Basic Service Set ID          = 00097CAC4391
DLC: Sequence Control              = 0x2C30
DLC: ...Sequence Number            = 0x2C3 (707)
DLC:    Fragment Number            = 0x0   (0)
DLC: Timestamp                     = 72298844
DLC: Beacon Interval               = 100
DLC: Capability information field #1 = 21
DLC:                      .... ...1 = Extended Service Set is on
DLC:                      .... ..0. = Independent Basic Service Set is off
DLC:                      .... 00..   = No point coordinator at Access Point
DLC:                      ...0 .... = No privacy
DLC:                      ..1. .... = Short Preamble option is allowed
DLC:                      .0.. .... = Packet Binary Convolutional Coding Modulation mode option is not allowed
DLC:                      0... .... = Channel agility is not in use
DLC: Capability information field #2 = 00
DLC:                      0000 0000 = Reserved
DLC:
DLC: Element ID                    = 0 (Service Set Identifier)
DLC: ...Length                     = 9 octet(s)
DLC: ...Service Set Identity       = "marketing"
DLC:
DLC: Element ID                    = 1 (Supported Rates)
DLC: ...Length                     = 4 octet(s)
DLC: ...Supported Rates information field = 82
DLC:                        1... .... = Basic Service Set Basic Rate
DLC:                        .000 0010 =  1.0 Megabits per second
DLC: ...Supported Rates information field = 84
DLC:                        1... .... = Basic Service Set Basic Rate
DLC:                        .000 0100 =  2.0 Megabits per second
DLC: ...Supported Rates information field = 8B
DLC:                        1... .... = Basic Service Set Basic Rate
DLC:                        .000 1011 =  5.5 Megabits per second
DLC: ...Supported Rates information field = 96
DLC:                        1... .... = Basic Service Set Basic Rate
DLC:                        .001 0110 = 11.0 Megabits per second
DLC:
DLC: Element ID                    = 3 (Direct Sequence Parameter set)
DLC: ...Length                     = 1 octet(s)
DLC: ...dot11CurrentChannelNumber  = 1
```

Figure 2.64

Décodage de protocole d'une trame de réponse probe.

La trame d'authentification

La Figure 2.65 illustre le format de cette trame. La Figure 2.66 donne un exemple de son décodage.

Figure 2.65

Format de la trame d'authentification.

Contrôle de trame	Durée	DA	SA	BSSID	Contrôle de séquence	Numéro d'algorithme d'authentification	Numéro de séquence de transaction d'authentification	Code d'état	IE texte challenge (optionnel)

```
DLC: Frame Control Field #1 = B0
DLC:              .... ..00 = 0x0 Protocol Version
DLC:              .... 00.. = 0x0 Management Frame
DLC:              1011 .... = 0xB Authentication (Subtype)
DLC: Frame Control Field #2 = 00
DLC:              .... ...0 = Not to Distribution System
DLC:              .... ..0. = Not from Distribution System
DLC:              .... .0.. = Last fragment
DLC:              .... 0... = Not retry
DLC:              ...0 .... = Active Mode
DLC:              ..0. .... = No more data
DLC:              .0.. .... = Wired Equivalent Privacy is off
DLC:              0... .... = Not ordered
DLC: Duration                        = 213 (in microseconds)
DLC: Destination Address             = Station 0006D7863845
DLC: Source Address                  = Station Aironet482745
DLC: Basic Service Set ID            = Aironet482745
DLC: Sequence Control                = 0x00B0
DLC: ...Sequence Number              = 0x00B (11)
DLC: ...Fragment Number              = 0x0   (0)
DLC: Authentication algorithm number = 0 (Open System)
DLC: Authentication transaction sequence number = 2
DLC: Status code                     = 0 (Successful)
```

Figure 2.66
Décodage de protocole d'une trame d'authentification.

La trame de désauthentification

La Figure 2.67 illustre le format de cette trame. La Figure 2.68 donne un exemple de son décodage.

Contrôle de trame	Durée	DA	SA	BSSID	Contrôle de séquence	Code de motif

Figure 2.67
Format de la trame de désauthentification.

```
DLC: Frame Control Field #1 = C0
DLC:              .... ..00 = 0x0 Protocol Version
DLC:              .... 00.. = 0x0 Management Frame
DLC:              1100 .... = 0xC Deauthentication (Subtype)
DLC: Frame Control Field #2 = 00
DLC:              .... ...0 = Not to Distribution System
DLC:              .... ..0. = Not from Distribution System
DLC:              .... .0.. = Last fragment
DLC:              .... 0... = Not retry
DLC:              ...0 .... = Active Mode
DLC:              ..0. .... = No more data
DLC:              .0.. .... = Wired Equivalent Privacy is off
DLC:              0... .... = Not ordered
DLC: Duration                        = 213 (in microseconds)
DLC: Destination Address             = Station Aironet502F3F
DLC: Source Address                  = Station 00097CAC4391
DLC: Basic Service Set ID            = 00097CAC4391
DLC: Sequence Control                = 0x2530
DLC: ...Sequence Number              = 0x253 (595)
DLC: ...Fragment Number              = 0x0   (0)
DLC: Reason code                     = 1 (Unspecified reason)
```

Figure 2.68
Décodage de protocole d'une trame de désauthentification.

La trame de requête d'association

La Figure 2.69 illustre le format de cette trame. La Figure 2.70 donne un exemple de son décodage.

Contrôle de trame	Durée	DA	SA	BSSID	Contrôle de séquence	Informations de capacité	Intervalle d'écoute	IE SSID	IE débits acceptés

Figure 2.69
Format de la trame de requête d'association.

Figure 2.70

Décodage de protocole d'une trame de requête d'association.

```
DLC: Frame Control Field #1 = C0
DLC:              .... ..00 = 0x0 Protocol Version
DLC:              .... 00.. = 0x0 Management Frame
DLC:              1100 .... = 0xC Deauthentication (Subtype)
DLC: Frame Control Field #2 = 00
DLC:              .... ...0 = Not to Distribution System
DLC:              .... ..0. = Not from Distribution System
DLC:              .... .0.. = Last fragment
DLC:              .... 0... = Not retry
DLC:              ...0 .... = Active Mode
DLC:              ..0. .... = No more data
DLC:              .0.. .... = Wired Equivalent Privacy is off
DLC:              0... .... = Not ordered
DLC: Duration                      = 213 (in microseconds)
DLC: Destination Address           = Station Airont502F3F
DLC: Source Address                = Station 00097CAC4391
DLC: Basic Service Set ID            00097CAC4391
DLC: Sequence Control              = 0x2530
DLC: ...Sequence Number            = 0x253 (595)
DLC: ...Fragment Number            = 0x0   (0)
DLC: Reason code                   = 1 (Unspecified reason)
```

La trame de réponse d'association

La Figure 2.71 illustre le format de cette trame. La Figure 2.72 donne un exemple de son décodage.

Figure 2.71

Format de la trame de réponse d'association.

Contrôle de trame	Durée	DA	SA	BSSID	Contrôle de séquence	Informations de capacité	Code d'état	AID	IE débits acceptés

```
DLC: Frame Control Field #1 = 10
DLC:              .... ..00 = 0x0 Protocol Version
DLC:              .... 00.. = 0x0 Management Frame
DLC:              0001 .... = 0x1 Association response (Subtype)
DLC: Frame Control Field #2 = 00
DLC:              .... ...0 = Not to Distribution System
DLC:              .... ..0. = Not from Distribution System
DLC:              .... .0.. = Last fragment
DLC:              .... 0... = Not retry
DLC:              ...0 .... = Active Mode
DLC:              ..0. .... = No more data
DLC:              .0.. .... = Wired Equivalent Privacy is off
DLC:              0... .... = Not ordered
DLC: Duration                 = 117 (in microseconds)
DLC: Destination Address      = Station Airont502F3F
DLC: Source Address           = Station 00097CAC4391
DLC: Basic Service Set ID     = 00097CAC4391
DLC: Sequence Control         = 0x1150
DLC: ...Sequence Number       = 0x115 (277)
DLC: ...Fragment Number       = 0x0   (0)
DLC: Capability information field #1 = 21
DLC:                    .... ...1 = Extended Service Set is on
DLC:                    .... ..0. = Independent Basic Service Set is off
DLC:                    .... 00..   = No point coordinator at Access Point
DLC:                    ...0 .... = No privacy
DLC:                    ..1. .... = Short Preamble option is allowed
DLC:                    .0.. .... = Packet Binary Convolutional Coding Modulation mode option is not allowed
DLC:                    0... .... = Channel agility is not in use
DLC: Capability information field #2 = 00
DLC:                    0000 0000 = Reserved
DLC: Status code              = 0 (Successful)
DLC: Association ID           = 29
DLC:
DLC: Element ID               = 1 (Supported Rates)
DLC: ...Length                = 4 octet(s)
DLC: ...Supported Rates information field = 82
DLC:                         1... .... = Basic Service Set Basic Rate
DLC:                         .000 0010 =  1.0 Megabits per second
DLC: ...Supported Rates information field = 84
DLC:                         1... .... = Basic Service Set Basic Rate
DLC:                         .000 0100 =  2.0 Megabits per second
DLC: ...Supported Rates information field = 8B
DLC:                         1... .... = Basic Service Set Basic Rate
DLC:                         .000 1011 =  5.5 Megabits per second
DLC: ...Supported Rates information field = 96
DLC:                         1... .... = Basic Service Set Basic Rate
DLC:                         .001 0110 = 11.0 Megabits per second
DLC:
```

Figure 2.72

Décodage de protocole d'une trame de réponse d'association.

La trame de requête de réassociation

La Figure 2.73 illustre le format de cette trame. La Figure 2.74 donne un exemple de son décodage.

Figure 2.73

Format de la trame de requête de réassociation.

Contrôle de trame	Durée	DA	SA	BSSID	Contrôle de séquence	Informations de capacité	Intervalle d'écoute	Adresse AP actuel	IE SSID	IE débits acceptés

```
DLC: Frame Control Field #1 = 20
DLC:              .... ..00 = 0x0 Protocol Version
DLC:              .... 00.. = 0x0 Management Frame
DLC:              0010 .... = 0x2 Reassociation request (Subtype)
DLC: Frame Control Field #2 = 00
DLC:              .... ...0 = Not to Distribution System
DLC:              .... ..0. = Not from Distribution System
DLC:              .... .0.. = Last fragment
DLC:              .... 0... = Not retry
DLC:              ...0 .... = Active Mode
DLC:              ..0. .... = No more data
DLC:              .0.. .... = Wired Equivalent Privacy is off
DLC:              0... .... = Not ordered
DLC: Duration                  = 314 (in microseconds)
DLC: Destination Address       = Station 00097CAC4391
DLC: Source Address            = Station Aironet502F3F
DLC: Basic Service Set ID      = 00097CAC4391
DLC: Sequence Control          = 0x1FB0
DLC: ...Sequence Number        = 0x1FB (507)
DLC: ...Fragment Number          0x0   (0)
DLC: Capability information field #1 = 21
DLC:                   .... ...1 = Extended Service Set is on
DLC:                   .... ..0. = Independent Basic Service Set is off
DLC:                   .... 00..   = STA is not Contention Free-Pollable
DLC:                   ...0 .... = No privacy
DLC:                   ..1. .... = Short Preamble option is implemented
DLC:                   .0.. .... = Packet Binary Convolutional Coding Modulation mode option is not implemented
DLC:                   0... .... = Channel agility is not in use
DLC: Capability information field #2 = 00
DLC:                   0000 0000 = Reserved
DLC: Listen interval           = 200
DLC: Current Access Point address  = Station 00097CAC4391
DLC:
DLC: Element ID                = 0 (Service Set Identifier)
DLC: ...Length                 = 9 octet(s)
DLC: ...Service Set Identity   = "marketing"
DLC:
DLC: Element ID                = 1 (Supported Rates)
DLC: ...Length                 = 4 octet(s)
DLC: ...Supported Rates information field = 02
DLC:                        0... .... = Not Basic Service Set Basic Rate
DLC:                        .000 0010 =  1.0 Megabits per second
DLC: ...Supported Rates information field = 04
DLC:                        0... .... = Not Basic Service Set Basic Rate
DLC:                        .000 0100 =  2.0 Megabits per second
DLC: ...Supported Rates information field = 0B
DLC:                        0... .... = Not Basic Service Set Basic Rate
DLC:                        .000 1011 =  5.5 Megabits per second
DLC: ...Supported Rates information field = 16
DLC:                        0... .... = Not Basic Service Set Basic Rate
DLC:                        .001 0110 = 11.0 Megabits per second
```

Figure 2.74

Décodage de protocole d'une trame de requête de réassociation.

Cette trame ressemble à celle de requête d'association, avec un champ supplémentaire pour l'adresse de l'AP auquel la station est actuellement associée. Le rôle de cette trame est essentiellement d'alerter l'AP auquel la station s'associe qu'elle dispose d'une association. Le nouvel AP peut interroger l'ancien AP pour obtenir les trames éventuellement présentes dans le tampon de transmission pour la station se déplaçant. Il s'agit toutefois d'une implémentation laissée au choix du fabricant et qui n'est pas définie dans le standard 802.11.

La trame de réponse de réassociation

La Figure 2.75 illustre le format de cette trame. La Figure 2.76 donne un exemple de son décodage.

Figure 2.75

Format de la trame de réponse de réassociation.

Contrôle de trame	Durée	DA	SA	BSSID	Contrôle de séquence	Informations de capacité	Code d'état	AID	IE débits acceptés

```
DLC: Frame Control Field #1 = 30
DLC:             .... ..00 = 0x0 Protocol Version
DLC:             .... 00.. = 0x0 Management Frame
DLC:             0011 .... = 0x3 Reassociation response (Subtype)
DLC: Frame Control Field #2 = 00
DLC:             .... ...0 = Not to Distribution System
DLC:             .... ..0. = Not from Distribution System
DLC:             .... .0.. = Last fragment
DLC:             .... 0... = Not retry
DLC:             ...0 .... = Active Mode
DLC:             ..0. .... = No more data
DLC:             .0.. .... = Wired Equivalent Privacy is off
DLC:             0... .... = Not ordered
DLC: Duration                     = 117 (in microseconds)
DLC: Destination Address          = Station Airont502F3F
DLC: Source Address               = Station 00097CAC4391
DLC: Basic Service Set ID         = 00097CAC4391
DLC: Sequence Control             = 0x25E0
DLC: ...Sequence Number           = 0x25E (606)
DLC: ...Fragment Number           = 0x0   (0)
DLC: Capability information field #1 = 21
DLC:                     .... ...1 = Extended Service Set is on
DLC:                     .... ..0. = Independent Basic Service Set is off
DLC:                     .... 00..   = No point coordinator at Access Point
DLC:                     ...0 .... = No privacy
DLC:                     ..1. .... = Short Preamble option is allowed
DLC:                     .0.. .... = Packet Binary Convolutional Coding Modulation mode option is not allowed
DLC:                     0... .... = Channel agility is not in use
DLC: Capability information field #2 = 00
DLC:                     0000 0000 = Reserved
DLC: Status code                  = 0 (Successful)
DLC: Association ID               = 29
DLC:
DLC: Element ID                   = 1 (Supported Rates)
DLC: ...Length                    = 4 octet(s)
DLC: ...Supported Rates information field = 82
DLC:                          1... .... = Basic Service Set Basic Rate
DLC:                          .000 0010 =  1.0 Megabits per second
DLC: ...Supported Rates information field = 84
DLC:                          1... .... = Basic Service Set Basic Rate
DLC:                          .000 0100 =  2.0 Megabits per second
DLC: ...Supported Rates information field = 8B
DLC:                          1... .... = Basic Service Set Basic Rate
DLC:                          .000 1011 =  5.5 Megabits per second
DLC: ...Supported Rates information field = 96
DLC:                          1... .... = Basic Service Set Basic Rate
DLC:                          .001 0110 = 11.0 Megabits per second
```

Figure 2.76

Décodage de protocole d'une trame de réponse de réassociation.

Cette trame est identique à la trame de réponse faisant suite à une requête d'association.

La trame de désassociation

La Figure 2.77 illustre le format de cette trame. La Figure 2.78 donne un exemple de son décodage.

Figure 2.77

Format de la trame de désassociation.

Contrôle de trame	Durée	DA	SA	BSSID	Contrôle de séquence	Code de motif

Figure 2.78

Décodage de protocole d'une trame de désassociation.

```
DLC:                       .... 10.. = 0x2 Data Frame
DLC:                       0000 .... = 0x0 Data (Subtype)
DLC: Frame Control Field #2 = 11
DLC:                       .... ...1 = To Distribution System
DLC:                       .... ..0. = Not from Distribution System
DLC:                       .... .0.. = Last fragment
DLC:                       .... 0... = Not retry
DLC:                       ...1 .... = Power Save Mode
DLC:                       ..0. .... = No more data
DLC:                       .0.. .... = Wired Equivalent Privacy is off
DLC:                       0... .... = Not ordered
DLC: Duration                          = 117 (in microseconds)
DLC: Basic Service Set ID              = Station Airont482745
DLC: Source Address                    = Station 0006D7863845
DLC: Destination Address               = Station Cisco 588400
DLC: Sequence Control                  = 0x02F0
DLC:   ...Sequence Number              = 0x02F (47)
DLC:   ...Fragment Number              = 0x0   (0)
DLC:
LLC: C D=AA S=AA UI
SNAP: Ethernet Type=0800 (IP)
IP:  D=[13.1.1.1] S=[13.1.1.58] LEN=13 ID=28705
ICMP: Echo
DLC: Frame padding= 13 bytes
```

La trame ATIM

La trame ATIM ne possède pas de champ fixe ni d'IE.

Les trames de données

Le standard 802.11 répartit les trames de données en huit catégories, ou sous-types :

- Data (trame de données standard)
- Null Function (trame sans données)
- Data+CF-Ack
- Data+CF-Poll
- Data+CF-Ack+CF-Poll
- CF-Ack
- CF-Poll
- CF-Ack+CF-Poll

La trame Data

La Figure 2.79 illustre le format de cette trame. La Figure 2.80 donne un exemple de son décodage.

Figure 2.79

Format de la trame Data.

Contrôle de trame	Durée	DA	BSSID	SA	Contrôle de séquence	Données	FCS
2 octets	2 octets	6 octets	6 octets	6 octets	2 octets	0-2 312 octets	4 octets

3

Les technologies de la couche physique 802.11

La ratification des standards 802.11a et 802.11b en 1999 a transformé la technologie des LAN sans fil, ou WLAN (*Wireless LAN*), constituant jusqu'alors une niche pour les lecteurs de code-barres et autres appareils du même genre, en une solution générale d'accès réseau mobile, économique et hétérogène. Aujourd'hui, la plupart des fabricants proposent des clients et des points d'accès, ou AP (*Access Point*), conformes à ces deux standards, qui offrent des performances comparables à l'Ethernet câblé. L'absence de connectivité filaire apporte aux utilisateurs une grande liberté dans leurs déplacements. Même si la normalisation joue un rôle essentiel dans cette technologie, l'emploi de fréquences non réglementées évite le long et onéreux processus d'achat de licences et contribue à sa large diffusion.

Le comité de normalisation 802.11 a défini plusieurs technologies au niveau de la couche physique, ou PHY, interagissant avec la couche MAC 802.11. Ce chapitre passe en revue ces différentes PHY :

- PHY FH (*Frequency Hopping*) 802.11 2,4 GHz
- PHY DS (*Direct Sequence*) 802.11 2,4 GHz
- PHY DS (*Direct Sequence*) 802.11b 2,4 GHz
- PHY OFDM (*Orthogonal Frequency Division Multiplexing*) 802.11a 5 GHz
- PHY ERP (*Extended Rate Physical*) 802.11g 2,4 GHz

Le standard Ethernet 802.3 a évolué avec le temps pour inclure le Fast Ethernet 802.3u et le Gigabit Ethernet 802.3z/802.3a. De la même manière, le standard Ethernet sans fil

802.11 a évolué avec les amendements 802.11b HR-DSSS (*High Rate Direct Sequence Spread Spectrum*), 802.11a OFDM et, plus récemment, 802.11g ERP. Ces technologies se distinguent essentiellement par leur couche physique différente.

Notions fondamentales sur la couche physique 802.11

La couche physique (PHY) 802.11 a pour rôle principal d'offrir des services de transmission sans fil à la couche MAC. Elle assure en outre des fonctions secondaires, comme celle consistant à évaluer l'état du support sans fil et à le signaler à la couche MAC, cette dernière étant la même pour toutes les PHY. Ces mécanismes de transmission étant fournis indépendamment de la MAC, le comité 802.11 peut continuer à élaborer de nouvelles fonctionnalités aux niveaux MAC et PHY dès lors que l'interface entre ces deux couches est maintenue. C'est cette indépendance qui a permis le développement des PHY haut débit 802.11b, 802.11a et 802.11g.

Chaque couche physique 802.11 comporte deux sous-couches :

- PLCP (*Physical Layer Convergence Procedure*).
- PMD (*Physical Medium Dependant*).

La Figure 3.1 illustre le positionnement de ces sous-couches l'une par rapport à l'autre ainsi que relativement aux autres couches du modèle OSI.

Figure 3.1
Les sous-couches PHY dans le modèle OSI.

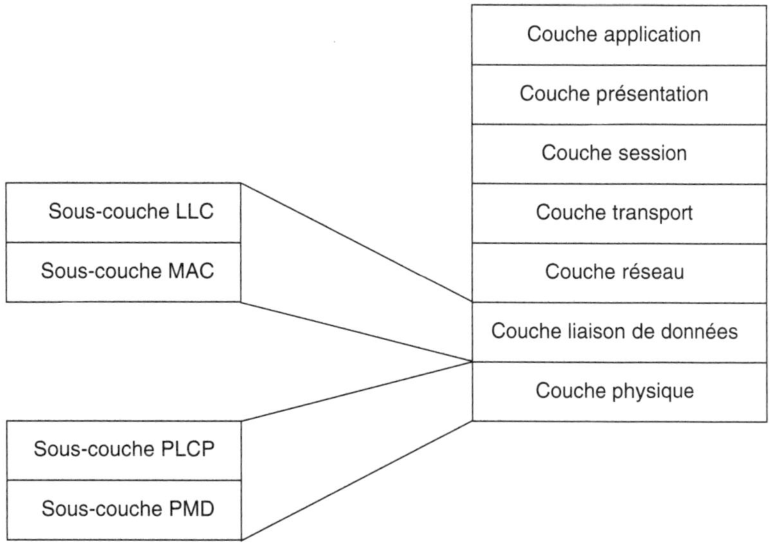

La PLCP est une couche de négociation (*handshaking*). Elle permet aux unités de données de protocole MAC, ou MPDU (*MAC Protocol Data Unit*), d'être transmises entre des stations MAC sur la PMD, cette dernière fournissant une méthode d'émission et de réception des données *via* le support sans fil. Vous pouvez vous représenter la PMD comme un service de transmission sans fil qui a pour interface la PLCP. Ces deux sous-couches varient selon le type de 802.11.

Dans toutes les PHY, la PLCP inclut des primitives de service pour le transfert d'octets de données entre la MAC et la PMD, en plus des primitives permettant à la MAC d'indiquer à la PHY quand débuter la transmission et à la PHY de signaler à la MAC qu'elle a terminé. Côté récepteur, les primitives PLCP prévoient que la PHY puisse signaler à la MAC le début et la fin d'une réception de données de la part d'une autre station. Pour supporter la fonction CCA (*Clear Channel Assessment*), la PLCP fournit des mécanismes permettant à la MAC de réinitialiser la procédure CCA et à la PHY de notifier l'état du support.

D'une façon générale, les PLCP 802.11 opèrent selon la procédure CS/CCA (*Carrier Sense/CCA*), comme l'illustre le diagramme d'état de la Figure 3.2. Cette procédure est capable de détecter le début d'un signal émis par une autre station et de déterminer si le canal est libre. Lorsque la PLCP reçoit une requête Tx-Start, elle se place dans un état de transmission en faisant passer la PMD de l'état de réception à celui de transmission puis envoie la PPDU (*PLCP PDU*). Elle émet ensuite une confirmation Tx-End et retourne dans l'état CS/CCA. Elle invoque l'état de réception lorsqu'elle détecte le préambule PLCP et un en-tête PLCP valide. Si elle détecte une erreur, elle la signale à la MAC et reprend la procédure CS/CCA. Plusieurs mécanismes CCA sont décrits plus loin dans ce chapitre.

Figure 3.2
Diagramme d'état de PLCP.

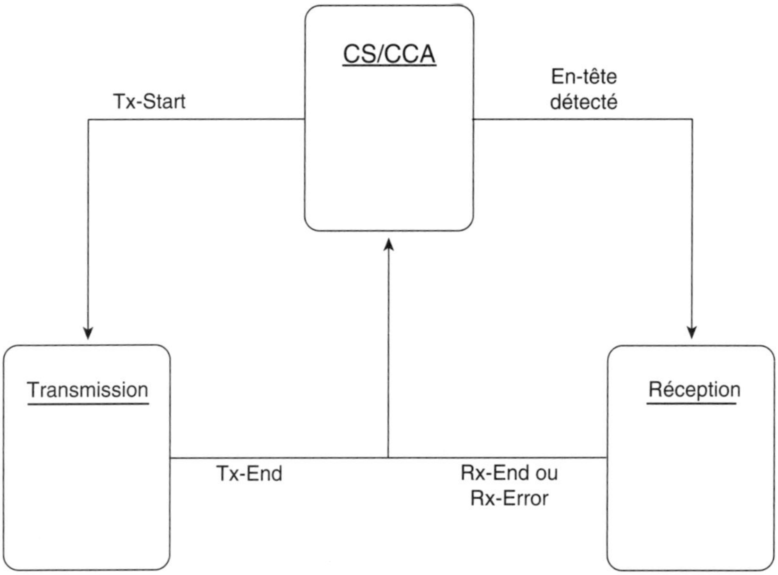

Principes de base de la transmission du signal

Pour comprendre la PMD de chaque couche physique 802.11, il importe de saisir les principes de transmission suivants :

- brouillage, ou blanchiment ;
- codage ;
- entrelacement ;
- mapping bits/symboles et modulation.

Le brouillage

Si les émetteurs modernes sont capables de transmettre des données à haut débit c'est parce que leur conception se fonde en grande partie sur l'hypothèse que les données qui leur sont fournies sont aléatoires. Sans cette hypothèse, nombre des avantages apportés par les traitements subséquents seraient absents. Toutefois, il est concevable et même fréquent que les données à transmettre ne soient pas du tout aléatoires, pouvant même contenir des motifs récurrents ou de longues séries de 0 ou de 1. Le brouillage (*scrambling*) désigne la technique utilisée pour transformer des séquences de bits structurées à émettre en séquences paraissant aléatoires. On parle aussi de blanchiment (*whitening*) du flux de données. Le récepteur accomplit le processus inverse pour rétablir la structure originale des séquences. La plupart des techniques de blanchiment permettent au processus de débrouillage (*descrambling*) de se synchroniser sur celui de brouillage.

Le codage

Si le brouillage a permis aux ingénieurs de développer des systèmes de communication dotés d'une plus grande efficacité spectrale, c'est la technique du *codage* (*coding*) qui a rendu possible la transmission de données à haut débit sur des canaux bruités. Tous les canaux comportent du bruit, ce qui introduit des erreurs sous la forme de bits corrompus ou modifiés. Le codage permet de maximiser la quantité de données envoyées sur un support bruité. Dans son principe, il consiste à remplacer des séquences de bits par des séquences plus longues afin de pouvoir reconnaître et corriger un bit altéré. Prenons l'exemple illustré à la Figure 3.3. Supposons que vous vouliez communiquer la séquence 01101 par téléphone à un ami. Vous pouvez vous mettre d'accord pour répéter chaque bit trois fois, ce qui donne la séquence 000111111000111. Même si votre ami n'entend pas bien le premier et le quatorzième bits, comprenant 100111111000101, il reconnaît la séquence originale 01101 d'après les bits majoritaires. Ce codeur a beau être très simple et manquer d'efficacité, il permet néanmoins de saisir le principe du codage.

Figure 3.3
Exemple de codage simple.

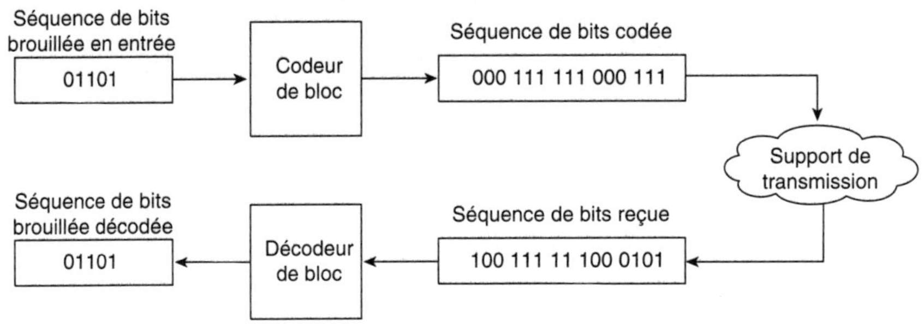

Le type de codage le plus courant aujourd'hui dans les systèmes de communication est le codage convolutif. Il peut être implémenté assez facilement sur le plan matériel au moyen de registres à décalage et d'additionneurs. Contrairement à l'exemple précédent, qui illustre un codage en blocs sans mémoire (*memory-less block code*), le codage convolutif opère avec mémoire (*finite memory code*). Cela signifie que le résultat n'est pas seulement une fonction de la dernière entrée mais aussi de plusieurs entrées précédentes. La longueur de contrainte (*constraint length*) désigne la "longueur" du codeur, c'est-à-dire le nombre d'états disponibles en entrée pour alimenter sa logique combinatoire, qui produit les symboles en sortie. Les codeurs sont souvent décrits par leur taux, ou rendement. Par exemple, dans un codeur convolutif de taux 1/2, à chaque bit en entrée sont produits deux bits en sortie. Lorsque vous comparez des codeurs, sachez qu'un taux supérieur signifie un débit de données supérieur mais également une sensibilité accrue au bruit.

L'entrelacement

Une des hypothèses élémentaires du codage est que les erreurs introduites lors de la transmission sont des événements indépendants. C'est le cas dans l'exemple précédent, où les bits 1 et 14 de la séquence communiquée sont corrompus. Les erreurs de bits sont rarement indépendantes et se produisent en série. Toujours dans l'exemple précédent, imaginez qu'un camion passe à proximité pendant la première partie de la conversation, empêchant votre ami de vous entendre distinctement. En supposant qu'il reçoive la séquence 011001111000111, comme illustré à la Figure 3.4, il en conclut que la séquence d'origine est 10101, ce qui est erroné.

Figure 3.4
Erreurs corrélées.

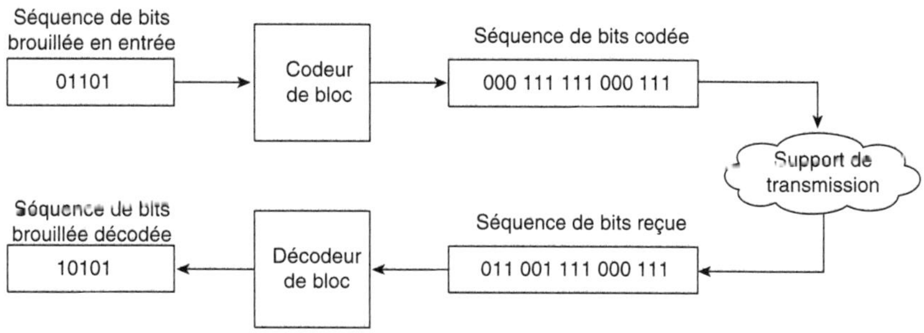

Pour cette raison, les entrelaceurs (*interleaver*) ont été introduits afin de disperser les bits d'erreur de blocs de sorte qu'ils aient l'air plus indépendants. Un entrelaceur peut être implémenté de façon logicielle ou matérielle. Dans les deux cas, sa fonction principale est de disperser les bits adjacents en plaçant entre eux des bits non adjacents. Dans notre exemple, au lieu de lire simplement la séquence de 15 bits à votre ami, vous pourriez placer les bits dans une matrice, cinq par ligne, puis les lire par colonne, donc trois à la fois, comme illustré à la Figure 3.5. Votre ami les écrirait dans une matrice par colonne trois à la fois puis les lirait par ligne cinq à la fois et appliquerait ensuite la règle de codage pour extraire la séquence d'origine.

Figure 3.5
Codage avec entrelaceur de bloc.

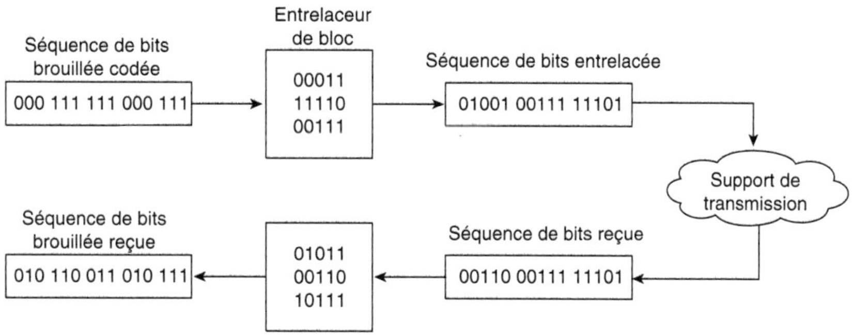

Le mapping bits/symboles et la modulation

Le processus de modulation applique le flux de bits à une porteuse dans la bande de fréquences utilisée. Si vous vous représentez la porteuse (*carrier*) comme une onde sinusoïdale, le processus de modulation peut porter sur l'amplitude, la fréquence ou la phase, comme le montre la Figure 3.6.

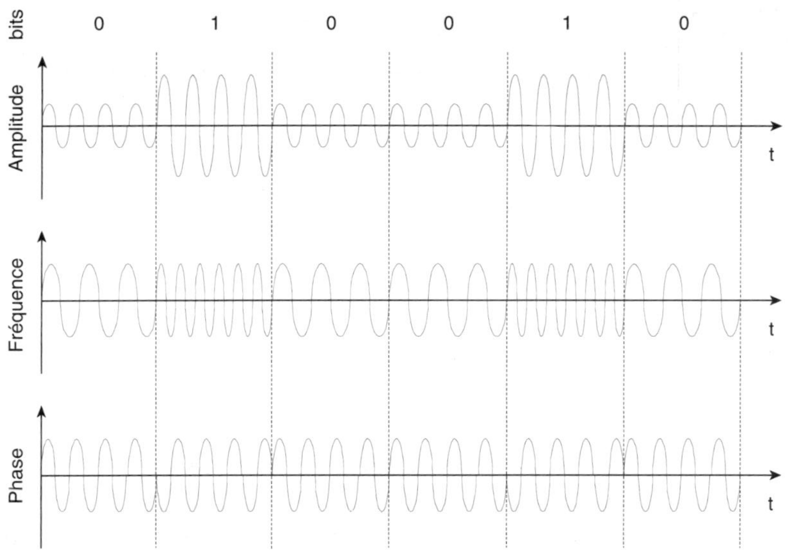

Figure 3.6
Types de modulation.

INFO

Le principe qui consiste à appliquer des bits de données à l'amplitude ou à la fréquence d'une porteuse est analogue à celui qui existe dans le domaine de la diffusion radio AM et FM, sauf que c'est une forme d'onde vocale ou musicale qui est appliquée dans ce cas, donnant lieu à une modulation d'amplitude, ou AM (*Amplitude Modulation*), ou à une modulation de fréquence, ou FM (*Frequency Modulation*).

Plutôt que d'utiliser une seule sinusoïde, on en emploie le plus souvent deux, avec une différence de phase de 90 degrés entre les deux, l'une étant la composante *en phase* et l'autre la composante *en quadrature*.

Bien que l'on puisse moduler directement la séquence de bits sur une porteuse au moyen d'une des trois techniques de modulation — amplitude, fréquence ou phase —, davantage de bits peuvent être transmis dans la bande passante disponible s'ils sont regroupés en symboles. Ce processus de regroupement est appelé mapping bits/symboles (*symbol mapping*). Ce sont alors les symboles qui sont appliqués aux composantes en quadrature et en phase. On utilise généralement un système d'axes cartésiens, avec la composante en phase sur l'axe *x* et la composante en quadrature sur l'axe *y*, produisant ce que l'on appelle une *constellation*. On parle aussi parfois de *plan complexe*, avec un nombre imaginaire, *j*, qui est égal à la racine carrée de – 1, sur l'axe *y* et la partie réelle sur l'axe *x*.

Imaginez un débit de 11 Mbit/s. Si vous combinez deux bits en un symbole, vous obtenez un débit de symboles, ou de bauds, de 5,5 Mbaud. Reprenons la séquence en sortie de l'entrelaceur de la Figure 3.5, et appliquons la technique de modulation QPSK (*Quadrature Phase Shift Keying*), qui consiste à combiner deux bits en un symbole. Ce mapping bits/symboles est illustré à la Figure 3.7, avec les bits en entrée et la forme d'onde résultante. Le signal en phase apparaît en trait plein et celui en quadrature en pointillés, en regard de chaque point de la constellation. Le résultat est un signal en bande de base complexe dans le domaine temporel, qui est transposé en fréquence pour devenir un véritable signal de bande passante. La démodulation est le processus inverse au niveau du récepteur.

Figure 3.7
La constellation QPSK et les formes d'ondes en phase et en quadrature résultantes.

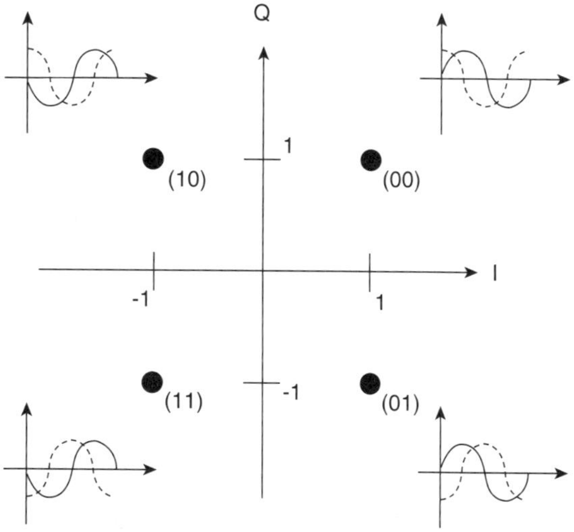

Les WLAN 802.11

Le standard 802.11 d'origine définit deux couches physiques, ou PHY :

- FHSS (*Frequency Hopping Spread Spectrum*) 2,4 GHz
- DSSS (*Direct Sequence Spread Spectrum*) 2,4 GHz

Ces deux PHY opèrent dans la bande des 2,4 GHz, dite ISM (*Industrial, Scientific, Medical*), dans laquelle 83,5 MHz de spectre sont alloués en Europe. Chaque PHY possède ses propres sous-couches PLCP et PMD, qui sont décrites dans les sections suivantes.

La PHY FHSS

Les WLAN FHSS offrent des débits de données de 1 et 2 Mbit/s. Un équipement FHSS change ou saute de fréquence à une vitesse prédéterminée et en suivant une séquence de sauts elle aussi prédéterminée, comme illustré à la Figure 3.8. Cette technique d'étalement de spectre divise la bande ISM en 79 canaux distincts (ne se chevauchant pas) dans la plage de fréquences 2,4 à 2,483 GHz. Chaque canal fait 1 MHz de large, signifiant qu'un WLAN FHSS supporte un débit de symboles assez élevé.

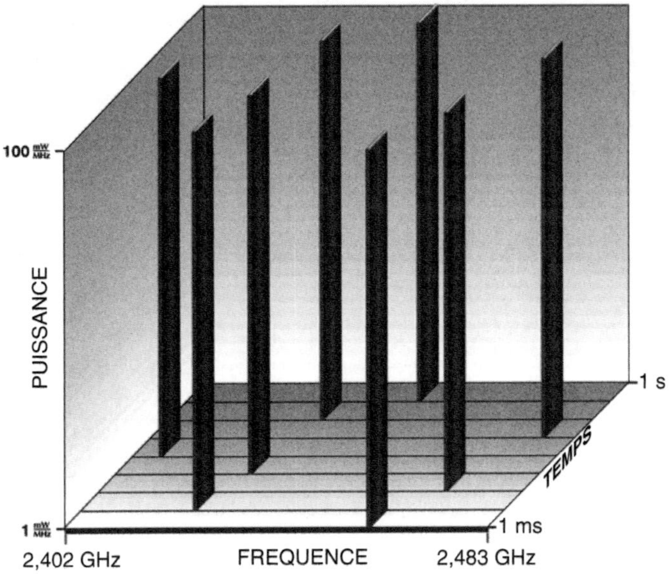

Figure 3.8
La technique FHSS.

Les équipements FHSS doivent changer de canal au minimum 2,5 fois par seconde, soit toutes les 400 ms ou moins, et chaque saut doit être espacé du précédent d'au moins 6 fréquences (6 MHz). Les séquences de sauts sont regroupées en trois jeux, comme indiqué au Tableau 3.1. En Amérique du Nord et dans une bonne partie de l'Europe, le nombre de séquences par jeu est de 26. Chaque jeu est défini de manière a éviter les périodes de collision prolongées entre les différentes séquences qu'il inclut, ce qui permet de limiter les interférences entre des zones de couverture qui se chevauchent.

Tableau 3.1 : Les séquences de sauts FHSS pour l'Amérique du Nord, l'Europe et le Japon

Jeu	*Séquence de sauts*
1	{0,3,6,9,12,15,18,21,24,27,30,33,36,39,42,45,48,51,54,57,60,63,66,69,72,75}
2	{1,4,7,10,13,16,19,22,25,28,31,34,37,40,43,46,49,52,55,58,61,64,67,70,73,76}
3	{2,5,8,11,14,17,20,23,26,29,32,35,38,41,44,47,50,53,56,59,62,65,68,71,74,77}

La PLCP FHSS

Dans un WLAN FHSS, lorsque la MAC passe une trame MAC, également appelée PSDU (*PLCP Service Data Unit*), à la sous-couche PLCP, cette dernière préfixe deux champs à la tramc pour former une PPDU (*PLCP Protocol Data Unit*). La Figure 3.9 présente le format de la trame PLCP FHSS.

Figure 3.9
La PPDU FHSS.

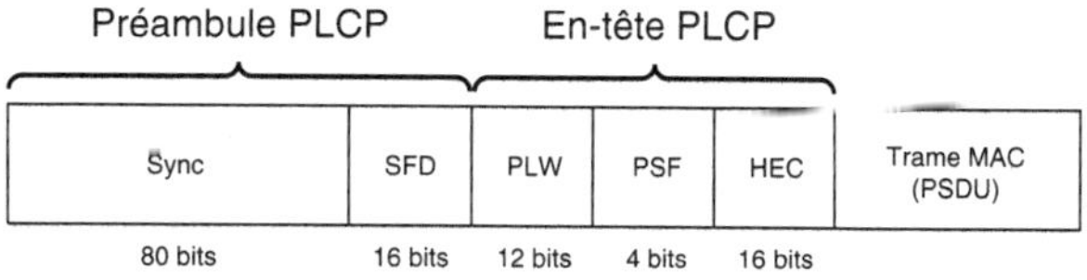

Le préambule PLCP inclut deux sous-champs :

- Le champ SYNC, de 80 bits de long, qui contient une chaîne de bits à 0 et à 1 alternés, débutant à 0. La station réceptrice utilise ce champ pour sélectionner l'antenne à utiliser dans les déploiements multiantenne, de façon à corriger les décalages de fréquence, et pour se synchroniser avec l'émetteur.
- Le champ SFD (*Start of Frame Delimiter*), de 16 bits de long, qui contient une chaîne de bits spécifique (0000 1100 1011 1101, le bit de plus fort poids en premier). Il permet au récepteur de délimiter la trame.

L'en-tête PLCP comporte trois sous-champs :

- Le champ PLW (*PSDU Length Word*), de 12 bits de long, qui spécifie la taille de la trame MAC (PSDU) en octets.
- Le champ PSF (*PLCP Signaling Field*), de 4 bits de long, qui indique le débit de données de la trame. Le Tableau 3.2 présente un décodage de ce champ.

Tableau 3.2 : Décodage du champ PSF

Bit 1	*Bit 2*	*Bit 3*	*Débit de données*
0	0	0	1 Mbit/s
0	0	1	1,5 Mbit/s
0	1	0	2 Mbit/s
0	1	1	2,5 Mbit/s
1	0	0	3 Mbit/s
1	0	1	3,5 Mbit/s
1	1	0	4 Mbit/s
1	1	1	4,5 Mbit/s

- Le champ HEC (*Header Error Control*), qui contient une valeur CRC16 (*Cyclic*

Redundancy Check 16 bit) de l'UIT-T (Union internationale des télécommunications, secteur de la normalisation des télécommunications) pour l'en-tête PLCP. L'émetteur génère un total de contrôle que le récepteur utilise pour détecter d'éventuelles erreurs dans les champs PLW et PSF reçus.

La PSDU est soumise à un processus de brouillage destiné à blanchir ou rendre aléatoire la séquence de bits en entrée, comme décrit précédemment à la section "Principes de base de la transmission du signal". La PSDU résultante est illustrée à la Figure 3.10. Un symbole de remplissage est inséré tous les blocs de 32 symboles, permettant d'éliminer les biais dans les données — plus de 1 que de 0, ou inversement —, qui pourraient avoir des effets indésirables lors des traitements subséquents.

Figure 3.10
Une PSDU FHSS brouillée.

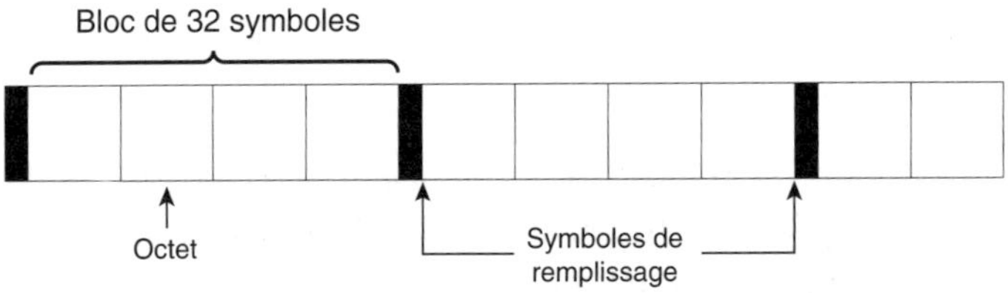

Modulation GFSK

La PLCP convertit la trame en un flux binaire qu'elle transmet à la sous-couche PMD, laquelle module le flux de données au moyen de la technique GFSK (*Gaussian Frequency Shift Keying*).

Pour comprendre la modulation GFSK, il faut d'abord saisir les principes de la modulation FSK (*Frequency Shift Keying*). Contrairement à la technique QPSK vue précédemment, FSK opère en représentant chaque symbole avec une fréquence différente. Par exemple, l'émetteur utilise une sinusoïde de fréquence f_1 pour représenter la valeur binaire 0 et de fréquence f_2 pour la valeur binaire 1. Il s'accorde ensuite avec son interlocuteur sur la période de symbole, laquelle détermine la durée d'émission de chaque sinusoïde. Plutôt que d'être exprimées de façon absolue, ces deux fréquences sont souvent données relativement à la fréquence de la porteuse (*carrier*), f_c, qui est spécifiée dans la séquence de sauts. La Figure 3.11 représente ces fréquences dans le domaine fréquentiel avec l'amplitude spectrale donnée par la hauteur du vecteur, $f_1 = f_c - f_d$ et $f_2 = f_c + f_d$.

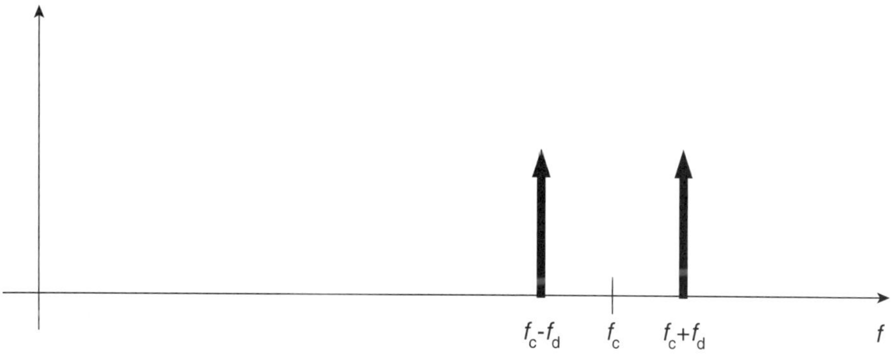

Figure 3.11
Exemple de domaine fréquentiel FSK.

La technique FSK fonctionne selon les mêmes principes qu'un poste de radio FM. Un de ses avantages est qu'elle permet de concevoir assez facilement un émetteur et un récepteur radio. Elle utilise un signal d'amplitude constante (*constant modulus signal*). Cela signifie qu'aucune information n'est transportée par l'amplitude du signal, ce qui permet de transmettre avec une puissance moyenne supérieure pour une puissance crête donnée. Elle s'accompagne toutefois d'inconvénients majeurs, l'un d'eux étant une exploitation inefficace du spectre, puisqu'elle ne transporte pas autant d'informations par quantum de spectre que les autres méthodes. De plus, le processus de modulation n'est pas linéaire, rendant difficile la correction du signal pour pallier les imperfections du canal ou la détermination analytique des performances.

Pour mieux comprendre, examinons de plus près la transmission d'un 0 suivie de celle d'un 1 avec FSK. Le signal doit instantanément passer d'une fréquence $f_c - f_d$ à une fréquence $f_c + f_d$, ce qui introduit une discontinuité en sortie de l'émetteur, produisant une quantité importante d'énergie hors bande. La Figure 3.12 illustre ce point en bande de base, c'est-à-dire avec la composante porteuse supprimée.

Figure 3.12
Changement de fréquence avec FSK.

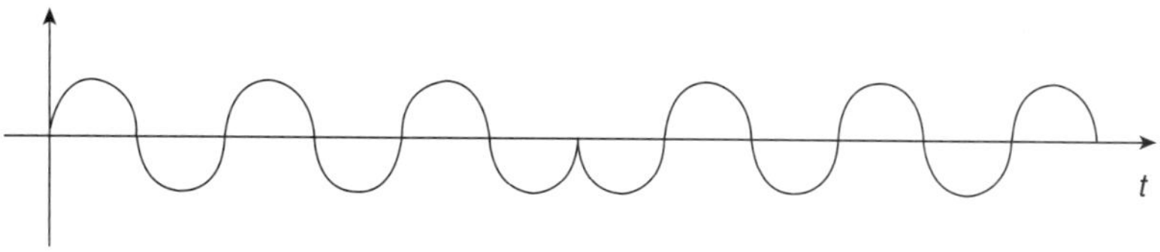

Pour résoudre ce problème, l'entrée du modulateur de fréquence peut être filtrée afin de lisser la transition de $f_c - f_d$ à $f_c + f_d$. GFSK emploie un filtre gaussien à cet effet, d'où le nom de cette technique. L'expression f_d représente la déviation de la fréquence. Le standard 802.11 spécifie qu'elle doit être au minimum de 110 kHz. Pour un débit à 2 Mbit/s, on utilise 4GFSK, qui module deux bits à la fois avec deux déviations de fréquence, comme indiqué au Tableau 3.3, où f_{d1} est environ trois fois supérieure à f_{d2}.

Tableau 3.3 : Le mapping symboles/fréquence avec 4GFSK

Symbole	*Fréquence*
10	$f_c + f_{d2}$
11	$f_c + f_{d1}$
01	$f_c - f_{d1}$
00	$f_c - f_{d2}$

Au début des WLAN, FHSS était largement utilisée dans les secteurs de la manutention et de la fabrication. Elle présente toutefois certains problèmes, le plus évident étant qu'elle n'atteint pas les débits élevés offerts par un LAN câblé et les nouveaux standards de WLAN. Un autre problème, moins évident à première vue, est qu'en dépit des 79 canaux généralement disponibles dans une séquence de sauts, et ce dans chacun des trois jeux de séquences, comme indiqué en début de section, le signal saute à travers toute la bande ISM, ignorant la présence d'autres signaux. Comme mentionné au Chapitre 9, l'élimination des fréquences pour lesquelles des interférences sont connues ne fait l'objet d'aucun standard. En supposant un débit de 1 Mbit/s et la présence d'interférences dans une moitié de la bande, il y a une chance sur deux que le signal saute sur un canal où la communication est impossible, ramenant le débit à 500 Kbit/s tout au plus.

Signalons également l'absence de mécanisme permettant de coordonner ou de synchroniser les séquences de sauts de points d'accès (AP) adjacents. Les séquences peuvent en conséquence se recouper, provoquant davantage d'interférences. FHSS convient donc dans le cas d'un petit déploiement, présentant de faibles exigences en bande passante et peu de points d'accès.

La PHY DSSS

DSSS (*Direct Sequence Spread Spectrum*) est une autre couche PHY définie dans le standard 802.11 de 1997, qui offre des débits de 1 et 2 Mbit/s. En 1999, le comité 802.11 a ratifié le standard 802.11b à 5,5 et 11 Mbit/s, qui possède une couche PHY DSSS compatible avec celle du standard de 1997. La PLCP est quasiment la même pour ces deux PHY, la seule différence étant l'ajout d'une option de préambule et d'en-tête courts dans 802.11b.

Les WLAN DSSS emploient des canaux de 22 MHz, permettant à plusieurs WLAN de couvrir une même zone. En Amérique du Nord et presque partout en Europe, cette taille de canal autorise trois canaux sans chevauchement dans la plage de fréquences de 2,4 à 2,483 GHz. La Figure 3.13 illustre ces trois canaux.

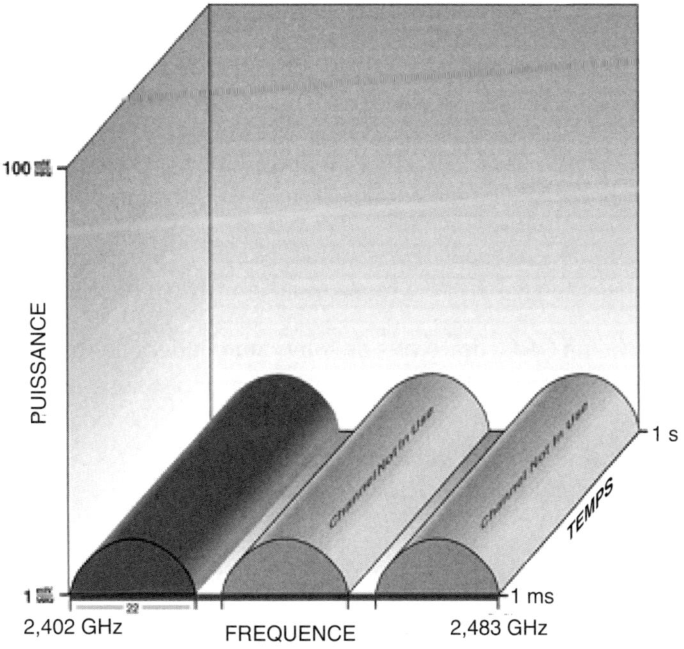

Figure 3.13
Canaux DSSS.

La PLCP DSSS

A l'instar de la PLCP FHSS, la PLCP DHSS ajoute deux champs à la trame MAC pour former la PPDU : un préambule PLCP et un en-tête PLCP. Le format de la PPDU DSSS est présenté à la Figure 3.14.

Préambule PLCP		En-tête PLCP				
Sync	SFD	Signal	Service	Longueur	CRC	Trame MAC
128 bits	16 bits	8 bits	8 bits	16 bits	16 bits	

Figure 3.14
La PPDU DSSS.

Le préambule PLCP inclut deux sous-champs :

- Le champ SYNC, de 128 bits de long, qui contient une chaîne de bits à 1. Il permet à la station réceptrice d'assurer sa synchronisation avec celle émettrice.

- Le champ SFD, de 16 bits de long, qui contient une chaîne de bits spécifique (0xF3A0) permettant au récepteur de délimiter la trame.

L'en-tête PLCP comporte quatre sous-champs :

- Le champ Signal, de 8 bits de long, qui spécifie le type de modulation et le débit de données à utiliser pour la trame. Le Tableau 3.4 donne les correspondances.
- Le champ Service, de 8 bits de long, qui est réservé, signifiant qu'il n'a pas été défini par les spécifications initiales et qu'il est disponible pour des optimisations futures.
- Le champ Longueur (*Length*), de 16 bits de long, qui contient le nombre de microsecondes (de 16 à $2^{16} - 1$) requis pour transmettre la portion MAC de la trame.
- Le champ CRC, de 16 bits de long, qui contient un total de contrôle CRC16 de l'UIT-T, à l'instar de la PHY FHSS, calculé à partir des sous-champs de l'en-tête.

Tableau 3.4 : Valeurs de débit du champ Signal

Champ Signal	*Débit de données*
0x0A	1 Mbit/s
0x14	2 Mbit/s

La PLCP convertit la trame en un flux binaire, qu'elle transmet à la sous-couche PMD. La PPDU tout entière est ensuite soumise à un processus de brouillage pour donner une apparence aléatoire aux données.

Le préambule PLCP brouillé est toujours transmis à 1 Mbit/s, tandis que la MPDU brouillée est transmise au débit spécifié par le champ Signal. La PMD module ensuite le flux binaire blanchi à l'aide d'une des deux techniques de modulation suivantes :

- DBPSK (*Differential Binary Phase Shift Keying*) pour un débit de 1 Mbit/s ;
- DQPSK (*Differential Quadrature Phase Shift Keying*) pour un débit de 2 Mbit/s.

La section suivante décrit le processus de modulation accompli par la PMD DSSS.

Principes de fonctionnement de DSSS

Les techniques de modulation par étalement de spectre utilisent une bande passante beaucoup plus grande que celle qui serait normalement nécessaire pour supporter les débits offerts. Chaque bit est remplacé ou "étalé" au moyen d'un code d'étalement en bande large. Etant donné que ces techniques multiplient les bits d'information, à l'instar du codage, elles peuvent opérer dans des conditions de faible rapport signal/bruit dues à des interférences ou à une puissance de transmission limitée. Avec DSSS, le signal transmis est directement multiplié par une séquence d'étalement (*spreading sequence*) partagée par l'émetteur et le récepteur.

Un WLAN DSSS code les données en prenant un flux de 1 Mbit/s provenant de la couche liaison de données et en le convertissant en un flux de chips de 11 MHz. La séquence d'étalement, ou séquence de chipping ou encore de Barker, qui convertit un bit de données en chips, est une valeur de 11 bits. Pour des débits de 1 et 2 Mbit/s, par exemple, un bit de données est transformé en une valeur de 11 bits (un 1 devient 11111111111 et un 0 devient 00000000000). Le bit ainsi étendu et la séquence d'étalement sont ensuite combinés par une opération XOR (OU exclusif), et les chips résultants sont transformés en symboles puis modulés. Les Figure 3.15 et 3.16 illustrent le processus de chipping.

Figure 3.15
Etalement d'un bit de valeur 1.

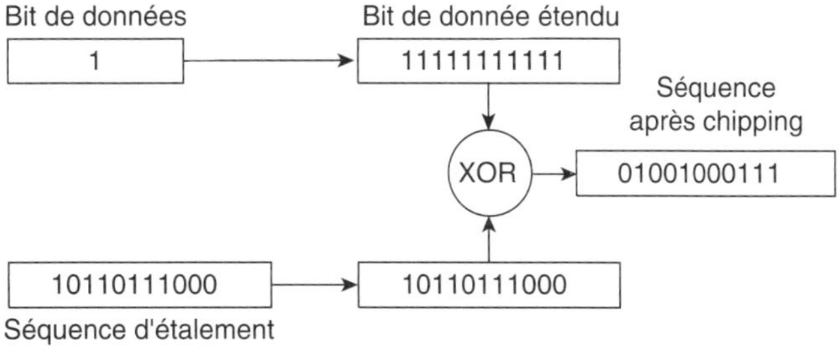

Figure 3.16
Etalement d'un bit de valeur 0.

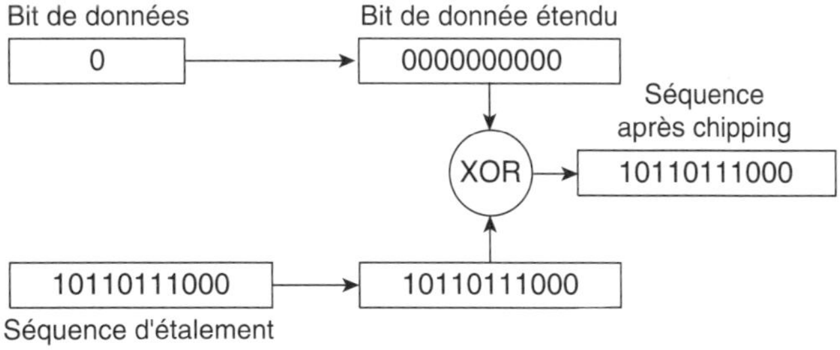

Pour comprendre l'intérêt que présente la génération d'une surcharge de service de 10 Mbit/s par rapport à un débit nominal de 1 Mbit/s, prenons un exemple. Supposons que certaines fréquences du canal soient soumises à des interférences lors de la transmission d'une séquence de 11 chips. Etant donné que l'émetteur étale la séquence sur les 22 MHz du canal, seuls quelques chips sont affectés par les interférences. L'émetteur peut donc reformer la séquence initiale en examinant simplement les chips reçus. Sans ce processus, des données seraient perdues et devraient être retransmises. DSSS permet ainsi d'augmenter le débit et de réduire le temps de latence.

Modulation DBPSK

A la section "Principes de base de la transmission du signal", nous avons donné une représentation de QPSK sur un plan complexe. La technique BPSK (*Binary Phase Shift Keying*) fonctionne selon le même principe, si ce n'est que chaque symbole est appliqué à une composante en phase uniquement car les deux points de la constellation se trouvent sur l'axe I. La Figure 3.17 présente la constellation BPSK.

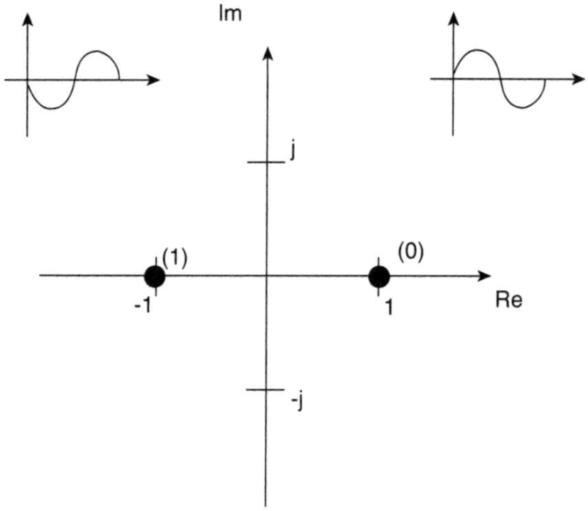

Figure 3.17
La constellation BPSK.

Pour s'assurer que le récepteur n'ait pas à filtrer la composante phase pour tout décalage de fréquence, on utilise un codage différentiel, appelé DBPSK (*Differential Binary Phase Shift Keying*). Chaque chip équivaut à un symbole. Un 0 indique au processus de mapping de transmettre le même symbole que celui émis pendant la période de symbole précédente, et un 1 lui indique de faire pivoter la phase de 180°, ou π radians. DBPSK produit aussi un signal d'amplitude constante, simplifiant de ce fait la conception des systèmes radio.

Modulation DQPSK

Pour atteindre un débit de 2 Mbit/s, une constellation QPSK combine deux chips en un symbole (reportez-vous à la Figure 3.7). Avec la technique différentielle DQPSK (*Differential Quadrature Phase Shift Keying*), les symboles sont appliqués à la composante en phase, qui pivote comme indiqué au Tableau 3.5.

Tableau 3.5 : Les changements de phase DQPSK

Chip en entrée	*Changement de phase (en degrés)*
00	0
01	90

Tableau 3.5 : Les changements de phase DQPSK

Chip en entrée	*Changement de phase (en degrés)*
11	180
10	270 (– 90)

DBPSK et DQPSK produisent toutes deux un débit de symboles de 11 MHz, sauf qu'avec la seconde chaque symbole consiste en deux chips, ce qui donne un débit de chips de 22 MHz, soit un débit nominal de 2 Mbit/s.

Si DSSS a connu un grand succès en raison de sa capacité à résister aux interférences, elle offre néanmoins de faibles débits, à l'instar de FHSS. Pour remédier à cela, les standards 802.11a et 802.11b ont été développés.

Les WLAN 802.11b

Le standard 802.11b de 1999 a introduit le DSSS haut débit, ou HR-DSSS (*High-Rate DSSS*), qui permet d'implémenter des WLAN offrant des débits atteignant 5,5 Mbit/s et 11 Mbit/s dans la bande ISM des 2,4 GHz, au moyen des techniques de modulation CCK (*Complementary Code Keying*) ou PBCC (*Packet Binary Convolutional Coding*). HR-DSSS emploie la même technique d'allocation de canal que DSSS, avec 11 canaux de 22 MHz de bande passante, parmi lesquels 3 ne se chevauchent pas. Cette section vous permettra de comprendre comment de tels débits sont permis.

La PLCP HR-DSSS

La sous-couche PLCP pour HR-DSSS utilise deux types de trames : une PPDU longue et une PPDU courte. Le préambule et l'en-tête d'une PPDU longue sont toujours transmis à 1 Mbit/s pour assurer une compatibilité descendante avec DSSS. Elle est en fait semblable à la PPDU pour DSSS mais avec les extensions suivantes pour gérer les hauts débits :

- Le champ Signal accepte les débits supplémentaires spécifiés dans le Tableau 3.6.
- Le champ Service fait usage des bits jusqu'alors réservés, comme défini dans le Tableau 3.7.
- Le champ Longueur (*Length*) donne toujours le temps en microsecondes nécessaire à la transmission de la trame MAC (champ PSDU).

INFO

A des débits excédant 8 Mbit/s, le nombre d'octets transmis est ambigu car la valeur du champ Longueur est arrondie à l'entier supérieur le plus proche. Par exemple, si 517 octets doivent être transmis, le champ contient 376 µs : ceiling(517 × 8/11). Toutefois, le résultat étant entier, aucun arrondi ne se produit. Dans le cas de 516 octets, la valeur est arrondie. Le délai requis est alors identique, ce qui se traduit par l'ajout d'un octet. Ce fait est notifié au récepteur en plaçant le bit Extension de longueur du champ Service à 1. Le récepteur sait alors soustraire 1 lors de la réception de l'en-tête. Notez que si vous utilisez la modulation PBCC, le protocole emploie un octet supplémentaire. Vous pouvez donc ajouter la valeur du bit de sélection de modulation au nombre d'octets avant de multiplier par 8/11 pour obtenir le temps en microsecondes.

Tableau 3.6 : Valeurs supplémentaires du champ Signal

Signal	*Débit*
0x37	5,5 Mbit/s
0x6E	11 Mbit/s

Tableau 3.7 : Signification des bits du champ Service

Bit	*Désignation*	*Description*
b2	Horloges synchronisées	0 = non synchronisées, 1 = fréquence Tx et horloges pour symboles synchronisées.
b3	Sélection de modulation	0 = CCK, 1 = PBCC
b7	Extension de longueur	Utilisé par le champ Longueur.

La PPDU courte permet de réduire la surcharge de service (*overhead*) du protocole tout en permettant à l'émetteur et au récepteur de communiquer de façon appropriée. Elle garde la même structure (voir Figure 3.18), avec un préambule raccourci, et l'en-tête est transmis à 2 Mbit/s, alors que la PSDU est transmise à 2, 5,5 ou 11 Mbit/s. Voici les modifications qui ont été apportées :

- Le champ SYNC de 128 bits est ramené à 56 bits et contient une succession de 0.
- Le champ SFD garde sa longueur de 16 bits et son rôle d'indicateur de début de trame, mais il contient en plus une information signalant au récepteur s'il s'agit d'une PPDU

courte ou longue. Lorsqu'il s'agit d'en-tête court, les 16 bits du champ sont transmis dans un ordre inversé et contiennent la valeur 0x05CF à la place de 0xF3A0.

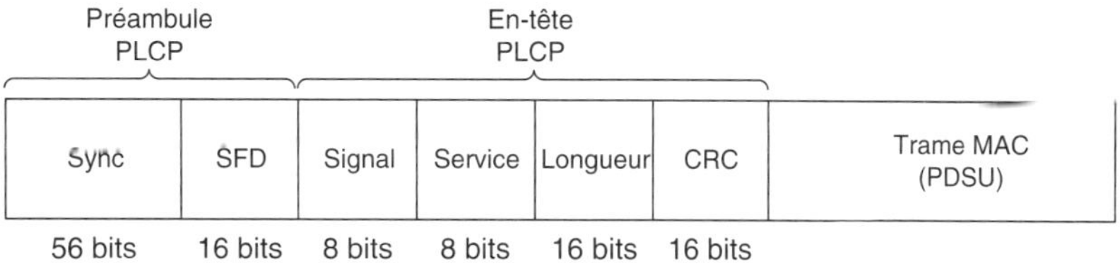

Figure 3.18
La PPDU courte HR-DSSS.

Comme dans le cas de la couche PHY 802.11, PLCP brouille la PPDU avant son passage dans la sous-couche PMD. Ensuite, les divers champs sont transmis au débit approprié avec la technique de modulation adéquate, CCK ou PBCC.

Modulation CCK

Bien que le mécanisme d'étalement permettant d'offrir 5,5 ou 11 Mbit/s avec CCK soit lié aux techniques intervenant dans le cas des débits inférieurs de 1 Mbit/s et 2 Mbit/s, il n'en est pas moins unique. Il s'agit ici d'un codage complexe en chips sur 8 bits, alors que, pour les deux débits inférieurs, la séquence de chips est codée sur 11 bits. La séquence de chips est maintenant déterminée à partir de symboles de 4 ou 8 bits, selon le débit de données qui est implémenté. Puisque le débit en chips est de 11 Mchip/s et que 8 chips sont nécessaires pour coder un symbole, le standard peut offrir des débits de 5,5 et 11 Mbit/s.

Pour transmettre à 5,5 Mbit/s, le flux binaire de la PSDU brouillée est converti en symboles de 4 bits chacun (b0, b1, b2, et b3). Les deux derniers bits (b2 et b3) servent à déterminer les séquences complexes de 8 chips, comme le montrent les valeurs C1 à C8 du Tableau 3.8. La valeur *j* représente le nombre imaginaire, sqrt(– 1) et apparaît sur l'axe imaginaire, ou de quadrature, dans le plan complexe.

Tableau 3.8 : La séquence de chips CCK

(b2,b3)	*C1*	*C2*	*C3*	*C4*	*C5*	*C6*	*C7*	*C8*
00	j	1	j	– 1	j	1	– 1	1
01	$-j$	– 1	$-j$	1	j	1	$-j$	1
10	$-j$	1	$-j$	– 1	$-j$	1	j	1
11	j	– 1	j	1	$-j$	1	j	1

Ensuite, les deux premiers bits (b0, b1) sont utilisés pour déterminer une rotation de phase DQPSK, qui est appliquée à la séquence de chips. Le Tableau 3.9 illustre ce processus.

Pour savoir si les symboles en cours de mapping sont pairs ou impairs, il doivent être numérotés en partant de 0. La technique utilisée étant DQPSK et non QPSK, il s'agit d'un changement de phase par rapport au symbole précédent, ou, dans le cas du premier symbole d'une PSDU, par rapport au dernier symbole DQPSK à 2 Mbit/s.

Tableau 3.9 : La rotation de phase CCK

(b0,b1)	*Différence de phase pour symboles pairs*	*Différence de phase pour symboles impairs*
00	0 (0°)	π (180°)
01	π/2 (90°)	– π/2 (– 90°)
11	π (180°)	0 (0°)
10	– π/2 (– 90°)	π/2 (90°)

Cette rotation de phase est appliquée aux symboles de 8 chips avec une modulation à la fréquence de porteuse appropriée.

Pour transmettre à un débit de 11 Mbit/s, la séquence binaire de la PSDU est convertie en symboles de 8 bits. Ici, ce sont les 6 derniers bits (b2 à b7) qui servent à déterminer la séquence complexe de 8 chips, à la manière de ce que nous avons vu plus haut avec les bits 2 et 3, sauf que le choix de séquences est maintenant plus grand, 64 contre 4 auparavant. Les deux premiers bits (b0,b1) déterminent toujours la rotation de phase à appliquer à la séquence, avec une modulation à la fréquence de porteuse appropriée.

Modulation PBCC

Comme expliqué précédemment, le standard HR-DSSS définit également une autre technique de modulation, appelée PBCC, pour générer des débits de 5,5 Mbit/s et 11 Mbit/s. Cette technique diffère un peu de CCK dans une PHY DSSS. La PSDU brouillée passe d'abord par un codeur convolutif binaire de taux 1/2, introduit à la section "Principes de base de la transmission du signal". Ce codeur particulier se compose de six éléments de mémoire et génère 2 bits en sortie par bit entrant. Etant donné que 802.11 s'appuie sur la structuration de trame et qu'un codeur convolutif dispose de mémoire, il faut remettre à zéro tous les éléments de mémoire à chaque début de trame et ajouter un octet de zéros en fin de trame pour assurer une protection égale de tous les bits. Cet octet de fin explique pourquoi le calcul de longueur, étudié à la section "La sous-couche PLCP pour HR-DSSS", diffère légèrement dans CCK et PBCC. Le train de bits est ensuite codé au moyen d'un générateur de symboles BPSK (*Binary Phase Shift Keying*) — le codage différentiel n'est pas utilisé ici — pour délivrer 5,5 Mbit/s, ou d'un générateur QPSK, pour transmettre à 11 Mbit/s. Le type de mapping de symbole utilisé dans l'une ou l'autre des deux techniques de modulation dépend de la valeur binaire *S* qui est prélevée à partir d'une séquence de couverture aléatoire de 256 bits. La Figure 3.19 illustre les deux méthodes utilisées dans la modulation QPSK, et la Figure 3.20 les deux méthodes pour BPSK.

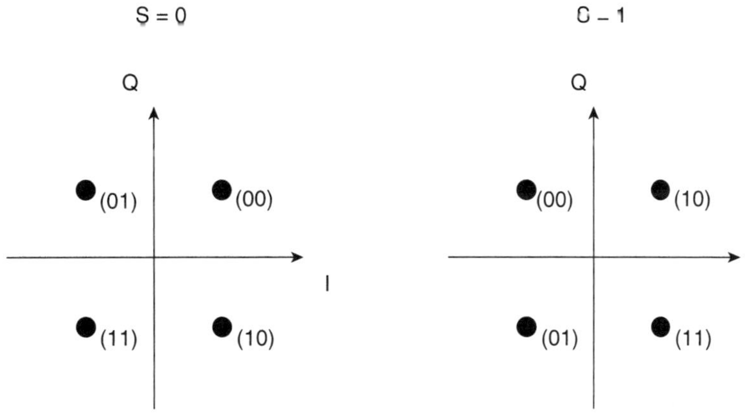

Figure 3.19
Mapping de symboles QPSK dans la modulation PBCC.

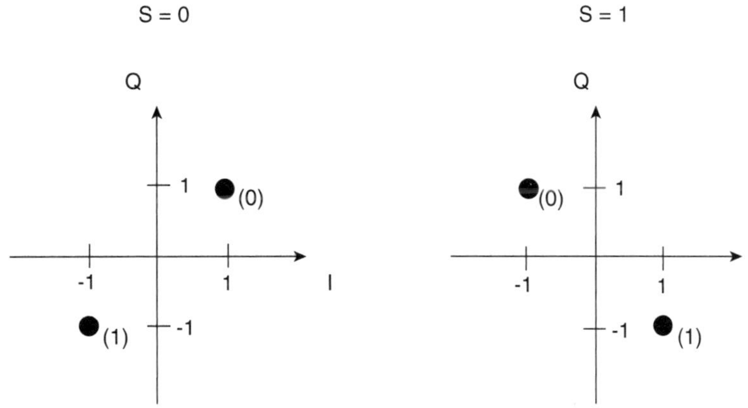

Figure 3.20
Mapping de symboles BPSK dans la modulation PBCC.

Les WLAN 802.11a

Tandis que le standard 801.11b de 1999 introduit la couche PHY HR-DSSS, le standard 802.11a, de 1999 également, présente la couche PHY OFDM (*Orthogonal Frequency Division Multiplexing*) pour la bande des 5 GHz. Le standard 802.11a prévoit un débit obligatoire de 24 Mbit/s et des débits optionnels jusqu'à 54 Mbit/s dans les bandes U-NII (*Unlicensed-National Information Infrastructure*) de 5,15 à 5,25 GHz, 5,25 à 5,35 GHz et 5,725 à 5,825 GHz. Il utilise dans chacune des trois bandes d'émission quatre canaux de 20 MHz. Cette section s'intéresse aux détails qui vous permettront de comprendre le fonctionnement d'OFDM.

802.11j

L'amendement 802.11j de l'IEEE définit les exigences pour l'implémentation de réseaux LAN/MAN (*Local Area Network/Metropolitan Area Network*). Il prévoit un fonctionnement de 802.11a dans la bande des 4,9 GHz qui a été allouée au Japon et aux Etats-Unis pour les applications liées à la sécurité publique, ainsi que dans la bande des 5,03-5,091 GHz. Une stratégie de numérotation de canaux de 240 à 255 a été mise en place pour couvrir ces fréquences par pas de canal de 5 MHz.

La PLCP OFDM

La sous-couche PLCP pour la couche PHY du standard 802.11a possède son propre format de PPDU (voir Figure 3.21).

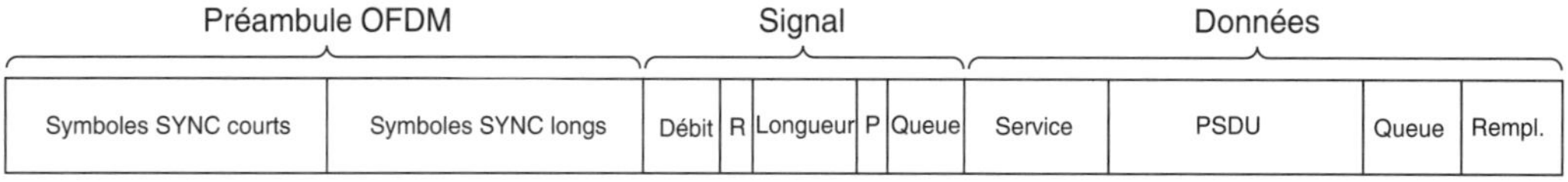

Figure 3.21
Format de la PPDU 802.11a.

Les trois portions constitutives de la PPDU sont Préambule OFDM, Signal et Données. Le préambule se compose de séquences de préparation SYNC courtes (*training sequence*) et d'un symbole de préparation SYNC long (*training symbol*). Le récepteur utilise les séquences longues pour l'estimation de contrôle automatique de gain (AGC), de la synchronisation et du décalage initial de fréquence (*offset*), et le symbole court pour l'estimation du canal, de la synchronisation et du décalage fin de fréquence. Le mécanisme est décrit un peu plus loin dans cette section.

La portion Signal se compose de cinq champs :

- Le champ Débit (*Rate*), de 4 bits, qui spécifie le débit de transmission de la portion Données de la trame. Le Tableau 3.10 présente la valeur des bits de ce champ (R1-R4).
- Le bit R, réservé à un usage futur.
- Le champ Longueur (*Length*), représentant un entier non signé de 12 bits, qui spécifie le nombre d'octets dans la PSDU.
- Le bit P, un bit de parité paire pour les 17 bits des champs Débit, R et Longueur.
- Le champ Queue (*Tail*), qui comprend six bits à 0 non brouillés.

Tableau 3.10 : Valeur des bits du champ Débit

D1-D4	*Débit (Mbit/s)*
1101	6
1111	9
0101	12
0111	18
1001	24
1011	36
0001	48
0011	54

La portion Données se compose de quatre champs :

- Le champ Service, qui comprend 7 bits à 0 suivis de 7 bits réservés, également à 0 actuellement. Il permet au récepteur de synchroniser son dispositif de débrouillage.
- Le champ PSDU, qui contient les bits de données à transmettre.
- Le champ Queue (*Tail*), qui remplace les 6 bits à 0 brouillés par des 0 non brouillés pour initialiser le codeur convolutif à mémoire finie.
- Le champ Remplissage (*Pad*), qui permet d'ajouter des bits supplémentaires pour atteindre le nombre de bits codés requis pour la génération de symboles OFDM.

Principes de fonctionnement d'OFDM

Pour comprendre les mécanismes de la sous-couche PMD du standard 802.11a, vous devez d'abord connaître le fonctionnement de base d'OFDM, qui se démarque des techniques de modulation vues jusqu'à présent. OFDM fait partie d'une catégorie de techniques de modulation multiporteuse qui ont été conçues pour pouvoir transmettre des données dans des conditions sévères d'interférence intersymbole, ou ISI (*Inter-Symbole Interference*).

En prenant pour exemple la modulation QPSK, imaginons la transmission de deux symboles successifs. Durant leur parcours sur le canal de transmission, ils subissent des distorsions, et diverses parties de leur signal peuvent être retardées ou suivre des parcours multiples. Si ces retards sont suffisamment longs, la période du premier symbole peut s'étaler sur celle du second et les composantes de signaux venir se brouiller. C'est le chevauchement ISI. Le retard entre le moment de la réception de la première composante d'un signal et celui de la réception de sa dernière composante est appelé étalement de retard du canal (*delay spread*), ou dispersion temporelle. Les concepteurs y répondent généralement de deux façons : soit par l'emploi de symboles suffisamment longs pour être décodés correctement en présence d'ISI, soit par une égalisation visant à supprimer la distorsion provoquée par l'ISI. La première méthode limite le débit de symboles à une valeur légèrement inférieure à la bande passante, qui est inversement proportionnelle à l'étalement de retard. A mesure que la bande passante augmente, le débit de symboles croît aussi, et le canal offre un plus haut débit de données. La seconde méthode, souvent associée à la première, requiert l'utilisation de techniques plus complexes et coûteuses pour implémenter des techniques d'égalisation du canal et maximiser l'efficacité de la bande passante.

La modulation multiporteuse d'ODFM suit une approche radicalement différente des autres techniques de modulation. Le canal de base est subdivisé en 52 petits sous-canaux indépendants de faible bande passante fonctionnant en parallèle et n'offrant qu'un faible débit de symboles. Le signal de base est ainsi réparti sur les différentes sous-porteuses par une technique de modulation fréquentielle avec un multiplexage orthogonal. Pour une bande passante donnée, plus le nombre de sous-canaux est important, plus la période de symbole est longue, et plus chaque sous-canal est étroit. On peut en déduire qu'à mesure que le nombre de sous-canaux tend vers l'infini, l'ISI tend vers zéro.

La génération de ces symboles indépendants au moyen d'une transformée de Fourier rapide, ou FFT (*Fast Fourier Transform*), constitue une implémentation efficace de la transformée de Fourier discrète, ou DFT (*Discrete Fourier Transform*), pour transposer un signal du domaine temporel au domaine fréquentiel, et *vice versa*. Dans le domaine fréquentiel, des symboles N 4-QAM (*Quadrature Amplitude Modulation*) sont générés puis convertis dans le domaine temporel au moyen d'une transformée de Fourier inverse, ou IFFT (*Inverse FFT*). En élevant à la puissance 2 le résultat de la transformée rapide, l'implémentation obtenue est à la fois plus simple et plus efficace. Pour cette raison, les systèmes OFDM choisissent généralement un nombre de sous-canaux représentant une puissance de 2.

Sans entrer dans des détails de calcul complexes qui sortiraient du cadre de ce livre, les choses sont simplifiées si elles restent dans le domaine fréquentiel en utilisant des transformées de Fourier rapides. Pour pouvoir implémenter ce traitement du côté du récepteur, le signal reçu doit être la résultante d'une convolution de l'entrée avec le canal, par opposition à une convolution simple. Une *convolution* est un traitement mathématique qui permet de faire passer un signal à travers un canal et d'en déterminer la sortie. Pour garantir cette propriété, il faut prendre la représentation d'un symbole OFDM dans le domaine temporel et créer un préfixe cyclique de garde en répliquant les échantillons v finaux en début de symbole. La Figure 3.22 illustre ce processus, où v est la longueur du préfixe cyclique et N la taille de la transformée rapide utilisée.

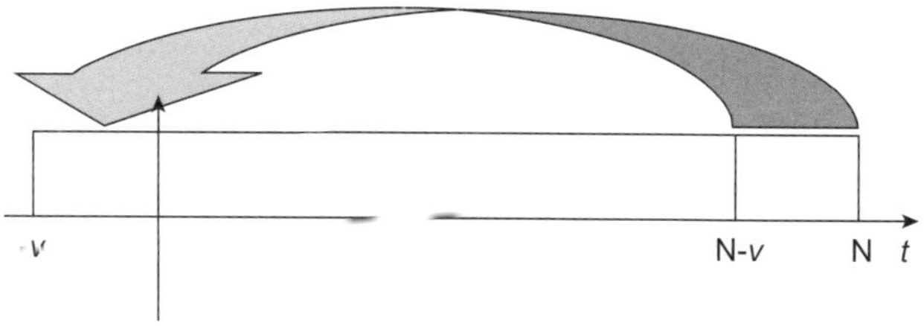

Figure 3.22
Formation du préfixe cyclique de garde d'OFDM.

La longueur du préfixe cyclique doit être supérieure à l'étalement temporel du canal pour garantir que chaque symbole OFDM reçu est une convolution circulaire du canal avec le symbole transmis. Exprimée en termes plus simples, l'idée consiste à insérer une période de garde entre les symboles, garantissant l'absence de toute composante signalétique résiduelle du symbole OFDM précédent avant de traiter le symbole suivant. Cet intervalle de garde autorise le traitement par symbole et, lorsqu'il intervient dans le domaine fréquentiel, permet un traitement par sous-canal.

Pour que le récepteur puisse faire une estimation des canaux, il faut souvent insérer certains des symboles de préparation connus ou transmettre un symbole défini que le récepteur peut utiliser à cette fin. Pour faciliter la tâche de l'émetteur, les fréquences situées aux limites des sous-canaux sont souvent remplies par des 0. Les filtres sur le transmetteur et l'émetteur les atténuent tellement de toute façon qu'elles ne peuvent pas vraiment transmettre d'informations utiles.

A la différence de certaines des techniques de modulation multiporteuse, OFDM place un nombre égal de bits dans tous les sous-canaux. Dans les applications filaires telles que l'ADSL, où le canal n'est pas aussi variable dans le temps, l'émetteur utilise sa connaissance du canal et transmet davantage de bits, ou d'informations, sur ces sous-porteuses, qui sont moins déformées ou atténuées.

Signaux de préparation OFDM

Comme indiqué plus haut, la phase SYNC consiste en la transmission de symboles longs et courts (voir Figure 3.23). Il existe dix symboles de préparation courts, qui servent à remplir 12 des 52 sous-canaux utilisables avec un symbole QPSK défini, spécifié en multiples de 4. Il en résulte une séquence périodique dans le domaine temporel, qui peut servir à détecter le début d'une trame, effectuer un contrôle de gain automatique, sélectionner l'antenne appropriée dans un environnement à antennes multiples, estimer le décalage de fréquence initial et effectuer une synchronisation.

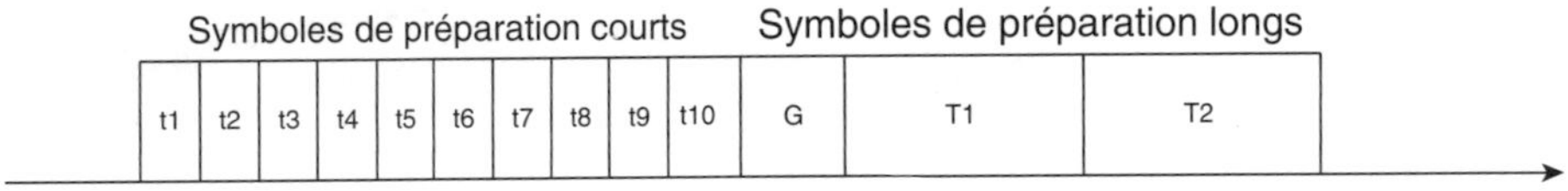

Figure 3.23
Le champ SYNC.

Les deux symboles de préparation longs sont identiques et modulent les sous-porteuses selon une séquence spécifique. Ces séquences longues servent à estimer le canal et le décalage de fréquence fin. Comme ils sont prévus pour être traités ensemble, ils ne requièrent qu'un seul intervalle de garde, indiqué par G dans la Figure 3.23.

La PMD OFDM

La Figure 3.24 illustre la séquence de transmission générale d'OFDM dans la sous-couche PMD du standard 802.11a. Comme pour les autres couches PHY, les bits de données sont traités par le processus de brouillage puis par le codeur convolutif pour créer les bits codés. Le débit du codage convolutif dépend du débit de données implémenté. Les bits codés sont ensuite entrelacés par groupes de *n* bits, *n* dépendant du nombre de bits contenus dans un symbole, ce nombre dépendant lui-même du débit à implémenter. On génère ainsi 48 symboles, qui sont distribués à travers 48 sous-canaux, 4 sous-canaux étant utilisés pour la synchronisation. Une transformée de Fourier rapide inverse est réalisée, suivie de la création d'un préfixe cyclique. La séquence résultante est modulée à la fréquence de porteuse appropriée.

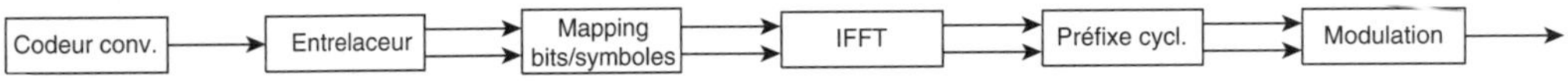

Figure 3.24
La séquence de transmission OFDM.

Le Tableau 3.11 présente les correspondances entre les valeurs de débits et les paramètres des différentes composantes du processus de transmission OFDM.

Tableau 3.11 : Les paramètres d'émission 802.11a

Débit de données (Mbit/s)	*Constellation*	*Débit du codage convol.*	*Bit codé/ sous-porteuse*	*Bit codé/ symbole*	*Bit de données/ symbole*
6	BPSK	1/2	1	48	24
9	BPSK	3/4	1	48	36
12	QPSK	1/2	2	96	48

Tableau 3.11 : Les paramètres d'émission 802.11a

Débit de données (Mbit/s)	*Constellation*	*Débit du codage convol.*	*Bit codé/ sous-porteuse*	*Bit codé/ symbole*	*Bit de données/ symbole*
18	QPSK	3/4	2	96	72
24	16-QAM	1/2	4	192	96
36	16-QAM	3/4	4	192	144
48	64-QAM	2/3	6	288	192
54	64-QAM	3/4	6	288	216

La portion Signal de la trame, qui englobe plusieurs champs déjà décrits plus haut, est transmise dans un symbole au débit de 6 Mbit/s, ce qui permet la transmission de 24 bits de données. Cela explique pourquoi cette portion se termine par un champ de queue de 6 bits. La portion Données est transmise sous la forme d'une séquence de symboles, au débit spécifié dans le champ Débit de la portion Signal. Le nombre de bits du champ Remplissage (*pad*) requis pour que la longueur de la portion Données soit un multiple du nombre de bits par symbole OFDM peut être déterminé une fois que la longueur de la PSDU est connue.

En examinant les détails de l'émetteur 802.11a, le brouilleur utilise le même générateur polynomial que dans toutes les autres techniques de modulation 802.11. Le codeur convolutif emploie un codage de rendement 1/2 légèrement différent de celui qui est utilisé pour la technique de modulation optionnelle PBCC 802.11b. Les codeurs de rendement 2/3 et 3/4 sont obtenus en perforant, ou omettant, certains des bits sur l'émetteur et en les remplaçant par des bits à 0 sur le récepteur. Ce remplacement provoque au final l'augmentation du débit de codage car il y a moins de bits codés transmis que de bits en entrée. La perforation est réalisée d'une manière identifiée et systématique.

L'entrelaceur fonctionne par blocs dont la taille est donnée par le nombre de bits codés par symbole. L'entrelacement est effectué en deux étapes visant la distribution des bits. La première s'assure que les bits adjacents sont associés à des sous-porteuses non adjacentes, et la seconde qu'ils sont associés avec une alternance entre bits de poids fort (MSB) et bits de poids faible (LSB) dans la constellation du générateur de symboles. Ce processus est important pour éviter la génération de groupes de bits moins fiables. Ce serait, par exemple, le cas des bits LSB dans une constellation où primeraient les MSB. Le problème est plus évident lorsque vous examinez les constellations. Les points qui sont proches et augmentent les chances de confusion et d'erreurs ont tendance à ne différer qu'au niveau de leurs bits de poids faible.

Les Figures 3.25 à 3.28 illustrent le mapping de groupes de bits en symboles dans le plan complexe pour les techniques de modulation BPSK, QPSK, 16-QAM, et 64-QAM.

INFO

QAM code les informations en amplitude et en phase. 16-QAM utilise quatre niveaux d'amplitude dans chaque dimension, tandis que 64-QAM en emploie huit. La phase détermine 2 bits, comme avec QPSK, et l'amplitude en définit 2 ou 3.

Pour s'assurer que tous les débits de données bénéficient statistiquement de la même puissance moyenne, chaque symbole est multiplié par un facteur d'agrandissement, qui représente une fonction du type de modulation. Le Tableau 3.12 récapitule les facteurs pour les différentes techniques de modulation.

Tableau 3.12 : Facteurs d'agrandissement normalisant la puissance

Modulation	*Facteur d'agrandissement*
BPSK	1
QPSK	1/sqrt(2)
16-QAM	1/sqrt(10)
64-QAM	1/sqrt(42)

Figure 3.25
La constellation BPSK 802.11a.

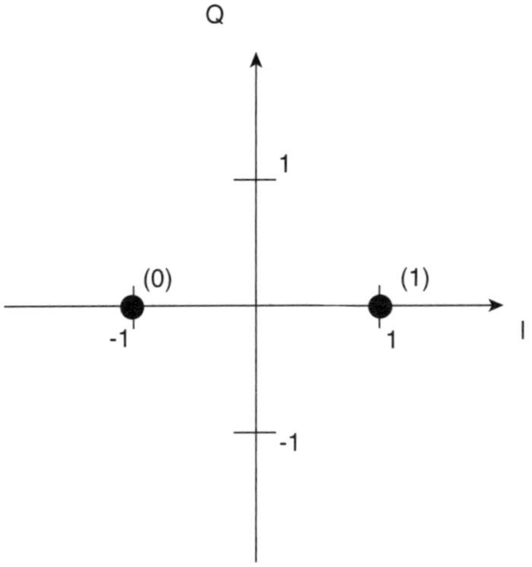

Figure 3.26
La constellation QPSK 802.11a.

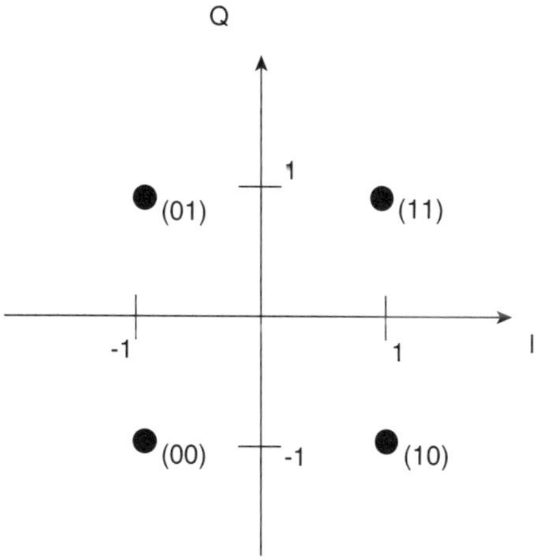

Figure 3.27
La constellation 16-QAM 802.11a.

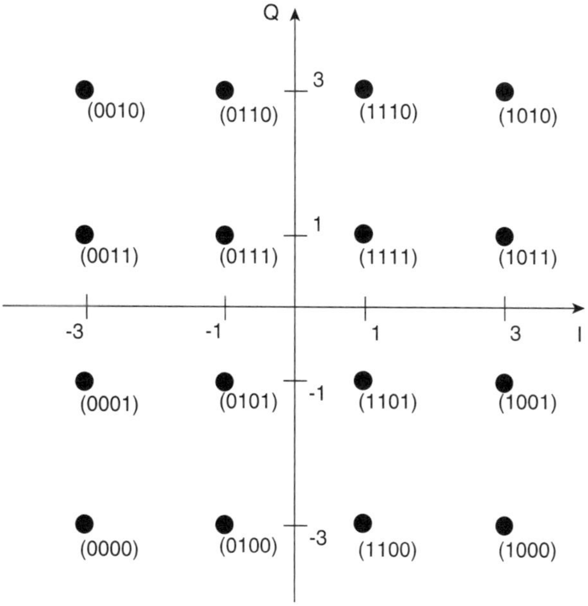

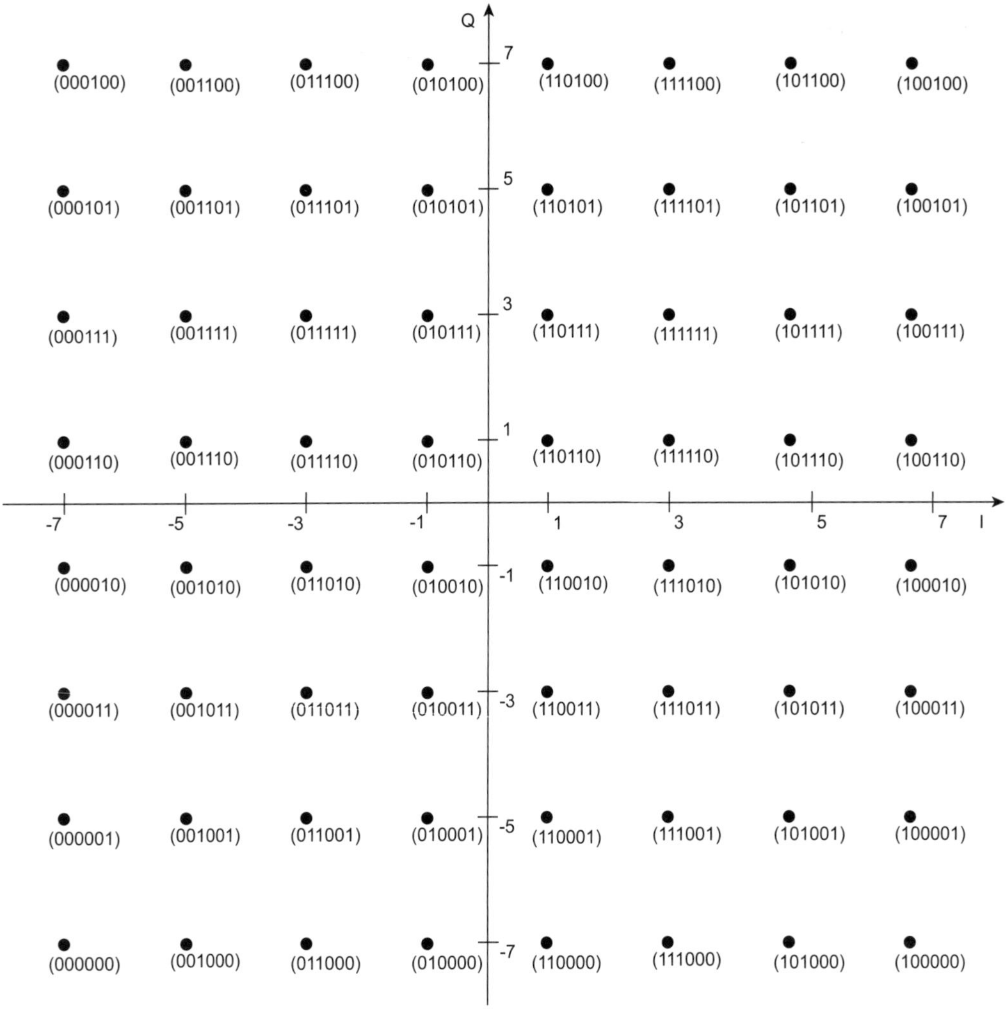

Figure 3.28
La constellation 64-QAM 802.11a.

Dans chaque symbole QFDM, quatre signaux de contrôle sont ajoutés à intervalles réguliers dans la transformée de Fourier rapide inverse (IFFT) à l'intention du récepteur. Ces sous-porteuses sont codées par BPSK et modulées par une séquence binaire pseudo-aléatoire.

Les WLAN 802.11g

Le standard 802.11g de l'IEEE, approuvé en juin 2003, a introduit la couche ERP (*Extended Rate Physical*) pour offrir des débits atteignant 54 Mbit/s dans la bande ISM des 2,4 GHz en empruntant certaines techniques d'OFDM définies par le standard 802.11a. A la différence de ce dernier, il assure une compatibilité descendante avec 802.11b en autorisant que son débit soit ramené à celui de 802.11b.

Trois techniques de modulation sont définies : ERP-OFDM, ERP-PBCC et DSSS-OFDM. La modulation ERP-OFDM prévoit des mécanismes pour assurer des débits de 6, 9, 12, 18, 24, 36, 48 et 54 Mbit/s, les débits 6, 12 et 24 étant obligatoires, en plus des débits de 1, 2, 5,5 et 11 Mbit/s. Le standard autorise des débits facultatifs de 22 et 33 Mbit/s avec PBCC et de 6, 9, 12, 18, 24, 36, 48 et 54 Mbit/s avec DSSS-OFDM. Cette section décrit les changements permettant le support des mécanismes ERP-OFDM, ERP-PBCC et DSSS-OFDM.

La PLCP 802.11g

Le standard 802.11g définit cinq formats de PPDU : à préambule long, à préambule court, à préambule ERP-OFDM, à préambule DSSS-OFDM long et à préambule DSSS-OFDM court. Les trois premiers doivent obligatoirement être gérés, les deux derniers étant facultatifs. Le Tableau 3.13 récapitule les préambules des différentes techniques de modulation ainsi que les débits associés.

Tableau 3.13 : Les préambules PLCP de 802.11g

Préambule	*Débit accepté/interopérable*
Long	1, 2, 5,5 et 11 Mbit/s DSSS-OFDM à tous les débits OFDM ERP-PBCC à tous les débits ERP-PBCC
Court	1, 2, 5,5 et 11 Mbit/s DSSS-OFDM à tous les débits OFDM ERP-PBCC à tous les débits ERP-PBCC
ERP-OFDM	ERP-OFDM à tous les débits
DSSS-OFDM long	DSSS-OFDM à tous les débits
DSSS-OFDM court	DSSS-OFDM à tous les débits

Le préambule long est le même que dans HR-DSSS, mais avec le champ Service modifié comme indiqué dans le Tableau 3.14.

Tableau 3.14 : Le champ Service d'ERP

Bit	*Désignation*	*Description*
b0	Réservé	0
b1	Réservé	0
b2	Horloges synchronisées	0 = non synchronisées, 1 = Fréquence Tx et horloges pour symboles synchronisées.
b3	Sélection de modulation	0 = pas ERP-PBCC
b4	Réservé	0
b5	Extension de longueur	Pour ERP-PBCC
b6	Extension de longueur	Pour ERP-PBCC
b7	Extension de longueur	Pour PBCC

Les bits du champ Extension de longueur (*Length Extension*) déterminent le nombre d'octets lorsque les modes PBCC à 11 Mbits/s et ERP-PBCC à 22 et 33 Mbit/s sont utilisés.

Le préambule court modifie le préambule HR-DSSS court de la même manière que le préambule long avec le champ Service indiqué au Tableau 3.14.

Le préambule ERP-OFDM se fonde sur le préambule 802.11a et ajoute une extension de signal de 6 µs durant laquelle aucune transmission ne se produit. Cela permet d'allonger le paquet et de l'aligner avec l'intervalle SIFS 802.11a de 16 µs, supérieur à celui de 802.11b (10 µs).

Le préambule CCK-OFDM long est illustré à la Figure 3.29. Le sous-champ Débit (non apparent) du champ Signal contient la valeur 3 Mbit/s. Cette valeur garantit une compatibilité avec les stations non-ERP car celles-ci lisent le champ Longueur et abandonnent, faute de pouvoir démoduler la charge utile. L'en-tête PLCP correspond à celui défini précédemment avec le préambule long, mais il est identique à celui de HR-DSSS. Le préambule et l'en-tête sont tous deux expédiés à 1 Mbit/s en utilisant DBPSK, et la PSDU est transmise à l'aide du débit de données OFDM approprié. L'en-tête est traité par le brouilleur HR-DSSS, et les symboles sont traités par le brouilleur 802.11.a.

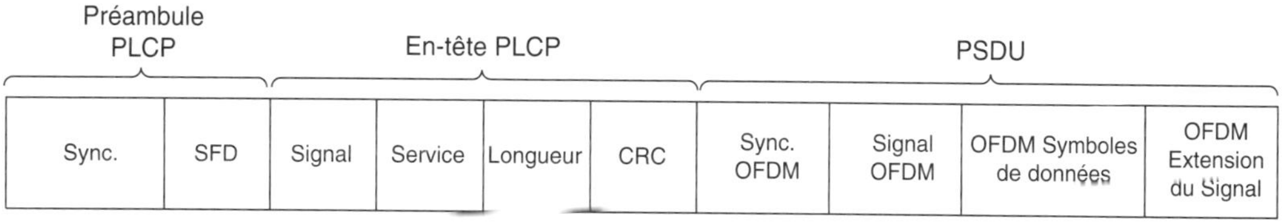

Figure 3.29

Structure de la PPDU avec préambule CCK-OFDM court et long.

A l'instar du préambule DSSS-OFDM long, le préambule DSSS-OFDM court utilise le préambule court et l'en-tête de HR-DSSS à 2 Mbit/s. Les symboles sont soumis au brouilleur HR-DSSS, et le préambule court et l'en-tête sont traités par le brouilleur 802.11a puis expédiés par OFDM.

ERP-OFDM

Comme indiqué précédemment, ERP-OFDM prévoit un mécanisme pour utiliser les débits de 802.11a dans la bande ISM d'une manière compatible avec DSSS et HR-DSSS. Outre le fait d'employer la modulation OFDM de 802.11a dans le plan de fréquences des 2,4 GHz, ERP-OFDM demande que la fréquence centrale de transmission et la fréquence d'horloge des symboles soient calées sur le même oscillateur, ce qui était facultatif pour DSSS. Cette technique utilise un timeslot de 20 µs, mais cet intervalle peut être ramené à 9 µs si le BSS ne se compose que d'équipements ERP.

ERP-PBCC

Le codage PBCC emploie pour ses débits de 22 et 33 Mbit/s les mêmes mécanismes que pour ses débits de 5,5 et 11 Mbit/s, sauf que la modulation est réalisée avec 8-PSK à la place de QPSK et PBSK pour offrir les 22 Mbit/s. Le débit de 33 Mbit/s est atteint grâce à une horloge de 16,5 MHz au lieu de 11 MHz. La méthode de mapping de symboles, régie par la séquence de couverture, apparaît dans la Figure 3.30.

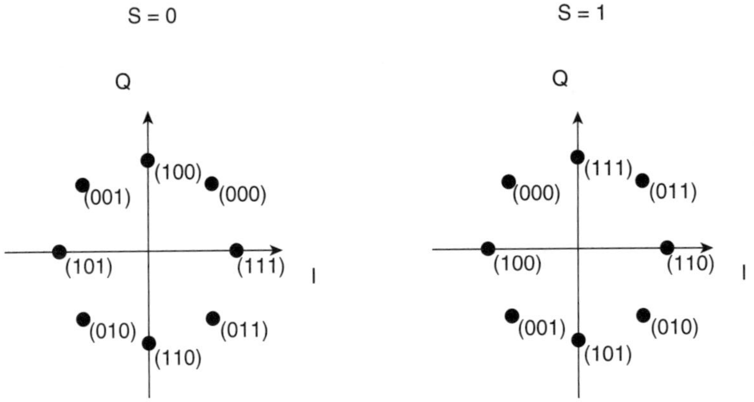

Figure 3.30
La constellation ERP-PBCC 802.11g.

Le point essentiel à se souvenir à propos de 802.11g est qu'il étend à 54 Mbit/s les débits acceptés dans la bande des 2,4 GHz, tout en assurant une compatibilité avec les équipements 802.11b plus anciens. Dans un environnement composé uniquement d'équipements 802.11g, toutes les transmissions se déroulent aux débits de données les plus élevés. En revanche, dès qu'un équipement 802.11b est introduit, les informations d'en-tête doivent être transmises aux débits qu'il est apte à gérer. Ce "fall-back" concerne ensuite toutes les communications, même entre deux équipements 802.11g. Il en résulte une augmentation de l'overhead, prix à payer pour bénéficier de la compatibilité descendante.

La fonction CCA

Les différents standards 802.11 définissent cinq modes CCA différents pour la bande des 2,4 GHz :

- Avec détection d'énergie, où la décision CCA s'appuie sur la présence d'énergie au-delà d'un certain seuil seulement.
- Avec écoute de la porteuse, ou CS (*Carrier Sense*), où la décision CCA s'appuie sur la présence d'un signal 802.11.
- Avec détection d'énergie et CS, une combinaison des deux modes précédents.
- Avec CS et un temporisateur signalant l'inactivité du canal si aucun signal 802.11 n'est détecté pendant 3,65 ms.
- Avec détection d'énergie ERP (Extended Rate PHY) et CS pour un comportement relativement semblable à celui du troisième mode cité précédemment, mais appliqué à la couche ERP ;

Le processus CCA doit obligatoirement employer l'une de ces méthodes.

Résumé

Le Tableau 3.18 récapitule les différentes technologies de la couche PHY traitées dans ce chapitre. Bien que la technique FHSS ait été bien adoptée, elle a été rapidement supplantée par DSSS et HR-DSSS comme modes de transmission les plus courants. Au moment de la rédaction de cet ouvrage, l'industrie est en passe de vivre un autre bouleversement technologique avec la migration de 802.11a vers 802.11g.

Tableau 3.18 : Les standards PHY 802.11

Caractéristique	*FHSS 802.11*	*DSSS 802.11*	*HR-DSSS 802.11b*	*OFDM 802.11a*	*ERP 802.11g*	*802.11j*
Bande de fréquences (GHz)	2,4	2,4	2,4	5	2,4	4,9
Débit de données max. (Mbit/s)	2	2	11	54	54	54
Modulation	QPSK	GFSK	CCK	OFDM	OFDM	OFDM

Ce chapitre a introduit les éléments qui forment les fondations de la couche PHY et la façon dont ils sont combinés pour former un système de transmission complet dans cette couche. Vous avez pu y découvrir les paramètres distinctifs des différentes couches physiques existantes pour les réseaux 802.11 ainsi que les compromis liés au choix d'une technologie.

4

La sécurité

Les concepteurs chargés d'implémenter un WLAN 802.11 sont confrontés à une multitude de sigles se rapportant aux fonctions de sécurité avancées des réseaux sans fil, parmi lesquels 802.1x, EAP, LEAP, PEAP, EAP-TLS, WEP, TKIP, WPA et AES, pour ne citer que les plus courants. Pour l'administrateur réseau habitué à travailler avec IP et les technologies de connectivité, ces nouveaux protocoles de sécurité peuvent être déroutants.

La sécurité dans les réseaux sans fil

Pour prendre la mesure de la menace que fait peser sur un réseau d'entreprise le fait d'y relier des WLAN non sécurisés, il suffit d'imaginer un long câble Ethernet tiré depuis ce même réseau jusque sur le parking extérieur. Quiconque dispose d'un moyen de se raccorder au câble peut accéder au réseau.

Les équipements 802.11 communiquent entre eux en utilisant les ondes radio, ou hertziennes, comme support de données. Ces dernières sont transmises en broadcast par l'émetteur dans l'espoir que le récepteur opère dans la même plage de fréquences. L'inconvénient de cette technique de transport est que n'importe quelle autre station opérant dans cette plage reçoit aussi les données.

En l'absence d'un mécanisme de sécurité, toutes les stations d'un WLAN sans exception sont en mesure de traiter les données qui y sont transmises. Pour assurer une sécurité minimale, deux composants sont requis :

- **Un moyen de déterminer quel utilisateur ou équipement peut exploiter le WLAN.** Cette exigence est satisfaite par des mécanismes d'authentification permettant de contrôler l'accès au réseau local.

- **Un moyen de garantir la confidentialité des données.** Cette exigence est satisfaite par des algorithmes de chiffrement.

Comme illustré à la Figure 4.1, la sécurité d'un réseau sans fil dépend à la fois de l'authentification et du chiffrement.

Figure 4.1
La sécurisation d'un réseau sans fil nécessite des mécanismes d'authentification et de chiffrement.

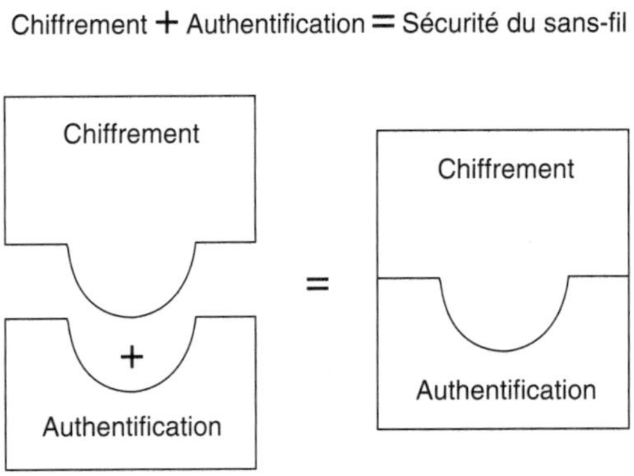

Les spécifications 802.11 définissent un algorithme de chiffrement appelé WEP (*Wired Equivalent Privacy*) pour assurer la confidentialité des données, ainsi que deux méthodes d'authentification, Open System Authentication et Shared Key Authentication, qui s'appuient sur cet algorithme et sur la présence de clés WEP côté point d'accès (AP) et côté client pour contrôler l'accès. Etant donné l'importance de WEP pour la sécurité 802.11, la section suivante rappelle les principes fondamentaux du chiffrement en se concentrant sur les algorithmes utilisés dans ce contexte.

Rappels sur le chiffrement

Le chiffrement repose sur l'emploi d'algorithmes pour donner une apparence aléatoire (*random*) aux données. On distingue deux catégories d'algorithmes de chiffrement :

- algorithmes de chiffrement par flot ;
- algorithmes de chiffrement par bloc.

Ces deux types d'algorithmes opèrent en générant une séquence clé (*key stream*) à partir d'une valeur de clé secrète. Cette séquence clé est ensuite appliquée aux données, ou texte en clair (*plaintext*), pour produire un résultat chiffré, ou texte chiffré (*ciphertext*).

La principale différence entre les deux types d'algorithmes réside dans la longueur des données qu'ils traitent. Un *algorithme de chiffrement par flot* (*stream cipher*) génère une séquence clé pseudo-aléatoire continue à partir d'une clé initiale. Par exemple, il peut produire une séquence clé de 15 octets pour crypter une trame et une séquence clé de 200 octets pour en crypter une autre. La Figure 4.2 illustre la logique du chiffrement par flot. Les algorithmes appartenant à cette catégorie sont courts et efficaces et consomment en conséquence peu de ressources processeur. WEP se fonde sur RC4, un algorithme par flot connu.

Figure 4.2
Opération de chiffrement par flot.

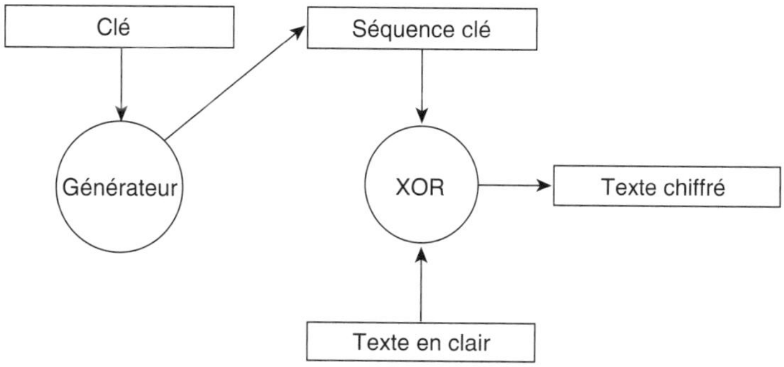

Un *algorithme de chiffrement par bloc* (*block cipher*) génère une seule séquence clé de taille fixe. Le texte en clair est fragmenté en blocs, puis la séquence clé est appliquée à chaque bloc indépendamment. Si un bloc de texte en clair est plus petit que la séquence clé, il est complété par une chaîne de remplissage. La Figure 4.3 illustre la logique du chiffrement par bloc. Cette catégorie d'algorithmes sollicite davantage le processeur en raison du processus de fragmentation et d'autres aspects propres au chiffrement par bloc, réduisant le débit effectif des équipements.

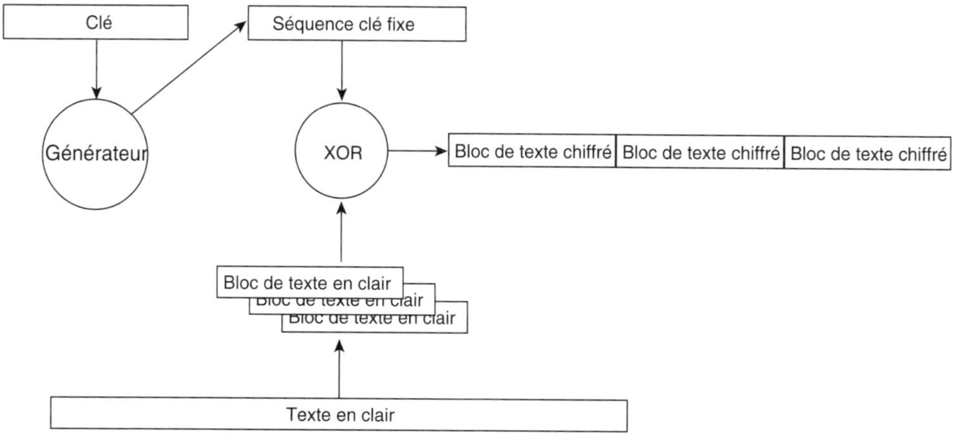

Figure 4.3
Opération de chiffrement par bloc.

Le mode de chiffrement décrit ici pour les algorithmes par flot et par bloc est connu sous le nom d'ECB (*Electronic Code Book*). Il se caractérise par le fait qu'un même texte en clair en entrée donne toujours un même résultat chiffré. Cela constitue un risque potentiel pour la sécurité car une personne non autorisée pratiquant l'écoute clandestine peut identifier des séquences récurrentes dans le texte crypté et commencer à deviner le contenu d'origine.

Les techniques de chiffrement suivantes permettent d'éliminer cette vulnérabilité :

- vecteurs d'initialisation ;
- modes avec feedback.

Vecteurs d'initialisation

Un *vecteur d'initialisation*, ou *IV* (*Initialization Vector*), est un nombre ajouté à la clé, qui vise à modifier la séquence clé obtenue. L'IV est concaténé à la clé avant de générer la séquence clé. Chaque fois que l'IV change, la séquence change également. La Figure 4.4 illustre deux scénarios de chiffrement par flot, l'un sans IV et l'autre avec. Dans le premier, le texte en clair XXX combiné à la séquence clé 12345 donne toujours le texte chiffré AHGHE. Dans le second, le même texte en clair, combiné cette fois à une séquence clé produite à partir de la clé et d'un IV concaténé, donne un résultat chiffré différent. Le standard 802.11 recommande de changer l'IV pour chaque trame. De la sorte, si une même trame est transmise à deux reprises, sa version cryptée est chaque fois différente.

Figure 4.4
Chiffrement avec vecteur d'initialisation.

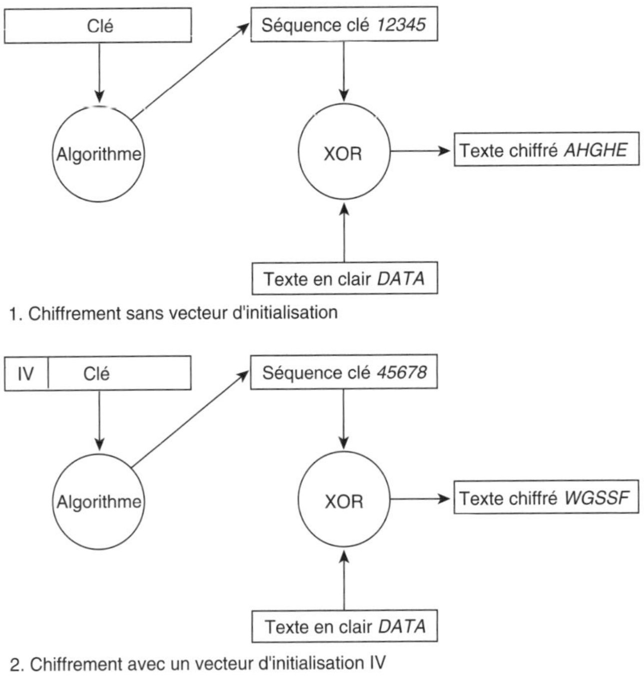

Modes avec feedback

Les *modes avec feedback*, parfois appelés *modes de rétroaction*, introduisent des changements dans le processus de chiffrement de façon à éviter d'obtenir un même texte chiffré pour un même texte en entrée. Généralement employés en conjonction avec les algorithmes de chiffrement par bloc, ces modes sont traités plus loin dans ce chapitre.

Le chiffrement dans le standard 802.11

Les spécifications 802.11 prévoient l'algorithme WEP (*Wired Equivalent Privacy*) pour garantir la confidentialité des données échangées. Cet algorithme utilise de son côté l'algorithme de chiffrement par flot RC4. La nature symétrique de RC4 demande l'emploi de clés WEP identiques, de 40 ou 104 bits, sur les clients et les AP, ces clés devant être configurées de façon statique. Le principal atout de WEP est qu'il n'impose qu'une faible surcharge de calcul. Même si aujourd'hui les PC compatibles 802.11 sont courants, ce n'était pas le cas en 1997. La plupart des équipements de WLAN étaient alors de type ASD (*Application-Specific Device*), c'est-à-dire dédiés à une application spécifique, à l'exemple des lecteurs de code-barres, des Tablet PC et des téléphones 802.11. Ces équipements possèdent généralement un processeur peu puissant car les applications qui s'exécutent dessus ne sont pas très gourmandes. WEP est simple à implémenter et ne totalise pas plus d'une trentaine de lignes de code dans certains cas. Sa légèreté le rend idéal pour le chiffrement des communications des ASD.

Pour éviter le mode de chiffrement ECB, WEP utilise un vecteur d'initialisation (IV) de 24 bits, qui est concaténé à la clé de départ avant le traitement par RC4. La Figure 4.5 illustre une trame cryptée au moyen de WEP, incluant l'IV.

Figure 4.5
Une trame chiffrée avec WEP.

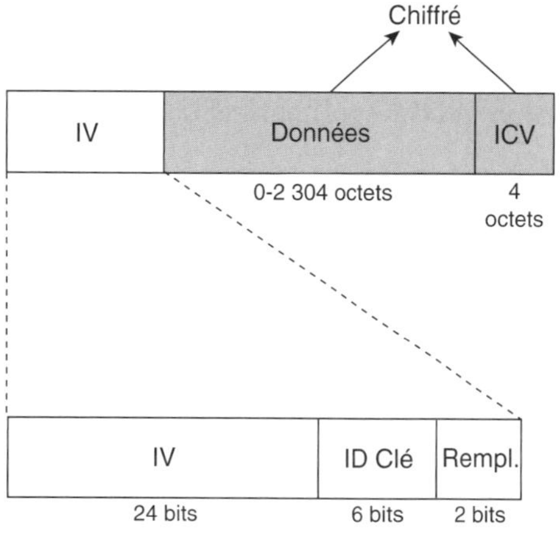

L'IV doit être différent pour chaque trame de façon à prévenir les collisions d'IV. Une *collision d'IV* survient lorsqu'une même paire IV/clé WEP est réutilisée, produisant la même séquence clé. Ces collisions donnent à un attaquant éventuel l'opportunité de deviner le texte en clair à partir des séquences récurrentes rencontrées dans le texte chiffré. Le rôle des IV étant précisément d'empêcher cela, la majorité des fabricants implémentent un renouvellement des IV par trame sur leurs équipements.

Le standard 802.11 requiert la configuration statique de clés WEP identiques sur les équipements client et d'infrastructure. Il est possible de définir un maximum de quatre clés sur chaque nœud, mais une seule peut être utilisée à la fois pour un même flux de trafic. La Figure 4.6 présente la fenêtre de configuration de WEP pour un client Cisco Aironet.

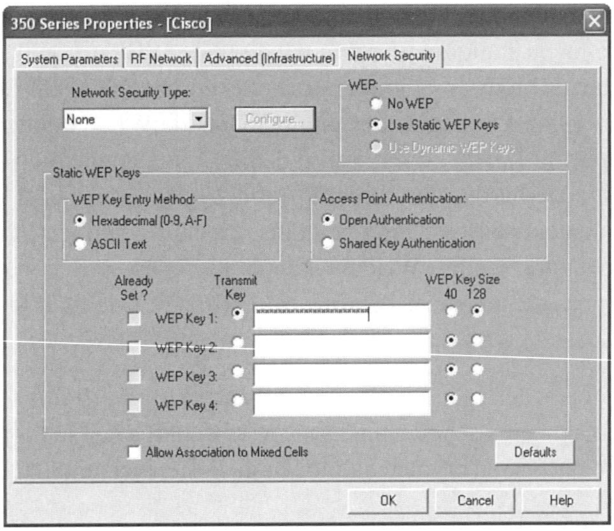

Figure 4.6
Configuration de WEP.

Le chiffrement WEP s'applique uniquement aux trames de données et lors de l'authentification Shared Key. Il permet de crypter les champs suivants d'une trame de données 802.11 :

- champ de données ou de charge utile ;
- champ ICV (*Integrity Check Value*).

Tous les autres champs sont transmis sans être cryptés. L'IV doit être envoyé en clair dans la trame de sorte que la station réceptrice puisse s'en servir pour déchiffrer les données et l'ICV. La Figure 4.7 illustre les étapes de chiffrement, de transmission, de réception et de déchiffrement avec WEP.

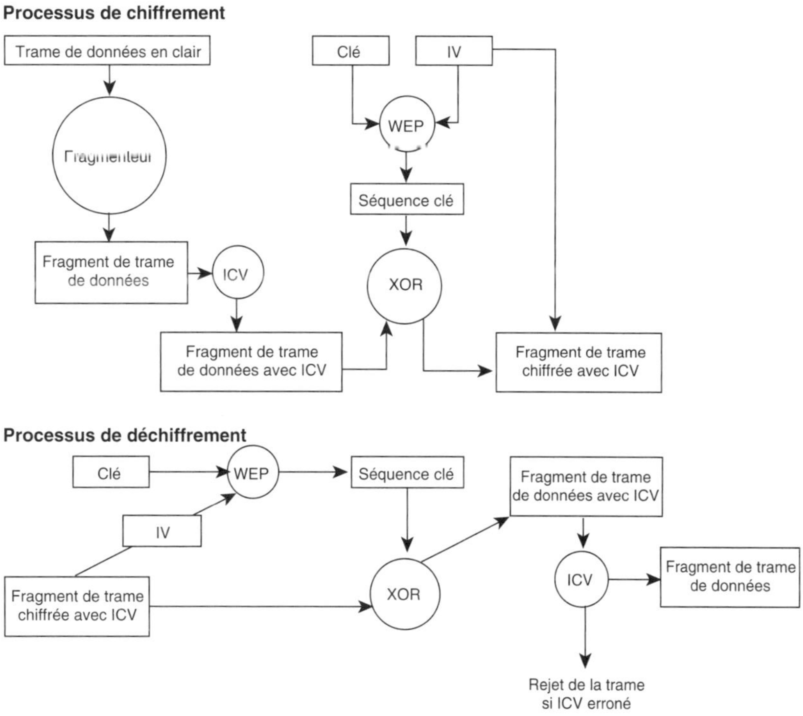

Figure 4.7
Le processus de chiffrement et de déchiffrement WEP.

Outre le chiffrement des données, le standard 802.11 définit une valeur de 32 bits, l'ICV, qui sert à contrôler l'intégrité de la trame. Le récepteur peut ainsi déterminer si la trame reçue est ou non corrompue. Cette valeur vient compléter le champ FCS (*Frame Check Sequence*) des couches 1 et 2, qui permet de détecter les erreurs de transmission.

L'ICV est calculée à partir de tous les champs de la trame à l'aide de la fonction polynomiale CRC32 (*Cyclic Redundancy Check 32-bit*). L'émetteur calcule l'ICV et place le résultat dans le champ ICV. Ce dernier étant inclus dans la portion cryptée de la trame, son contenu est incompréhensible. Le récepteur décrypte la trame, calcule une ICV et la compare au champ ICV de la trame reçue. Si les deux valeurs correspondent, la trame est considérée comme étant authentique. Dans le cas contraire, la trame est supprimée. La Figure 4.8 illustre la logique de calcul de l'ICV.

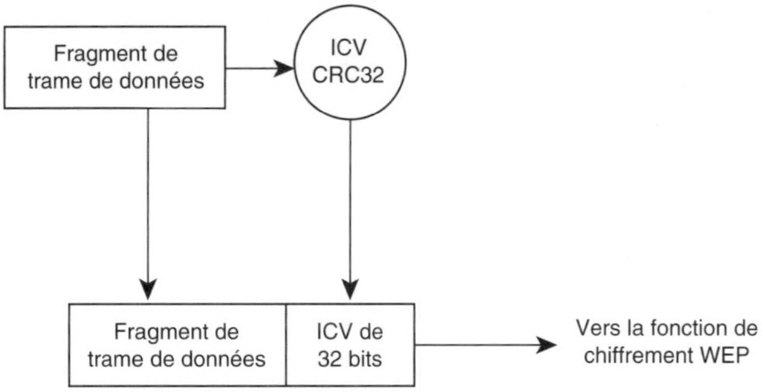

Figure 4.8
Calcul de l'ICV.

L'authentification dans le standard 802.11

Le standard 802.11 spécifie les deux mécanismes d'authentification suivants pour les clients d'un WLAN :

- Open System
- Shared Key

L'authentification Open System repose sur un algorithme d'authentification dit nul, c'est-à-dire que l'AP accepte toutes les requêtes d'authentification. Même s'il peut sembler inutile à première vue de définir un tel algorithme, l'authentification est nécessaire pour permettre aux équipements d'accéder rapidement au réseau.

Le contrôle d'accès avec l'authentification Open System s'appuie sur la clé WEP configurée au préalable sur le client et l'AP. Ceux-ci ne peuvent communiquer que s'ils possèdent la même clé. S'ils n'ont pas été configurés pour utiliser WEP, il n'existe aucune sécurité dans le BSS. N'importe quel équipement peut dès lors participer au WLAN, et les trames de données sont transmises sans être cryptées.

A l'issue de l'authentification et de l'association, le client peut commencer à envoyer et recevoir des données. Si sa clé diffère de celle de l'AP, il est dans l'impossibilité de chiffrer et déchiffrer correctement les trames, lesquelles sont supprimées par le client et par l'AP. Ce processus fournit essentiellement un moyen de contrôler l'accès au BSS, comme illustré à la Figure 4.9.

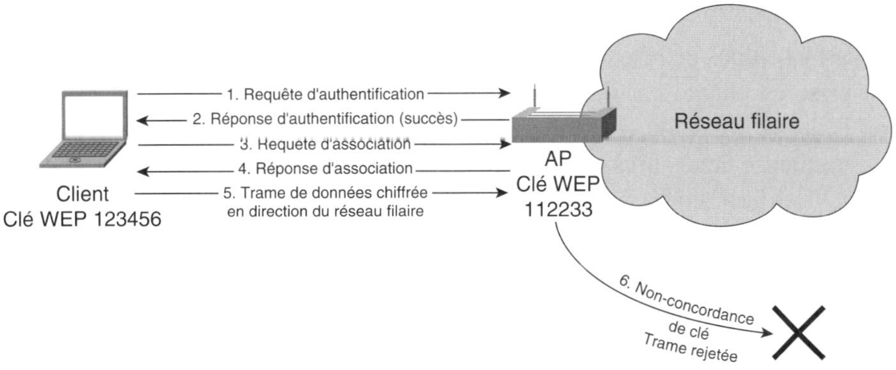

Figure 4.9

Clés WEP non concordantes lors de l'authentification Open System.

Contrairement à l'authentification Open System, l'authentification Shared Key exige que WEP soit activé sur le client et l'AP et qu'une même clé soit configurée sur les deux équipements. Voici les étapes du processus :

1. Le client envoie à l'AP une requête pour l'authentification Shared Key.
2. L'AP répond avec un texte-challenge en clair.
3. Le client chiffre le texte-challenge et place le résultat dans une trame de réponse.
4. Si l'AP peut déchiffrer la trame et extraire le texte-challenge initial, le client reçoit un message de réussite.
5. Le client peut accéder au WLAN.

Si ces deux mécanismes d'authentification ont en commun d'utiliser des clés WEP pour le contrôle d'accès, seule l'authentification Shared Key requiert qu'elles soient identiques côté client et côté AP pour permettre au client de s'associer. La Figure 4.10 illustre ce processus.

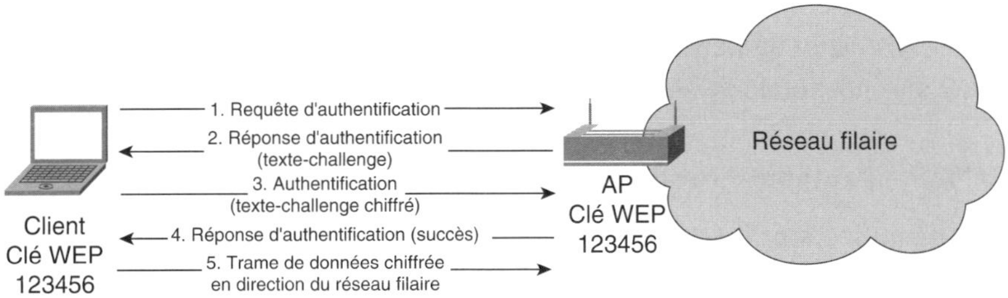

Figure 4.10

L'authentification Shared Key.

L'authentification par adresse MAC

Bien qu'elle ne soit pas incluse dans les spécifications 802.11, l'authentification par adresse MAC est prise en charge par de nombreux fabricants. Elle consiste dans son principe à comparer l'adresse MAC du client à une liste d'adresses autorisées configurée localement ou bien à soumettre cette adresse à un serveur d'authentification externe, comme illustré à la Figure 4.11. Elle s'ajoute aux mécanismes d'authentification 802.11 Open System et Shared Key, réduisant le risque que des équipements non autorisés accèdent au réseau. Imaginez un WLAN avec de nombreuses stations. Pour faire en sorte qu'un AP particulier ne puisse communiquer qu'avec trois équipements spécifiques, l'authentification 802.11 ne suffirait pas puisque toutes les stations et l'AP possèdent la même clé WEP. Il faudrait donc configurer en plus l'authentification par adresse MAC.

Figure 4.11
L'authentification par adresse MAC.

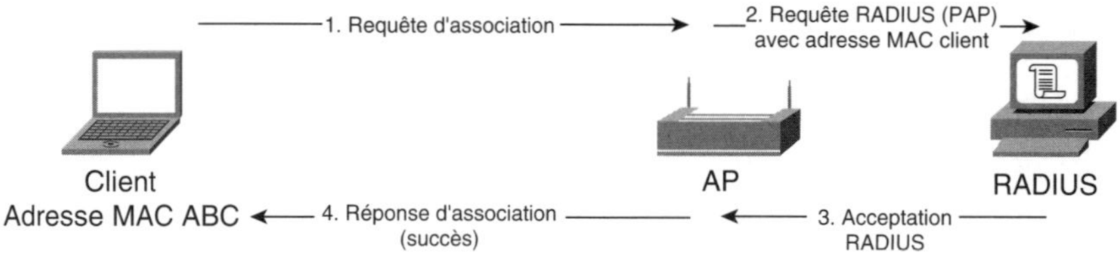

Les failles de sécurité du standard 802.11

La section précédente a présenté les mécanismes d'authentification et de chiffrement mis en œuvre dans les réseaux 802.11. Ce n'est un secret pour personne que la sécurité de ces mécanismes est déficiente. A peine le standard était-il ratifié que plusieurs documents mettaient en évidence ses vulnérabilités.

Vulnérabilité de l'authentification Open System

L'authentification Open System n'offre aucun moyen permettant à l'AP de déterminer si un client est ou non valide. Cette caractéristique devient une vulnérabilité lorsque le chiffrement WEP n'est pas implémenté dans le WLAN. Même si WEP est configuré de façon statique sur le client et l'AP, cette authentification ne renseigne pas sur l'identité de l'utilisateur du WLAN. Un équipement autorisé entre les mains d'un utilisateur non autorisé revient à une absence totale de sécurité.

Vulnérabilité de l'authentification Shared Key

Lors de l'authentification Shared Key, le client doit utiliser une clé WEP préalablement partagée pour chiffrer le texte-challenge reçu de l'AP. Pour authentifier le client, l'AP doit déchiffrer la réponse et s'assurer que le texte-challenge obtenu est le même que celui envoyé initialement au client.

Le texte-challenge étant transmis en clair sur la liaison hertzienne, cette authentification est vulnérable à une attaque dite par texte en clair connu (*known plaintext*). Cette attaque exploite la logique mathématique sous-jacente au chiffrement. Nous avons décrit précédemment le processus de chiffrement comme étant l'application d'une séquence clé à un texte en clair pour produire un texte chiffré. La séquence clé et le texte en clair sont en fait combinés au moyen de l'opérateur booléen XOR, également appelé OU exclusif. Si l'attaquant opère un XOR sur le texte-challenge en clair et le texte chiffré correspondant, il obtient la séquence clé dérivée de la paire IV/clé WEP (voir Figure 4.12).

Figure 4.12
Dérivation de la séquence clé.

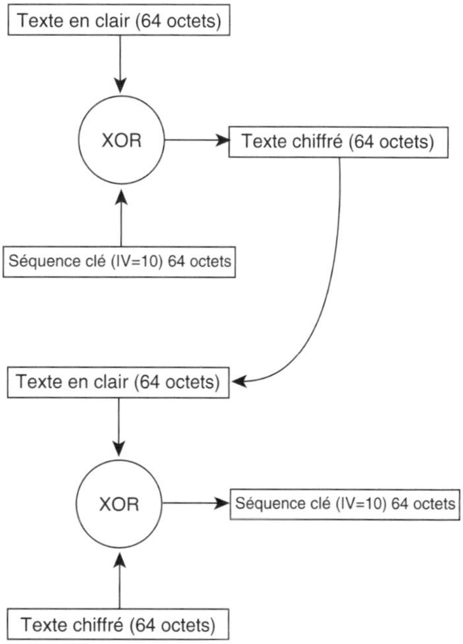

Il suffit donc à un attaquant de capturer le texte-challenge et le texte chiffré pour être en mesure de découvrir la séquence clé par une opération XOR. Il peut ensuite déchiffrer les trames ayant la même longueur que la séquence, à condition que l'IV utilisé pour produire cette dernière soit le même que celui ayant servi à chiffrer la trame. La Figure 4.13 illustre comment un attaquant peut écouter clandestinement le processus d'authentification Shared Key et déterminer la séquence clé.

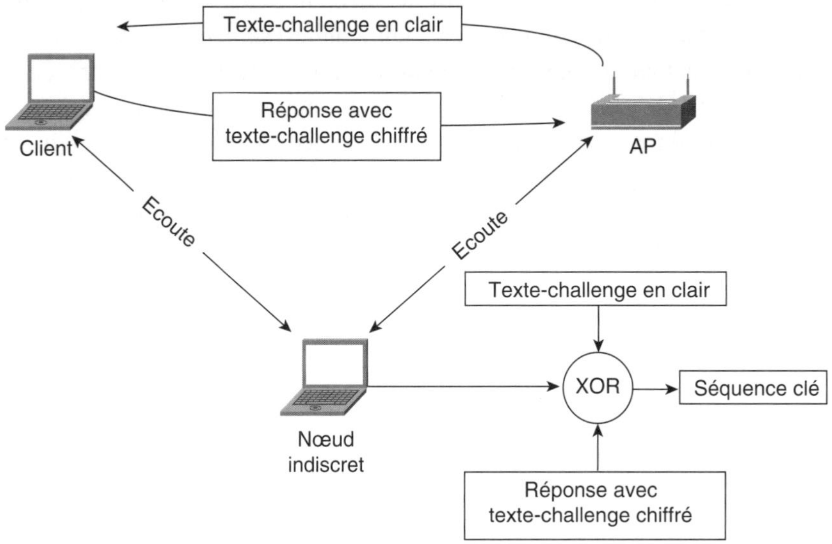

Figure 4.13
Vulnérabilité de l'authentification Shared Key.

Vulnérabilité de l'authentification par adresse MAC

Selon le standard, les adresses MAC sont transmises en clair dans tous les trames 802.11. En conséquence, un WLAN qui emploie l'authentification par adresse MAC est exposé à un risque d'usurpation, ou *spoofing*, de l'adresse MAC d'un client valide.

Le spoofing d'adresse MAC est possible avec les cartes réseau 802.11 sur lesquelles l'adresse UAA (*Universally Administered Address*) peut être remplacée par une adresse LAA (*Locally Administered Address*). L'UAA est l'adresse MAC qui est gravée sur la carte par le fabricant. Un attaquant pourrait utiliser un analyseur de protocole pour obtenir une adresse MAC valide dans le BSS et localiser une carte compatible LAA pour usurper cette adresse.

Vulnérabilité du chiffrement WEP

La faiblesse la plus critique du standard 802.11 a été révélée par trois cryptanalystes, Fluhrer, Mantin et Shamir. Dans leur publication, ils révèlent qu'il est possible de dériver une clé WEP en collectant passivement toutes les trames d'un WLAN.

Cette faille a trait à la façon dont WEP implémente l'algorithme KSA (*Key Scheduling Algorithm*) de RC4. Un certain nombre d'IV dits faibles (*weak*) peuvent permettre d'obtenir des octets de la clé WEP par analyse statistique. Des chercheurs de AT&T et de la Rice

University aux Etats-Unis ainsi que les développeurs de l'utilitaire AirSnort ont tenté d'exploiter cette vulnérabilité et vérifié qu'il était effectivement possible de dériver des clés WEP de 40 ou 104 bits après seulement quatre millions de trames. Sur un WLAN 802.11b à fort trafic, cela peut se traduire par la découverte d'une clé WEP toutes les heures environ, rendant WEP inefficace pour assurer la confidentialité des données.

Il s'agit là d'une attaque passive, puisque l'attaquant écoute clandestinement le BSS et collecte simplement les trames transmises. Contrairement à l'attaque par texte-challenge connu liée à l'authentification Shared Key, cette attaque par analyse statistique permet de récupérer directement la clé WEP et non plus seulement la séquence clé. Muni de cette information, l'intrus peut ensuite accéder au BSS grâce à un équipement authentifié, à l'insu des administrateurs réseau.

Comme si cette vulnérabilité ne suffisait pas, une seconde catégorie d'attaques a été théorisée mais jamais encore implémentée. Ces attaques, dites par induction, procèdent selon le même principe que l'attaque sur Shared Key : un texte en clair connu et un résultat chiffré correspondant sont utilisés pour dériver une séquence clé.

Comme expliqué précédemment, une séquence clé permet le déchiffrement de trames pour une paire IV/clé WEP et une longueur spécifiques. Un attaquant s'efforce normalement de collecter autant de séquences clés que possible pour élaborer une base de données qui lui servira à s'introduire sur le réseau et à décrypter le trafic. Dans un WLAN qui n'emploie pas l'authentification Shared Key, les attaques par inversion de bits (*bit flipping*) permettent de dériver un grand nombre de séquences clés en un court laps de temps.

Une attaque par inversion de bits exploite la vulnérabilité de l'ICV. En effet, l'ICV est calculée au moyen de la fonction polynomiale CRC32, laquelle s'avère inefficace pour garantir l'intégrité des messages. Les propriétés mathématiques de cette fonction permettent de falsifier une trame et de modifier l'ICV sans même avoir besoin de connaître le contenu original de la trame.

Bien que la charge utile puisse varier d'une trame 802.11 à une autre, bon nombre d'éléments restent inchangés et occupent toujours la même position. Un attaquant peut profiter de cela pour altérer le champs de données de la trame afin de modifier le paquet de niveau supérieur.

Voici comment se déroule une attaque par inversion de bits (voir Figure 4.14) :

1. L'attaquant capture une trame sur le WLAN.
2. Il inverse des bits aléatoires dans la charge utile de la trame.
3. Il modifie l'ICV (ce processus est décrit plus loin).

4. Il transmet la trame modifiée.
5. Le récepteur, qu'il soit client ou AP, calcule l'ICV en se fondant sur le contenu de la trame reçue.
6. Il compare l'ICV obtenue au champ ICV de la trame.
7. Il accepte la trame modifiée.
8. Il la transmet à un équipement de niveau supérieur (routeur ou PC hôte).
9. Comme des bits ont été inversés dans le paquet de niveau 3, la vérification par total de contrôle échoue à ce niveau.
10. La pile IP du récepteur produit une erreur prévisible.
11. L'attaquant écoute le WLAN pour capturer le message d'erreur chiffré.
12. Lorsqu'il le récupère, il dérive la séquence clé, comme dans l'attaque par capture et reproduction d'IV, parfois aussi appelée rejeu d'IV.

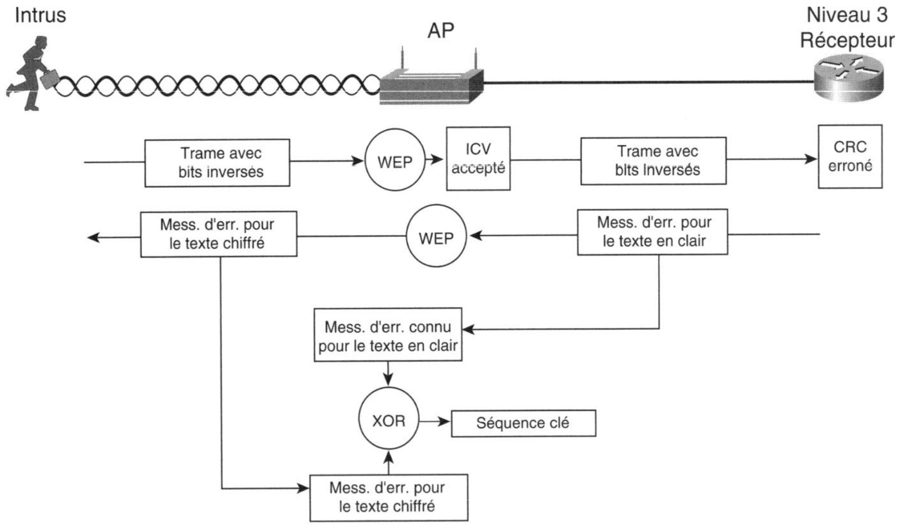

Figure 4.14

L'attaque par inversion de bits.

Cette attaque se fonde sur la vulnérabilité de l'ICV. Une question se pose cependant : cette valeur étant placée dans la portion chiffrée de la trame, comment un attaquant s'y prend-il pour la modifier de façon à tenir compte de l'inversion des bits ? Il procède en fait selon la logique suivante, illustrée à la Figure 4.15 :

1. La trame F1 possède l'ICV C1.
2. Une nouvelle trame, F2, de même longueur que F1, avec des bits à 1 dans les positions concernées par l'inversion, est générée.
3. La trame F3 est créée par XOR de F1 et F2.
4. L'ICV de F3 est calculée (C2).
5. L'ICV C3 est générée par XOR de C1 et C2.

Figure 4.15
Modification de l'ICV lors de l'attaque par inversion de bits.

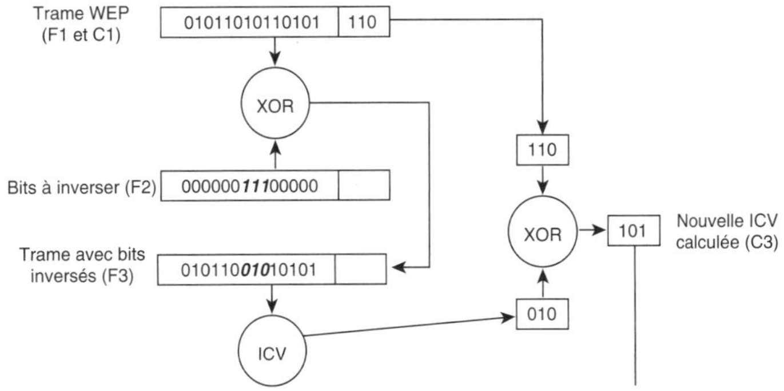

Le problème de la gestion des clés WEP statiques

Le standard 802.11 ne définit aucune méthode spécifique pour la gestion des clés WEP. Le fait que WEP supporte uniquement l'emploi de clés configurées de façon statique ne constitue pas une vulnérabilité en soi. Toutefois, étant donné que l'authentification 802.11 identifie un équipement et non un utilisateur, le vol ou la perte d'une carte réseau sans fil pose un problème pour la sécurité du réseau. Les administrateurs se voient alors obligés de configurer manuellement une nouvelle clé sur tous les équipements 802.11.

Ce risque reste acceptable pour les déploiements 802.11 de petite envergure, pour lesquels la gestion des équipements utilisateur est simple. Lorsque les utilisateurs sans fil se comptent en milliers, un mécanisme de génération et de distribution des clés est nécessaire.

Sécurité des WLAN 802.11

L'industrie du WLAN a pris conscience des vulnérabilités que présentent les fonctions d'authentification et de protection des données telles qu'elles sont prévues dans 802.11. Pour tenter d'apporter des solutions à la fois acceptables pour les installations existantes et évolutives, l'IEEE a développé des extensions améliorant ces fonctionnalités. Des changements ont été apportés sous la forme du projet de standard 802.11i, lequel n'a pas encore été ratifié. Pour cette raison, la Wi-Fi Alliance a rassemblé un sous-ensemble de composantes de 802.11i sous l'appellation WPA (*Wi-Fi Protected Access*), que nous présentons dans les sections suivantes.

Nous avons défini précédemment dans ce chapitre la sécurité 802.11 comme étant une combinaison de l'une des deux méthodes d'authentification Open System ou Shared Key et du mécanisme de chiffrement WEP. Celui-ci est souvent considéré comme le seul élément de sécurité des WLAN alors que la sécurité des réseaux sans fil repose sur les quatre aspects suivants (voir Figure 4.16) :

- **Le contexte (*framework*) d'authentification.** Il forme le cadre sous-jacent à l'algorithme d'authentification et permet l'échange sécurisé de messages entre le client, l'AP et le serveur d'authentification.
- **L'algorithme d'authentification.** C'est la logique qui contrôle l'identité d'un utilisateur.
- **L'algorithme de confidentialité des données.** C'est le mécanisme qui permet de protéger les données contre toute utilisation frauduleuse, même en cas d'interception.
- **L'algorithme d'intégrité des données.** C'est le mécanisme qui permet à un récepteur de détecter si le contenu d'une trame a été ou non altéré depuis son émission.

Figure 4.16
Les quatre composantes de la sécurité des réseaux sans fil.

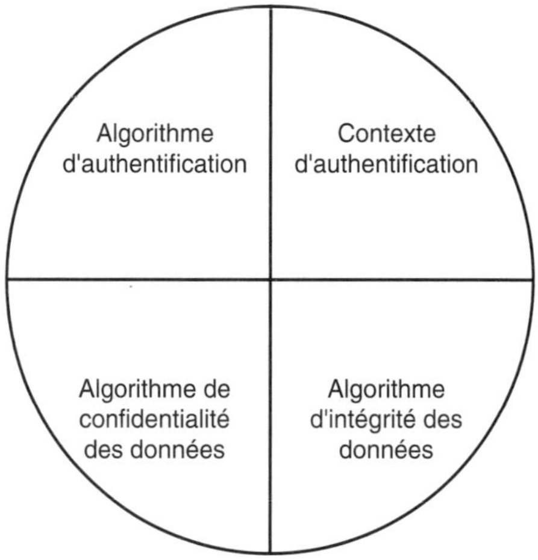

Le contexte d'authentification

Le contexte d'authentification de 802.11 se présente sous la forme d'une trame de gestion d'authentification. Elle sous-tend les algorithmes d'authentification Open System et Shared Key mais ne contient aucun mécanisme propre lui permettant d'authentifier elle-même un client. Nous avons déjà souligné les défauts de l'authentification de 802.11. Il convient de comprendre ce qui doit être apporté pour pouvoir offrir une authentification sécurisée sur un WLAN.

Voici les caractéristiques essentielles qui manquent au standard 802.11 :

- authentification de l'utilisateur au moyen d'un mécanisme central ;
- clés de chiffrement générées dynamiquement ;
- gestion des clés de chiffrement ;
- authentification mutuelle.

Il est primordial pour la sécurité d'un réseau de pouvoir authentifier un utilisateur. Les méthodes Open System ou Shared Key permettent de vérifier la légitimité d'un équipement, mais elles n'empêchent pas un intrus de s'emparer d'une station autorisée pour se connecter au réseau. Certaines situations, telles que la perte ou le vol d'un équipement ou même le départ d'un employé, obligent l'administrateur à reconfigurer une nouvelle clé sur tous les AP et clients. Par contre, un contrôle centralisé des utilisateurs au moyen d'un serveur AAA (*Authentication, Authorization, Accounting*), tel que le permet RADIUS, donne la possibilité d'autoriser ou d'interdire l'accès à des utilisateurs indépendamment de l'équipement à partir duquel ils se connectent.

Un autre aspect positif indirect de l'authentification des utilisateurs est qu'elle réclame l'emploi de clés de chiffrement spécifiques pour chaque utilisateur. Les méthodes qui offrent la faculté de générer des clés de façon dynamique s'intègrent bien au modèle de sécurité et d'administration des WLAN. De plus, elles exonèrent l'administrateur du besoin de saisir et gérer manuellement des clés pour chaque équipement devant accéder au réseau. Une clé est générée dynamiquement lorsque l'utilisateur émet une demande d'accès au réseau puis supprimée lorsqu'il termine sa session. Si vous devez interdire l'accès à un utilisateur, il suffit de désactiver son compte.

L'authentification mutuelle est un processus bidirectionnel. Cela revient à dire que l'identité de l'utilisateur est vérifiée mais que le réseau aussi doit être authentifié par le client. Avec Open System et Shared Key, l'AP ou le réseau authentifie le client, mais celui-ci n'a aucun moyen de s'assurer que l'AP ou le réseau auquel il se connecte est valide, le standard 802.11 n'ayant pas prévu de méthode pour cela. Par conséquent, un AP ou une station hostile peut se faire passer pour un point d'accès légitime et détourner les données émanant d'un client. La Figure 4.17 illustre ce point en présentant une séquence d'authentification unidirectionnelle et un dialogue d'authentification mutuelle, qui présente à l'évidence une meilleure protection.

Figure 4.17
L'authentification unidirectionnelle et l'authentification mutuelle.

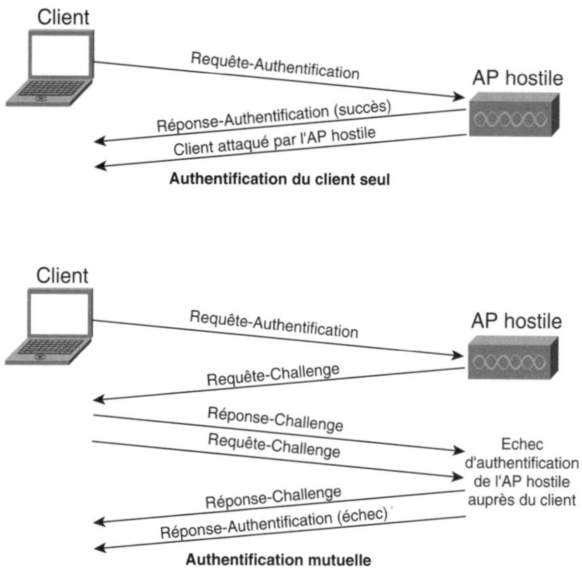

Les fabricants d'équipements pour WLAN 802.11 et l'IEEE ont compris la nécessité de remplacer les mécanismes existants, à la fois pour l'authentification et le chiffrement. Comme évoqué plus haut, des travaux réalisés par le groupe de travail "i" du comité 802.11 sont en cours et seront publiés une fois terminés sous la désignation 802.11i.

L'IEEE a comblé les insuffisances de l'authentification 802.11 en apportant un nouveau contexte d'authentification sous la forme du standard 802.1x. Ce dernier fournit une authentification étendue à toutes les topologies de la couche liaison de la famille 802 — une fonction que l'on rencontre normalement dans les couches supérieures — et s'appuie sur le contexte d'authentification de PPP (*Point-to-Point Protocol*), appelé EAP (*Extensible Authentication Protocol*). En un mot, 802.1x encapsule les messages EAP pour qu'ils puissent être utilisés au niveau 2. Les spécifications de 802.11i incorporent ce nouveau contexte en réclamant son emploi pour authentifier un utilisateur. La Figure 4.18 illustre son positionnement vis-à-vis des différents protocoles d'authentification compatibles avec EAP et de ces topologies.

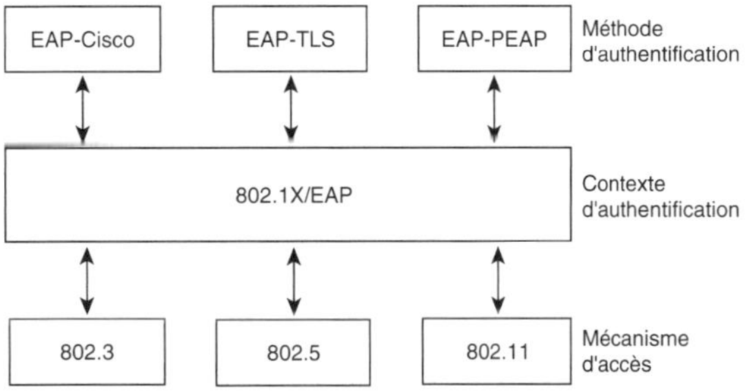

Figure 4.18
Positionnement de 802.1x par rapport aux topologies de la couche liaison.

EAP (RFC 2284) et 802.1x ne prévoient pas l'emploi d'un algorithme d'authentification spécifique. L'administrateur d'un réseau a donc la possibilité d'employer toute méthode compatible avec EAP pour assurer l'authentification 802.1x. La seule exigence est que le demandeur d'accès (*supplicant*), en l'occurrence le client 802.11, et le serveur responsable de l'authentification supportent l'algorithme d'authentification EAP. Cette architecture ouverte et extensible permet d'employer un même contexte d'authentification dans des environnements disparates, dans lesquels chaque environnement implémente un type d'authentification différent.

Voici quelques exemples de mécanismes admis :

- **EAP-TLS (*Transport Layer Security*).** Ce mécanisme similaire à SSL (*Secure Sockets Layer*) fonctionne au niveau de la couche liaison. Il utilise des certificats numériques afin de créer un tunnel SSL et assure l'authentification mutuelle.
- **PEAP (*Protected EAP*).** Cette technique se fonde sur la sécurité apportée par TLS pour créer un tunnel afin de permettre le transfert des éléments d'identité des clients. Il n'impose pas l'usage de certificats aux clients.
- **EAP-MD5 (*Message Digest 5*).** Semblable au protocole CHAP (*Challenge Handshake Authentication Protocol*), EAP-MD5 implémente l'authentification au moyen d'un algorithme unidirectionnel utilisant un mot de passe.
- **EAP-Cisco, aussi appelé LEAP (*Lightweight EAP*).** C'est le premier type d'authentification EAP conçu spécifiquement pour la sécurité des WLAN. LEAP s'appuie sur un algorithme d'authentification mutuelle fondé sur un mot de passe.

L'authentification 802.1x requiert la mise en place de trois processus, ou entités, qui interopèrent :

- **Un processus d'authentification demandeur (*supplicant*),** situé sur le client du WLAN.

- **Un processus d'authentification relais (*authenticator*),** destiné à faciliter l'exécution de l'ensemble de la procédure et situé sur un point d'accès au réseau.
- **Un processus d'authentification côté serveur,** qui s'exécute sur un serveur RADIUS.

Ce sont donc trois composants logiciels hébergés sur des équipements du réseau. En ce qui concerne 802.11, l'AP authentificateur ouvre un port logique pour chaque client demandeur en se fondant sur l'identifiant d'association du client (AID). Ce port se présente sous la forme de deux chemins de données, l'un incontrôlé et l'autre contrôlé. Le chemin incontrôlé permet l'envoi du trafic d'authentification 802.1x sur le réseau tandis que le chemin contrôlé bloque le trafic normal jusqu'à ce que l'authentification réussisse. La Figure 4.19 illustre ce concept sur un point d'accès authentificateur.

Figure 4.19
Les ports logiques 802.1x sur le point d'accès authentificateur.

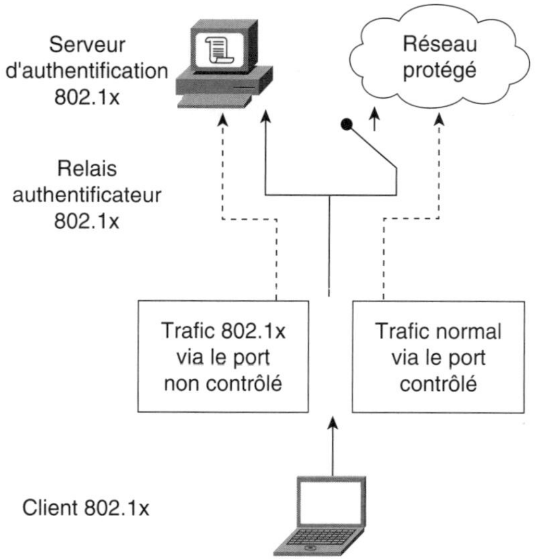

Les échanges de messages 802.1x peuvent varier selon l'algorithme d'authentification utilisé. La procédure générale se déroule de la façon suivante (voir Figure 4.20) :

1. Un client devient actif sur le support et s'associe à l'AP authentificateur.
2. L'authentificateur détecte l'association du client et ouvre un port logique à son intention, mais dans un état non autorisé, de façon que seul le trafic 802.1x puisse passer.
3. Le client peut initier un dialogue avec un message EAP-Start, mais cela n'est pas requis.
4. L'authentificateur envoie au demandeur un message de requête pour obtenir des informations d'identité.

5. Le paquet de réponse du client contenant l'information d'identité est transmis au serveur d'authentification. Le type de cette information varie selon le protocole d'authentification EAP utilisé, mais il s'agit généralement d'un identifiant utilisateur ou d'un équivalent et non d'une chaîne secrète, telle qu'un mot de passe.

6. Le serveur d'authentification est configuré pour authentifier les clients avec un algorithme spécifique. Actuellement, les spécifications 802.1x pour les LAN 802.11 ne stipulent pas d'algorithme particulier à utiliser.

7. Selon l'issue de l'échange d'identité, laquelle est propre à l'algorithme EAP employé, le dernier message spécifique de 802.1x est le paquet RADIUS d'acceptation (Access-Accept) ou de rejet (Access-Reject) que le serveur envoie à l'AP.

8. A réception, l'AP place le port du client dans un état autorisé, et le trafic peut être transmis normalement.

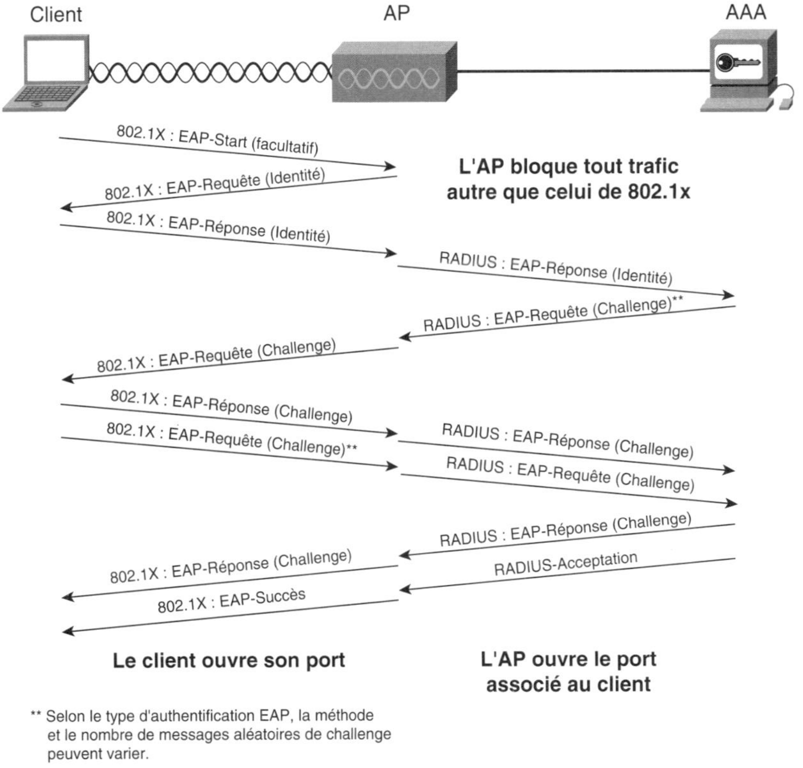

Figure 4.20

L'échange de messages du contexte d'authentification 802.1x.

L'algorithme d'authentification

Les spécifications 802.11i et WPA fournissent un cadre permettant aux processus d'authentification situés sur le client, l'AP et le serveur d'authentification d'interopérer par l'intermédiaire du contexte d'authentification 802.1x. Comme indiqué précédemment, ni 802.11i ni WPA ne demandent l'emploi d'algorithmes spécifiques. Ils recommandent en revanche tous deux l'usage d'un algorithme implémentant l'authentification mutuelle, la génération dynamique de clés de chiffrement et l'authentification de l'utilisateur. La Figure 4.21 illustre les messages échangés entre un client, un AP et un serveur AAA. Pour mieux exemplifier la procédure, nous nous appuierons plus précisément sur le protocole LEAP ou EAP-Cisco. C'est un algorithme simple et efficace, qui a été conçu spécifiquement pour les WLAN.

Figure 4.21
L'authentification LEAP de Cisco.

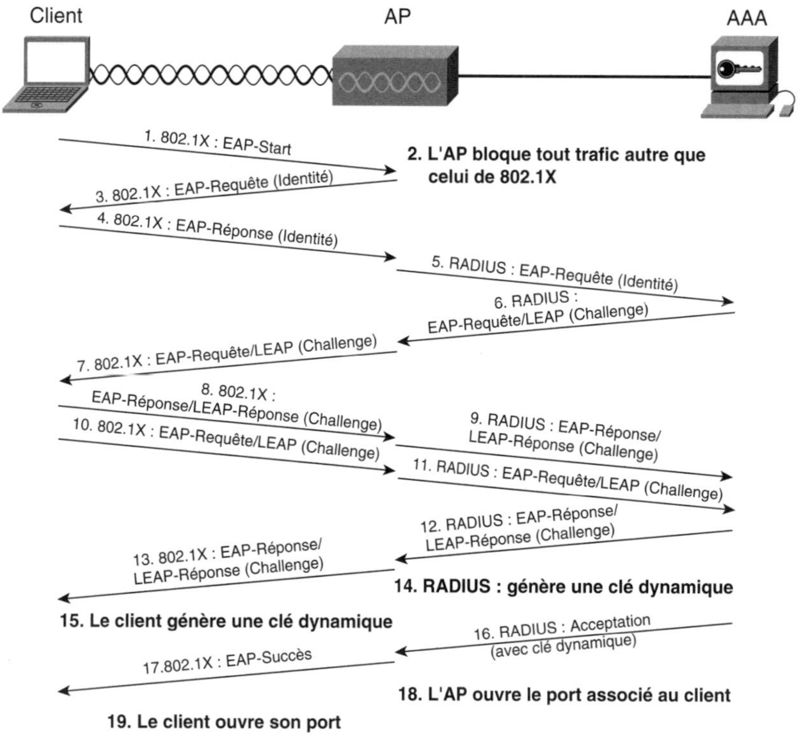

Voici le détail de la procédure :

1. Le client devient actif sur le support et envoie un message EAP-Start encapsulé dans une trame 802.1x.

2. L'AP bloque le port du client, n'autorisant que le trafic d'authentification 802.1x à atteindre le réseau.

3. L'AP envoie un message EAP de requête d'identité au client dans une trame 802.1x.
4. Le client lui envoie un message 802.1x de réponse avec son identifiant utilisateur.
5. L'AP transmet l'identifiant au serveur d'authentification dans un paquet RADIUS de requête d'accès (Access-Request).
6. Le serveur d'authentification génère un message de challenge LEAP et l'envoie au client par l'intermédiaire de l'AP dans un paquet RADIUS de réponse (Access-Response).
7. L'AP transmet le message de challenge au client dans une trame 802.1x.
8. Le client traite le challenge au moyen de l'algorithme propre à LEAP et envoie une réponse au serveur RADIUS *via* l'AP.
9. L'AP encapsule la réponse au challenge reçue du client dans un paquet de requête d'accès RADIUS (Access-Request) et transmet ce dernier au serveur.
10. Pour authentifier le réseau, le client envoie à son tour au serveur, toujours par l'intermédiaire de l'AP, une requête de challenge LEAP encapsulée dans une trame 802.1x.
11. L'AP transmet le challenge au serveur dans un paquet de requête d'accès RADIUS.
12. Le serveur envoie *via* l'AP une réponse au challenge LEAP dans un paquet de réponse.
13. L'AP replace la réponse au challenge dans une trame 802.1x et l'envoie au client.
14. Le serveur génère une clé de chiffrement dynamique à partir du mot de passe de l'utilisateur et de certaines informations de session.
15. Le client génère la même clé. Cette faculté de générer localement la même clé dynamique vient de ce que le client dispose des mêmes informations.
16. Le serveur envoie à l'AP la clé encapsulée dans un paquet RADIUS d'acceptation d'accès (Access-Accept), gage pour l'AP que l'authentification a réussi.
17. L'AP installe la clé dynamique relative au client puis lui envoie un message EAP-Succès encapsulé dans une trame 802.1x.
18. L'AP place le port du client dans un état de transmission autorisée.
19. Le client ouvre son port, en supposant que l'authentification mutuelle a réussi.

LEAP est un algorithme propriétaire de Cisco, qui s'exécute au-dessus d'un contexte d'authentification ouvert. Pour cette raison, les détails de son implémentation, tels que la génération du message et les informations de la réponse, ne sont pas accessibles publiquement. LEAP couvre les exigences définies pour l'authentification sécurisée des utilisateurs dans un WLAN en incluant les fonctionnalités suivantes :

- authentification de l'utilisateur ;
- authentification mutuelle ;
- génération dynamique de clés de chiffrement.

Pour empêcher un utilisateur d'accéder au réseau, il suffit de désactiver son compte sur le serveur d'authentification centralisé. Dès lors, il ne peut plus s'authentifier avec succès ni générer de clé de chiffrement valide.

Confidentialité des données

Les faiblesses de WEP ont posé le dilemme suivant aux fabricants et à l'IEEE : comment corriger les failles du chiffrement 802.11 sans nécessiter le remplacement complet du matériel de l'AP ou les cartes d'interface des clients ?

L'IEEE y a répondu en introduisant TKIP (*Temporal Key Integrity Protocol*) comme partie intégrante de 802.11i et WPA. TKIP emploie de nombreuses fonctions essentielles de WEP de manière à conserver l'équipement des clients et l'infrastructure 802.11 en place tout en corrigeant plusieurs vulnérabilités pour fournir un mécanisme efficace de chiffrement des trames. Les améliorations essentielles apportées par TKIP sont les suivantes :

- **Génération d'une clé par trame.** La clé WEP est rapidement changée à chaque trame.
- **Mécanisme de contrôle d'intégrité MIC (*Message Integrity Check*).** Cette fonction de contrôle efficace empêche l'altération insidieuse d'une trame ainsi qu'une attaque par reproduction, ou rejeu, de trame.

Le document élaboré par Fluhrer, Mantin et Shamir décrit la faille de sécurité de l'algorithme RC4 tel qu'il est implémenté dans WEP. Les attaques qui exploitent la faille de l'IV faible, telle celle par AirSnort, visent à collecter plusieurs trames de données chiffrées au moyen d'un tel IV. La méthode la plus simple pour y répondre est de changer la clé WEP utilisée pour les communications entre le client et l'AP avant qu'un utilisateur malveillant puisse capturer suffisamment de trames pour en dériver les octets de clé.

L'IEEE a adopté une stratégie mettant en œuvre une clé par trame, appelée Per-Frame Keying, Per-Packet Keying ou encore Fast Packet Keying. Dans ce mécanisme, l'IV, l'adresse MAC de l'émetteur et la clé WEP subissent un traitement au moyen d'une fonction combinatoire en deux phases. Le résultat produit respecte les valeurs standards de 104 bits pour la clé WEP et de 24 bits pour l'IV.

L'IEEE propose également d'augmenter la taille de l'IV de 24 à 48 bits. Les sections suivantes expliquent l'importance d'une extension de l'IV. La Figure 4.22 illustre un exemple d'IV de 48 bits et la façon dont l'IV est divisé pour être utilisé par l'algorithme de génération de clé de trame.

Figure 4.22
L'IV de 48 bits en deux parties utilisé dans le mécanisme de création d'une clé par trame.

Les étapes suivantes décrivent le processus de génération d'une clé par trame :

1. La clé de base WEP, qui dérive de l'authentification 802.1x, est mélangée avec les 32 bits de poids fort — un nombre de 32 bits peut prendre une valeur entre 0 et 4 294 967 295 — de l'IV de 48 bits et l'adresse MAC de l'émetteur. Le résultat produit est une clé intermédiaire, appelée clé de phase 1. Ce processus permet de la placer en cache et de lui donner une direction (voir Figure 4.23).
2. La clé de phase 1 est à nouveau mélangée avec l'IV et l'adresse MAC de l'émetteur pour produire la clé de phase 2, soit la clé de trame.
3. L'IV utilisé pour la transmission de la trame a une taille de 16 bits seulement. Il peut prendre une valeur entre 0 et 65 535. Les 8 bits restants représentent une valeur fixe de remplissage.
4. La clé de trame est ensuite employée pour chiffrer, *via* WEP, la charge utile.
5. Lorsque l'espace d'IV de 16 bits est épuisé, la clé de phase 1 est supprimée, et la valeur de 32 bits est augmentée de 1. Par exemple, si elle valait 12, elle passe à 13.

6. La clé de trame est ensuite recalculée à partir de l'étape 2.

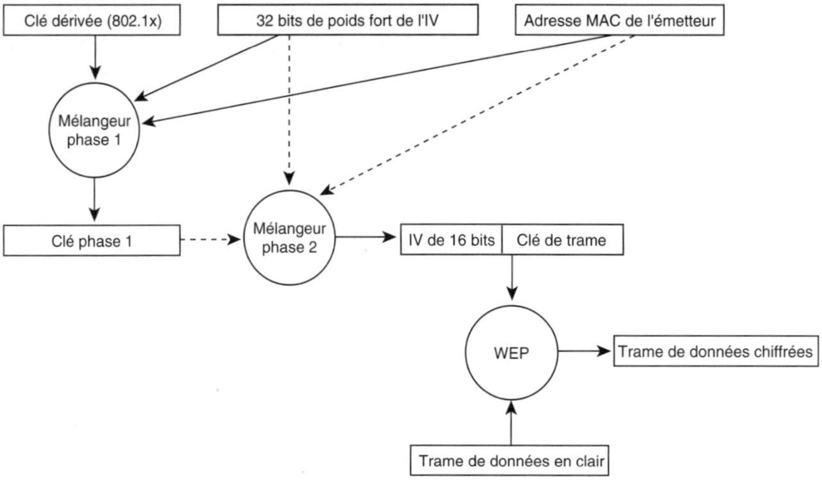

Figure 4.23

Fonctionnement du mécanisme de création d'une clé par trame.

Une clé de trame n'est valide que si la valeur de l'IV de 16 bits n'a pas déjà été utilisée. Sinon, on se trouve dans une situation de collision, qui peut fournir les bases d'une attaque en permettant une dérivation possible de la séquence clé. Pour éviter les collisions d'IV, la clé de phase 1 est recalculée après avoir augmenté de 1 la valeur en cours des 32 bits de poids fort de l'IV. Une nouvelle clé de trame est ensuite créée.

NOTE

La technique de création de clé par trame permet de contrer les attaques par statistiques, telles que celle par AirSnort, visant la clé de trame, tant que la paire IV/clé de trame reste unique.

Les étapes suivantes détaillent ce fonctionnement :

1. Le client initialise l'IV à 0. La représentation binaire est donc une suite de 48 bits à zéro.

2. Les premiers 32 bits de poids fort sont mélangés avec la clé dérivée du processus 802.1x (une valeur de 128 bits) et l'adresse MAC de la station émettrice (une valeur de 48 bits) pour produire la clé intermédiaire de phase 1 (une valeur de 80 bits).

3. La clé de phase 1 est mélangée à son tour avec les premiers 32 bits de l'IV et l'adresse MAC pour produire une clé de trame de 128 bits, dont les 16 premiers bits représentent l'IV (16 bits à zéro).

4. La valeur de l'IV de la clé de trame est augmentée de 1 : le premier IV comporte 16 bits à 0, le deuxième 15 bits à 0 et 1 bit à 1, et ainsi de suite jusqu'à ce que les 16 bits soient à 1.

5. Après épuisement de l'espace de valeurs de l'IV de trame, l'IV de phase 1 (celui de 32 bits) augmente de 1. Il comprend maintenant 30 bits à 0 et un bit à 1.

La question logique qui se pose est de savoir si ce mécanisme peut provoquer une collision d'IV. La réponse est oui, la vraie question étant de savoir quand. Etant donné que le débit de transmission maximal d'un équipement 802.11b est d'environ 1 000 trames par seconde, l'espace de valeurs de l'IV de trame de 16 bits s'épuise après 65 secondes (2^{16} trames/ 1 000 trames/s).

Il y a 2^{32} valeurs d'IV de phase 1 possibles, qui correspondent aux premiers 32 bits de l'IV de 48 bits. Cela représente un total de 4 294 967 296 valeurs différentes. Comme nous venons de le voir, chacune d'elles augmente de 1 toutes les 65 s, à chaque épuisement de l'espace de valeurs de l'IV de trame. Ainsi, l'espace total d'IV de 48 bits s'épuise après environ 8 852 ans (65 s $\times$ 4 294 967 296). A moins que l'administrateur ne force une réauthentification du client, une nouvelle dérivation de la clé de base n'est pas nécessaire pour éviter les collisions d'IV.

Cet algorithme renforce le mécanisme WEP et permet de contrer la plupart des attaques connues sans avoir à remplacer le matériel existant. Il est toutefois important de noter que cet algorithme, et TKIP dans son ensemble, n'est qu'un pis-aller conçu pour combler les failles de sécurité de WEP et de l'authentification 802.11. Il propose notamment des algorithmes faibles afin de préserver l'équipement en place. La prochaine génération d'équipements 802.11 devrait supporter TKIP, mais la combinaison WEP-TKIP devrait lentement disparaître au profit d'un algorithme de chiffrement proposant un haut degré de résistance cryptographique, tel que AES (*Advanced Encryption Standard*).

Intégrité des données

La fonction de contrôle d'intégrité de message MIC (*Message Integrity Check*) a été introduite pour améliorer le mécanisme inefficace de l'ICV du standard 802.11. Elle permet de se protéger des attaques visant la modification de la charge utile, telle l'inversion de bit vue plus haut dans ce chapitre. Elle est utilisée par un algorithme spécifique proposé par l'IEEE sous le nom de *Michael*, qui apporte une amélioration au contrôle des trames chiffrées par ICV.

Le mécanisme MIC fait usage d'une clé unique différente de celle qui sert au chiffrement des trames de données. Cette clé est combinée avec les adresses MAC destination et source de la trame et la portion charge utile/données (*payload*) non chiffrée de cette même trame (voir Figure 4.24).

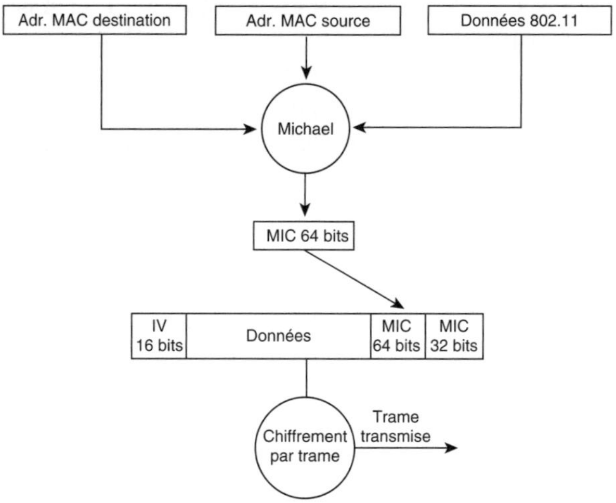

Figure 4.24
L'algorithme MIC Michael.

La procédure globale de chiffrement de TKIP se déroule de la manière suivante :

1. L'algorithme de création de clé de trame calcule une clé (voir Figure 4.25).
2. L'algorithme MIC génère une valeur MIC pour la totalité de la trame.
3. La trame est fragmentée selon les caractéristiques MAC définies pour le processus de fragmentation.
4. La clé de trame chiffre les fragments de trame.
5. Les fragments chiffrés sont transmis.

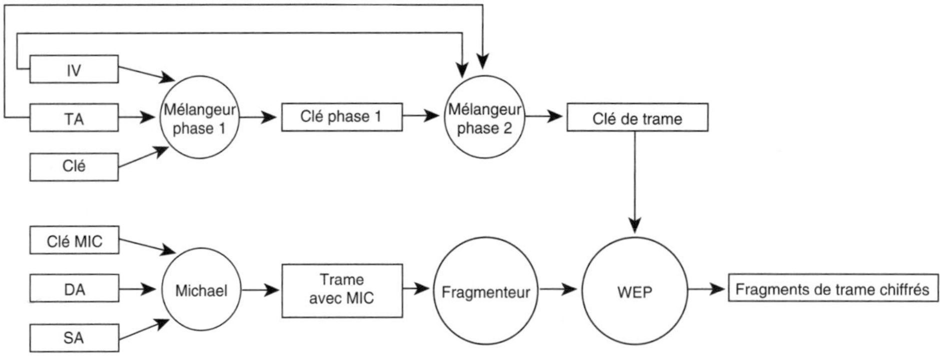

Figure 4.25
Le processus de chiffrement TKIP.

Le processus de déchiffrement de TKIP se déroule de manière semblable mais inverse (voir Figure 4.26) :

1. La clé de phase 1 est précalculée.
2. La clé de phase 2, ou clé de trame, est calculée à partir de l'IV contenu dans le fragment de trame WEP entrant.
3. Si l'IV appartient à une trame arrivée hors séquence, celle-ci est rejetée.
4. Le fragment de trame est déchiffré, et le contrôle de l'ICV réalisé.
5. Si l'ICV est erronée, la trame est rejetée.
6. Le réassembleur reconstitue la trame originale à partir des fragments déchiffrés.
7. Le récepteur calcule la valeur MIC et la compare à celle du champ MIC de la trame.
8. Si les deux valeurs correspondent, la trame est traitée par le récepteur.
9. Si les valeurs ne correspondent pas, la fonction MIC échoue, et le récepteur initie la phase de contre-mesures MIC.

Figure 4.26
Le processus de déchiffrement TKIP.

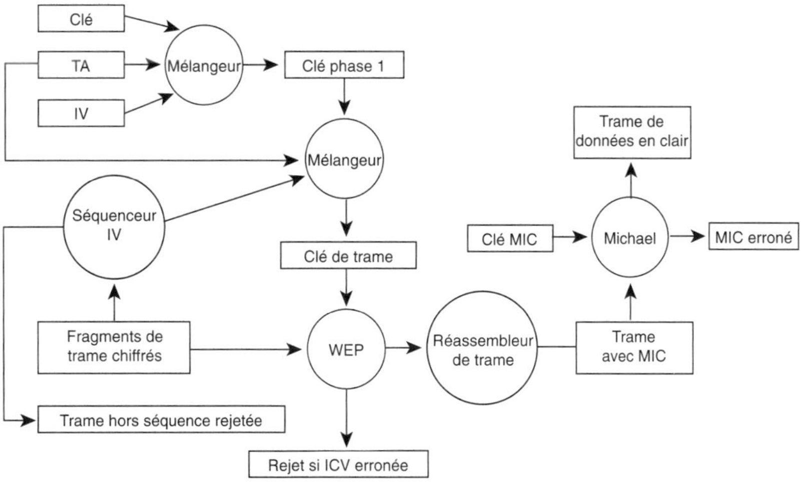

Les contre-mesures MIC consistent en l'exécution des actions suivantes par le récepteur :

1. Suppression des clés existantes pour l'association.
2. L'événement est consigné dans un journal en tant qu'événement lié à la sécurité.

3. Pour ralentir l'attaque, le client à l'origine de la trame fautive ne peut se réassocier et s'authentifier pendant un intervalle de 60 s.
4. Si le client a reçu la trame, il supprime toute autre trame ne faisant pas partie des échanges 802.1x.
5. Le client demande une nouvelle clé.

Les deux mécanismes TKIP présentés ci-dessus mentionnent l'emploi de deux clés : celle de chiffrement de trame et celle de la fonction MIC. Nous n'avons pas encore présenté de quelle façon les clés étaient produites et transmises entre le client et l'AP. La section suivante traite de la procédure de gestion avancée des clés proposée par 802.11.

Gestion avancée des clés

Les algorithmes impliqués dans la procédure d'authentification de 802.1x et EAP permettent au serveur RADIUS et au client de générer dynamiquement une clé par utilisateur. La clé dérivée pendant l'authentification n'est pas la même que celle qui sert au chiffrement des trames ni à la protection de leur intégrité. Dans 802.11i et WPA, elle s'appelle *clé maître*. C'est elle qui permet de générer les autres clés. La Figure 4.27 illustre la hiérarchie des clés unicast 802.11.

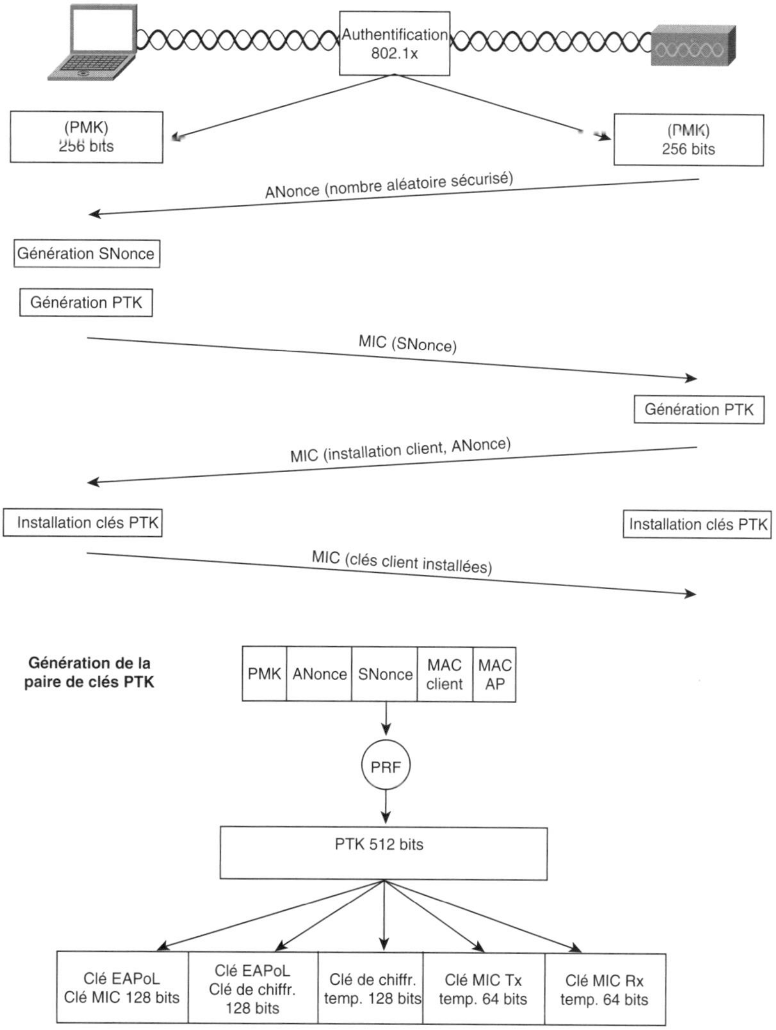

Figure 4.27
Hiérarchie des clés unicast 802.11.

Le mécanisme de génération des clés de chiffrement est un dialogue protocolaire en quatre temps, appelé *four-way handshake*, qui se déroule comme suit :

1. Le client et l'AP installent chacun leur exemplaire de la clé dynamique issue du mécanisme d'authentification 802.1x, la PMK (*Pairwise Master Key*).
2. L'AP envoie au client un nombre aléatoire sécurisé, appelé *nonce authenticator*, ou ANonce, dans une trame 802.1x EAPoL-Key.
3. Le client génère en local un nombre aléatoire sécurisé, appelé *nonce supplicant,* ou SNonce.

4. Le client génère la clé éphémère PTK (*Pairwise Transient Key*), également créée en deux exemplaires, en combinant la PMK, le SNonce, l'ANonce, l'adresse MAC du client, l'adresse MAC de l'AP et une chaîne d'initialisation. Les adresses MAC respectent un ordre, l'adresse de plus faible valeur précédant l'autre. Ce processus s'assure que le client et l'AP traitent les adresses MAC de la même manière.
5. La valeur combinée est traitée par une fonction de génération pseudo-aléatoire, ou PRF (*Pseudo-Random Function*), pour générer une PTK de 512 bits.
6. Le client envoie à l'AP le SNonce qu'il a généré à l'étape 3 dans un message 802.1x EAPoL-Key protégé par la clé MIC EAPoL-Key.
7. L'AP utilise le SNonce pour calculer la PTK de la même manière que le client.
8. L'AP emploie la clé MIC EAPoL-Key pour valider l'intégrité du message émanant du client.
9. L'AP envoie un message EAPoL-Key indiquant que le client doit installer la PTK et son ANonce, protégé par la clé MIC EAPoL-Key. Cette étape permet au client de vérifier que l'ANonce qu'il a reçu à l'étape 2 est valide.
10. Le client envoie un message EAPoL-Key protégé par la clé MIC EAPoL-Key, indiquant que les clés sont installées.

Les PMK et PTK dérivées sont par essence unicast. Elles sont assignées à un seul utilisateur et ne chiffrent et déchiffrent que les trames unicast. Les trames broadcast requièrent une hiérarchie de clés séparée car l'emploi des clés unicast pour ces trames provoquerait un accroissement considérable du trafic sur le réseau. En effet, l'AP — la seule entité dans un BSS susceptible d'envoyer du trafic broadcast ou multicast — serait dans l'obligation d'envoyer la même trame, broadcast ou multicast, à chaque utilisateur après l'avoir chiffrée avec la clé de trame appropriée.

L'envoi de trames broadcast et multicast s'appuie sur une hiérarchie de clés de groupe. La clé dite GMK (*Group Master Key*) se trouve au sommet et est dérivée par l'AP. Le processus de dérivation repose sur une fonction PRF qui produit une GMK de 256 bits. Les valeurs en entrée de la fonction PRF-256 sont un nombre aléatoire chiffré, ou nonce, une chaîne de texte, l'adresse MAC de l'AP et l'heure au format du protocole NTP (*Network Time Protocol*). La Figure 4.28 illustre cette hiérarchie des clés de groupe.

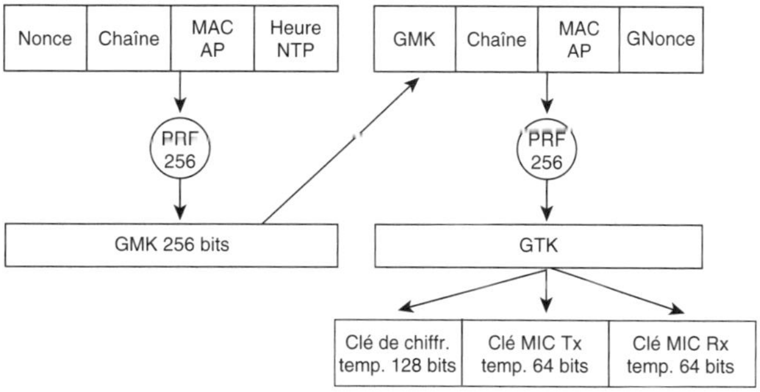

Figure 4.28
Hiérarchie des clés de groupe.

Les valeurs de la GMK, de la chaîne de texte, de l'adresse MAC de l'AP et du GNonce — une valeur émanant du compteur de clé sur l'AP — sont concaténées et traitées par la fonction PRF, qui produit en sortie une clé de groupe éphémère d'une taille de 256 bits, la GTK (*Group Transient Key*). Sa structure se décompose en une clé de 128 bits pour le chiffrement broadcast ou multicast, une clé MIC de transmission de 64 bits et une clé MIC de réception de 64 bits. Les clés de chiffrement suivent le même type de fonctionnement que les clés unicast dérivées d'une PMK.

Le client intègre les clés de chiffrement de groupe au moyen d'un message EAPoL-Key. L'AP envoie au client ce message chiffré avec la clé de chiffrement unicast du client. Les clés de groupe sont purgées et régénérées chaque fois qu'une station se désassocie ou se désauthentifie du BSS. En cas de valeur MIC erronée, l'une des contre-mesures à appliquer consiste à purger toutes les clés relatives au récepteur touché, les clés de groupe incluses.

Le chiffrement AES

Les opérations de chiffrement WEP et d'authentification 802.11 sont connues pour leurs faiblesses. Les solutions apportées par l'IEEE et WPA apportent un remède en introduisant TKIP et en offrant des options d'authentification robustes par l'entremise de 802.1x. Ces perfectionnements permettent de sécuriser les WLAN 802.11 tout en préservant l'équipement existant. L'IEEE travaille aussi sur des mécanismes de chiffrement plus robustes et a déjà adopté AES pour ce qui est de la section confidentialité des données du standard 802.11i. WPA n'offre pas de support pour le chiffrement AES. Des versions futures de WPA seront vraisemblablement publiées pour s'aligner sur les spécifications de 802.11i pour le support de solutions de chiffrement AES interopérables.

AES incarne la fonction de chiffrement de prochaine génération approuvée par le NIST (*National Institute for Standards and Technology*). Cet organisme a invité les acteurs du monde de la cryptographie à produire de nouveaux algorithmes de chiffrement en posant comme condition qu'ils soient totalement publiés et libres de droits. Les critères de jugement des solutions étaient la robustesse du chiffrement et l'ergonomie de l'implémentation. La proposition finalement adoptée est l'algorithme Rijndael. A l'instar de la plupart des algorithmes de cryptage, AES requiert l'emploi d'un mode de chiffrement par feedback de façon à éviter les risques associés au mode ECB. L'IEEE a conçu pour AES un mode adapté aux besoins des WLAN sous le nom d'AES-CCM. Il représente une combinaison de l'algorithme de chiffrement par bloc CBC-CTR (*Cipher Block Chainin-Counter Mode*) et de la fonction de contrôle d'intégrité CBC-MAC (*Cipher Block Chaining-Message Authenticity Check*). Les deux techniques ont été associées afin de fournir le chiffrement et la protection d'intégrité sous la forme d'une solution unique.

Le chiffrement CBC-CTR s'appuie sur un compteur pour augmenter la valeur de la séquence clé. Le compteur est incrémenté par pas de 1 après le chiffrement de chaque bloc. Ce processus fournit une séquence clé unique pour chaque bloc. La trame en clair est fragmentée en blocs de 16 octets. Pour chaque bloc chiffré, la valeur du compteur augmente de 1 jusqu'à ce que tous les blocs soient chiffrés. Elle est ensuite réinitialisée pour chaque nouvelle trame.

De son côté, la fonction CBC-MAC utilise le résultat du chiffrement CBC de la longueur de trame, des adresses destination et source et des données. Le résultat de 128 bits produit par la fonction est tronqué pour être ramené à 64 bits avant d'être employé dans la trame transmise.

AES-CCM fait usage de fonctions éprouvées dans la cryptographie mais réclame deux opérations pour le chiffrement et le calcul de l'intégrité du message. Cela représente un coût de traitement notable qui provoque une surcharge de service importante.

Résumé

Les mécanismes d'authentification et de chiffrement de 802.11, tels qu'ils sont définis dans le standard publié en 1997, affichent de réelles faiblesses pouvant donner lieu à diverses attaques. L'authentification peut être mise en échec en peu de temps, tout comme la protection que le chiffrement WEP est censé fournir. TKIP apporte la promesse d'une réparation de ces failles, du moins à court terme. A plus long terme, la sécurité des réseaux sans fil sera incarnée par les implémentations de 802.1x et d'AES puis de 802.11i.

Ce chapitre a levé le voile sur les problématiques générales de la sécurité dans les réseaux sans fil et donné un aperçu de la façon de sécuriser un WLAN. Sécuriser le plus possible l'environnement sans que cela nuise à l'expérience de l'utilisateur est fondamental pour réussir un déploiement de WLAN.

5

La mobilité

Ce livre couvre les principaux aspects des LAN sans fil 802.11, ou WLAN. Une connaissance de leurs concepts fondamentaux, tels que les mécanismes d'accès au support, les formats de trame, la sécurité et les interfaces physiques, est nécessaire pour comprendre des sujets plus pratiques et avancés, comme la mobilité.

La *mobilité* désigne la capacité des hôtes d'un WLAN 802.11 à se déplacer. Comme vous allez le voir, elle est loin de se limiter à la simple absence de câble. Mieux vous comprendrez comment elle est implémentée, mieux vous pourrez mettre en œuvre ou développer des applications mobiles. Dans ce chapitre, nous employons le terme *roaming* pour qualifier l'action de se déplacer entre deux points d'accès, ou AP (*Access Point*).

Caractéristiques du roaming

Il existe deux types de roaming :

- le roaming transparent ;
- le roaming nomade.

Le *roaming transparent* (*seamless*) est celui que l'on rencontre dans les réseaux de téléphonie cellulaire. Imaginez que vous soyez en train de téléphoner depuis votre voiture sur l'autoroute. Une cellule GSM (*Global System for Mobile communications*) ou TDMA (*Time Division Multiple Access*) typique offrant en moyenne une zone de couverture de plusieurs dizaines de mètres, cela laisse supposer que vous traversez successivement le champ de plusieurs stations de base à mesure que vous roulez. Pourtant, vous n'observez aucune dégradation de la voix ni interruption de la communication. Ce type de transition d'une cellule à une autre est dit *transparent* car l'application réseau requiert une connectivité continue au cours du déplacement.

Le *roaming nomade* s'applique à des ordinateurs portables dans un environnement de bureau 802.11. Imaginez un utilisateur assis à son bureau et connecté à un seul point d'accès (AP). Pour se rendre dans une salle de conférence, par exemple, il doit déconnecter son portable puis, une fois arrivé, reprendre son travail. En arrière-plan, le client 802.11 quitte l'AP situé à proximité du bureau de l'utilisateur et se rattache à un autre AP proche de la salle de conférence. Ce type de transition est qualifié de *nomade* parce que l'utilisateur n'exploite le service réseau que lorsqu'il atteint sa destination, et non pendant son déplacement.

Qu'advient-il des sessions applicatives pendant le roaming ? Cela dépend de nombreux facteurs, tels que les suivants :

- Le mécanisme de roaming 802.11.
- Le mode de transmission de l'application : avec ou sans connexion ?
- Le domaine de roaming. Le roaming a-t-il lieu au sein d'un même sous-réseau ou entre plusieurs sous-réseaux ?
- La durée du roaming.

Le roaming 802.11

Le roaming 802.11 suit une approche dite "break before make", une station devant se déconnecter de son point d'accès avant de se réassocier à un autre. Bien que contre-intuitif en apparence, puisque des données risquent d'être perdues pendant le processus, cela permet d'utiliser un protocole MAC et un dispositif radio plus simples.

Si l'approche était du type "make before break", signifiant qu'une station pourrait s'associer à un nouveau point d'accès sans se désassocier de celui existant, certains mécanismes seraient requis au niveau MAC pour garantir une topologie exempte de boucle. En effet, une station rattachée à un domaine de broadcast de niveau 2 par le biais de plusieurs connexions est susceptible de provoquer des tempêtes de broadcast. Pour éviter cela, il faut recourir à un algorithme tel que 802.1D (Spanning-Tree) pour éliminer les boucles potentielles, imposant de ce fait une surcharge au protocole MAC. En outre, le client devrait être capable d'écouter et de communiquer sur plusieurs canaux à la fois, augmentant la complexité de son dispositif radio, et par là même le coût global des équipements.

Mode de transmission de l'application

Le mode de transmission de l'application détermine sa capacité à supporter le roaming. Les applications qui opèrent en mode avec connexion (*connection-oriented*), comme celles qui s'appuient sur TCP (*Transmission Control Protocol*), tolèrent mieux la perte de paquets car ce protocole est fiable et requiert des acquittements positifs, tout comme le protocole MAC 802.11. Les données 802.11 perdues lors du processus peuvent ainsi être retransmises par TCP, lorsque celui-ci est utilisé.

Même si TCP offre un service de transport (couche 4) efficace pour les applications qui s'exécutent sur un WLAN 802.11, certaines d'entre elles emploient UDP (*User Datagram Protocol*). Etant sans connexion (*connectionless*), ce protocole implique une faible surcharge de service. Par exemple, les applications VoIP (voix sur IP) et vidéo utilisent des paquets UDP. La faculté de retransmission de TCP serait ici plus pénalisante qu'utile. La perte de données due au roaming peut donc avoir un impact certain sur les applications UDP.

Domaine de roaming

Le Chapitre 1 a défini un *domaine de broadcast* comme étant un ensemble d'équipements interconnectés capables de s'échanger des trames broadcast. Un tel domaine est également appelé *réseau de niveau 2*, ce qui vaut aussi dans le contexte de 802.11. Les points d'accès appartenant à un même domaine de broadcast et configurés avec le même SSID (*Service Set Identifier*) sont considérés comme faisant partie du même *domaine de roaming*. Si vous vous souvenez bien, nous avons vu au Chapitre 2 qu'un ESS (*Extended Service Set*) était constitué de plusieurs BSS (*Basic Service Set*) qui communiquent entre eux *via* le service de distribution (réseau câblé). En conséquence, un domaine de roaming est aussi un ESS. Mais pourquoi les équipements 802.11 sont-ils limités à un réseau de niveau 2 pour le roaming ? Ne peuvent-ils pas aussi se déplacer entre des sous-réseaux de niveau 3 ? Etant donné que le standard 802.11 définit une interface physique (couche 1) et une technologie de liaison de données (couche 2), son protocole MAC ne prend pas en charge la couche 3. Cela ne signifie pas pour autant que le roaming entre sous-réseaux est impossible. Il nécessite simplement l'implémentation d'une solution de niveau supérieur car, en natif, les équipements 802.11 supportent uniquement le roaming de niveau 2.

Les sessions applicatives réagissent différemment selon que l'équipement se déplace dans un même domaine de roaming ou passe d'un domaine à un autre. La Figure 5.1 illustre le premier cas. L'utilisateur peut maintenir sa session aussi longtemps que son adresse de niveau 3 ne change pas.

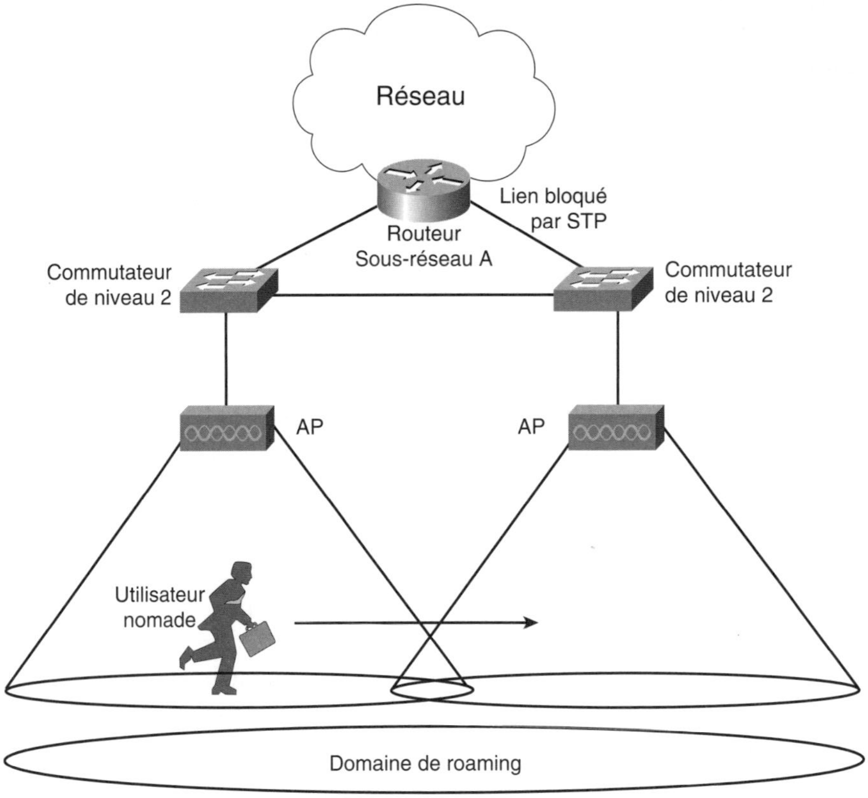

Figure 5.1
Déplacement d'un utilisateur dans un domaine de roaming de niveau 2.

La Figure 5.2 illustre le roaming entre deux domaines. L'utilisateur quitte le point d'accès (AP) du sous-réseau A pour rejoindre celui du sous-réseau B. Au cours du processus, l'adresse réseau de la station doit changer pour maintenir la connectivité de niveau 3 sur le sous-réseau de destination, provoquant l'abandon des sessions applicatives en cours. Ce scénario est décrit plus loin à la section "La technologie IP Mobile".

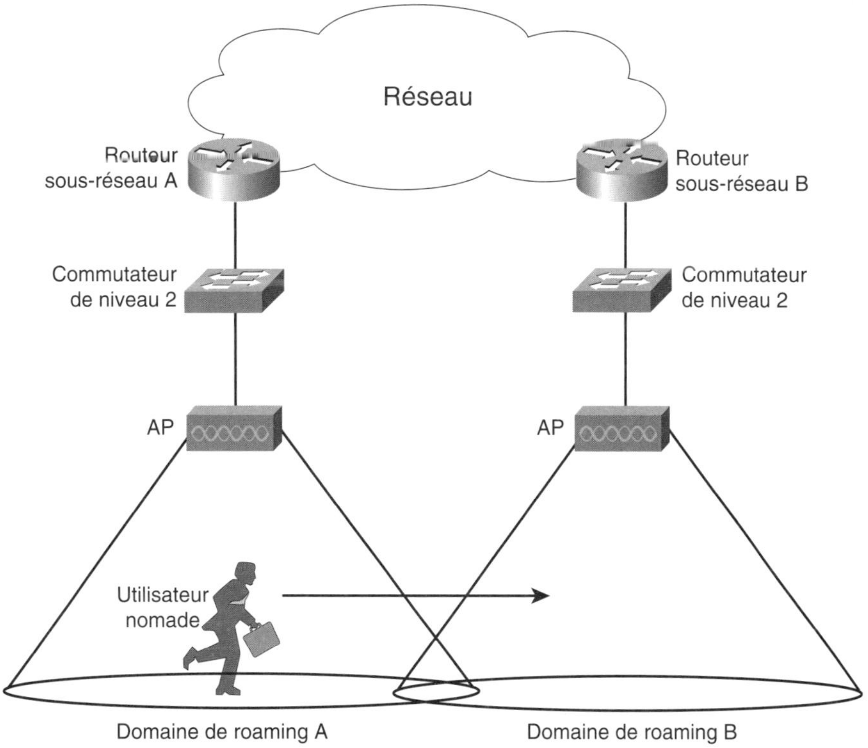

Figure 5.2

Déplacement d'un utilisateur entre deux domaines de roaming.

Durée du roaming

Le roaming est essentiellement le processus d'association décrit au Chapitre 2. Il dépend de la durée des processus suivants :

- processus de sondage ;
- processus d'authentification 802.11 ;
- processus d'association 802.11 ;
- processus d'authentification 802.1x.

La durée du roaming équivaut à la durée de ces processus cumulés. Certaines applications synchrones, telles que VoIP, sont très sensibles aux délais et ne tolèrent qu'un roaming de courte durée.

Le roaming de niveau 2

Maintenant que vous comprenez mieux certaines des caractéristiques du roaming, nous pouvons expliquer comment ce processus fonctionne au niveau de la couche 2. Sachez pour commencer qu'il se déroule selon la séquence d'événements suivante :

- **Le client doit décider de se déplacer.** Les algorithmes de roaming sont spécifiques aux fabricants (et propriétaires) et s'appuient sur des facteurs tels que la puissance du signal, l'acquittement des trames, les trames beacon manquées, etc.
- **Le client doit déterminer sa destination.** Il doit déterminer à quel AP se réassocier. Pour cela, il recherche les AP présents sur le support. Cette recherche peut se faire avant le déplacement — on parle alors de *découverte d'AP préalable* (*preemptive AP discovery*) — ou après, auquel cas on parle de *découverte d'AP lors du roaming*.
- **Le client entame son déplacement.** Il utilise des trames de réassociation 802.11 pour s'associer à un nouvel AP.
- **Le client peut mettre fin aux sessions applicatives en cours.**

Les algorithmes de roaming

Le mécanisme qui sert à déterminer quand le roaming doit avoir lieu n'est pas défini par les spécifications 802.11. Il revient donc aux fabricants de l'implémenter. Un problème d'interopérabilité s'est donc posé dès les premiers produits 802.11. Aujourd'hui, les fabricants collaborent afin de garantir une compatibilité minimale. Chacun d'eux a ainsi l'opportunité de se différencier en développant des algorithmes plus performants que ceux de ses concurrents et dont il garde jalousement le secret.

Ces algorithmes prennent généralement en compte des aspects tels que la puissance du signal, les compteurs de retransmission, les trames beacon perdues et d'autres concepts de la sous-couche MAC évoqués au Chapitre 2. Rappelez-vous, par exemple, la description que nous avons donné de la fonction DCF (*Distributed Coordination Function*). L'algorithme de backoff exponentiel utilisé pour contrôler l'accès au support incrémente le compteur de retransmission lorsqu'une trame ne parvient pas à être envoyée après un certain nombre de tentatives. Ce processus alerte le client qu'il se trouve hors de portée du point d'accès. Dans ce cas, l'algorithme de roaming surveille le compteur pour faciliter la prise de décision.

Un algorithme de roaming doit également offrir un compromis satisfaisant entre un temps de roaming bref et la stabilité du client. Par exemple, un algorithme extrêmement sensible pourrait ne pas supporter la moindre perte de trame beacon ou de trame d'acquittement, considérant cela comme une dégradation du signal, et réagir en initiant un roaming. Bien que ce type de perte soit normal dans un BSS, une station pourrait se retrouver à devoir changer de cellule alors qu'elle n'a pas bougé. Même dans le cas d'un roaming rapide, l'utilisateur percevrait un ralentissement du débit du réseau.

Détermination de l'AP de destination

Le mécanisme permettant de déterminer l'AP de destination est lui aussi spécifique du fabricant. On distingue généralement deux mécanismes :

- la découverte d'AP préalable ;
- la découverte d'AP lors du roaming ;

Chacun d'eux peut s'appuyer sur l'une ou l'autre des méthodes de balayage (*scanning*) suivantes, ou sur les deux :

- **Balayage actif.** Le client recherche activement un AP. Ce processus demande habituellement au client d'envoyer des requêtes de sondage (*probe request*) sur chaque canal qu'il est configuré pour utiliser (canaux 1 à 11 en Amérique du Nord et 1 à 13 en Europe) et d'attendre la réponse des AP. Il choisit ensuite de s'associer avec l'AP qui convient le mieux.
- **Balayage passif.** Le client écoute simplement les trames beacon sur chaque canal. Il passe d'un canal à l'autre suivant un intervalle prédéfini, comme dans le cas du balayage actif, sauf qu'il n'envoie aucune requête de sondage.

Le balayage actif est la méthode la plus riche pour trouver des AP puisqu'elle implique l'envoi de trames de sondage 802.11 sur tous les canaux. Le client doit rester sur chaque canal pendant un temps donné, entre 10 et 20 millisecondes (ms) selon le fabricant, dans l'attente d'une réponse.

Lorsque le client opère un balayage passif, il change moins rapidement de canal car les trames beacon sont envoyées par les AP à un débit défini, généralement de 10 *beacons* par seconde. Il doit donc rester plus longtemps sur un canal pour être certain de recevoir les *beacons* du plus grand nombre possible d'AP sur ce canal. Il examine plusieurs éléments d'informations, tels que le SSID, les débits supportés et les caractéristiques propriétaires des fabricants. Même si cette méthode peut permettre de balayer plus vite le support, il arrive que certains éléments ne soient pas transmis en raison de la configuration des AP. Par exemple, un administrateur peut faire en sorte que le nom SSID et l'IE SSID soient exclus des *beacons*, empêchant le client de savoir si l'AP se trouve ou non dans le même domaine de roaming que lui.

Il n'existe pas de technique de balayage idéale. Le mode passif évite au client d'avoir à transmettre des requêtes de sondage mais lui fait courir le risque d'ignorer un AP dont le *beacon* se serait perdu. Quant au mode actif, s'il permet une recherche proactive, il oblige le client à envoyer des trames de sondage. C'est l'implémentation du client 802.11 qui dicte le choix du mode. Par exemple, de nombreux systèmes embarqués emploient le mode passif, tandis que les téléphones VoIP 802.11 et les cartes client 802.11 pour PC utilisent le mode actif.

Découverte d'AP préalable

Le roaming préalable (*preemptive roaming*) offre au client la possibilité de s'associer à un AP prédéterminé avant même qu'il ait pris la décision de se déplacer. Ce processus autorise une durée de roaming minimale, réduisant son impact sur les applications, mais s'accompagne de certains inconvénients.

Pour pouvoir identifier à l'avance l'AP cible, le client doit rechercher les AP potentiels pendant son fonctionnement normal, c'est-à-dire en dehors de la période de roaming. Lorsqu'il balaie, il change de canal pour pouvoir écouter les autres AP ou sonder activement le support, ce qui pose les problèmes suivants :

- **Le client ne peut pas recevoir de données de l'AP auquel il est associé pendant le balayage (actif ou passif).** Si l'AP envoie des données à un client alors qu'il balaie (signifiant qu'il se trouve sur un autre canal que celui de l'AP), il les manque, obligeant l'AP à les retransmettre (voir Figure 5.3).
- **Le client ne peut pas transmettre de données pendant le balayage (actif ou passif).** Les applications qui s'exécutent sur le client risquent par conséquent de subir une baisse de débit.

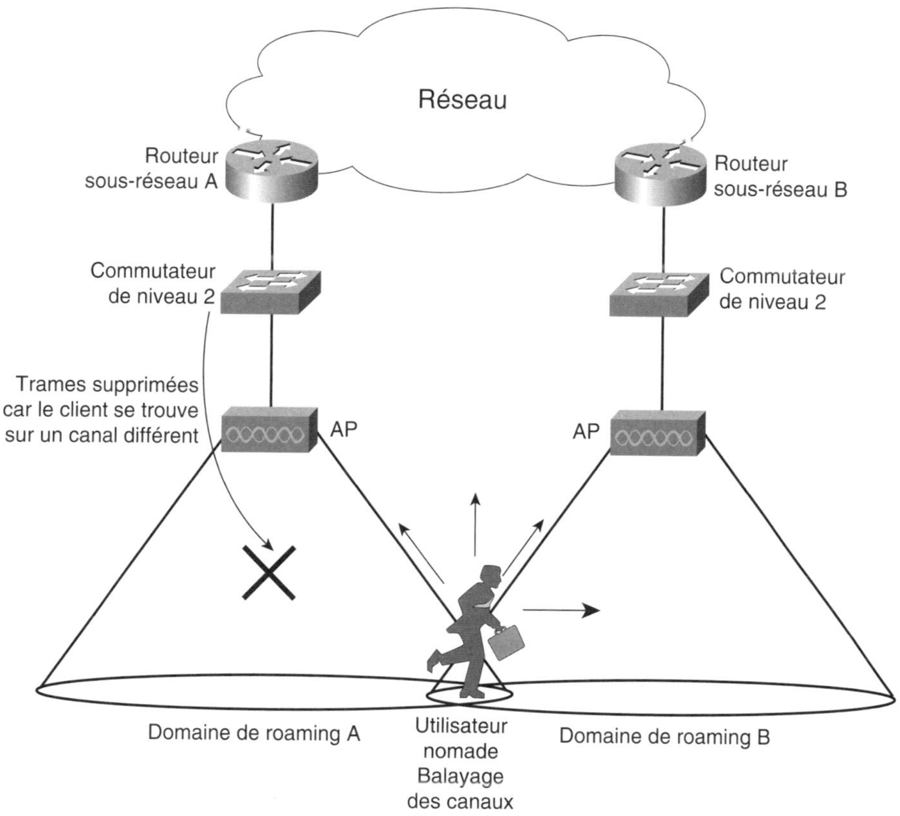

Figure 5.3
La découverte d'AP préalable.

Seuls les clients en mode d'économie d'énergie (power save) ne sont pas affectés par ces problèmes lorsqu'ils utilisent le roaming préalable. Un client est capable d'entrer dans ce mode à tout moment. Il peut signaler à l'AP son intention de se mettre en veille et effectuer auparavant un balayage (actif ou passif) de tous les canaux ou d'un nombre limité de canaux pour rechercher de nouveaux AP. L'AP auquel il est associé place alors en file d'attente les trames qui lui sont destinées jusqu'à ce qu'il sorte de l'état de veille, afin qu'il ne perde aucune donnée à cause du balayage. Le client peut également placer dans une file les trames à envoyer jusqu'à ce qu'il ait terminé de balayer le support, évitant là aussi une perte de données.

Cette solution diminue cependant l'efficacité du mode d'économie d'énergie car le dispositif radio du client demeure actif pendant le balayage au lieu d'être en veille. De plus, les applications peuvent subir des retards puisque les trames à transmettre sont mise en attente dans une file.

Ajoutons que ce mode de découverte peut s'avérer inefficace si le client se déplace très vite. Il est en effet possible que l'AP identifié au préalable ne convienne pas par rapport à la destination finale du client, entraînant une augmentation de la fréquence des décisions de roaming et une baisse du débit des applications.

Découverte d'AP lors du roaming

Une autre approche consiste à rechercher des AP après que la décision de se déplacer a été prise. Ce processus est analogue à celui qui suit une mise sous tension initiale, sauf que le client envoie au nouvel AP une trame de réassociation à la place d'un message d'association.

La découverte d'AP au moment du roaming élimine la surcharge associée au roaming préalable. En contrepartie, comme le client ne sait pas encore à quel AP se réassocier, le processus peut être beaucoup plus long. La Figure 5.4 en donne une illustration.

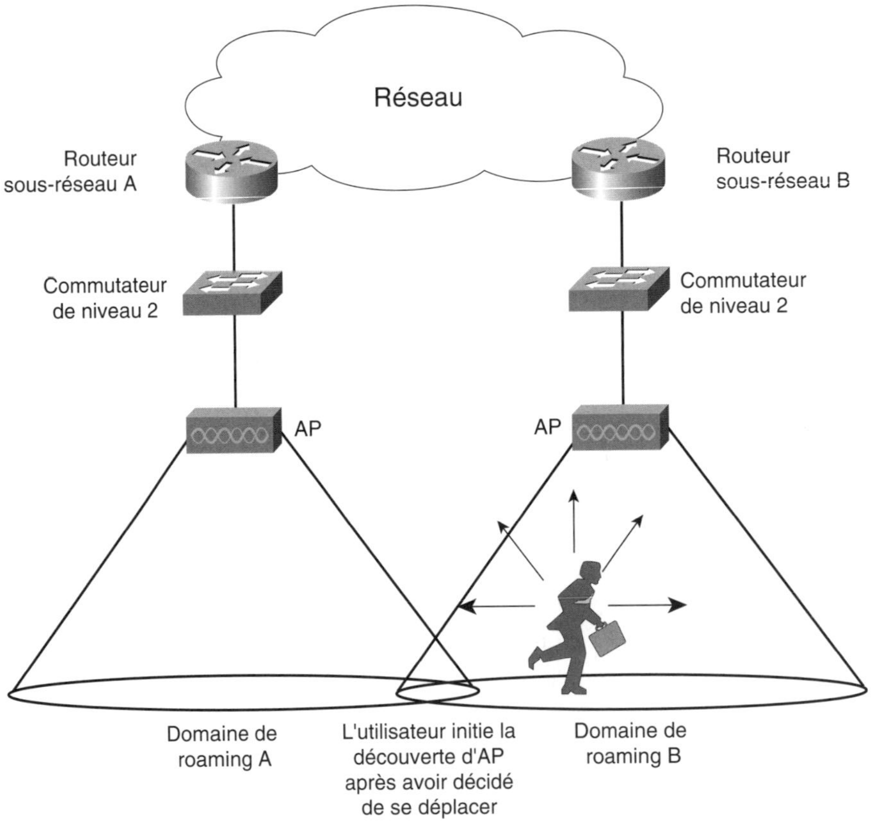

Figure 5.4
La découverte d'AP lors du roaming.

Le processus de roaming

Le roaming ne se résume pas à la localisation d'un nouvel AP et implique de nombreuses tâches. La liste suivante présente les étapes du processus de roaming de niveau 2. Celles marquées d'un astérisque (*) ne sont pas obligatoires car absentes des spécifications 802.11.

1. L'ancien AP détecte que le client a quitté sa zone de couverture.
2. L'ancien AP place en tampon les données destinées au client (*).
3. Le nouvel AP signale à l'ancien AP que le client est arrivé dans sa zone de couverture. Pour cela, il lui envoie normalement une trame unicast ou multicast en utilisant l'adresse MAC du client comme adresse source (*).
4. L'ancien AP envoie au nouvel AP les données conservées en tampon pour le client (*).
5. Les tables d'adresses MAC des commutateurs d'infrastructure sont mises à jour pour éviter que des données adressées au client ne soient perdues.

Les Figures 5.5 et 5.6 illustrent le déplacement d'un client entre deux AP appartenant au même domaine de roaming. Chaque AP est relié à un commutateur de niveau 2 différent.

Figure 5.5
Transmission de données à une station en cours de roaming.

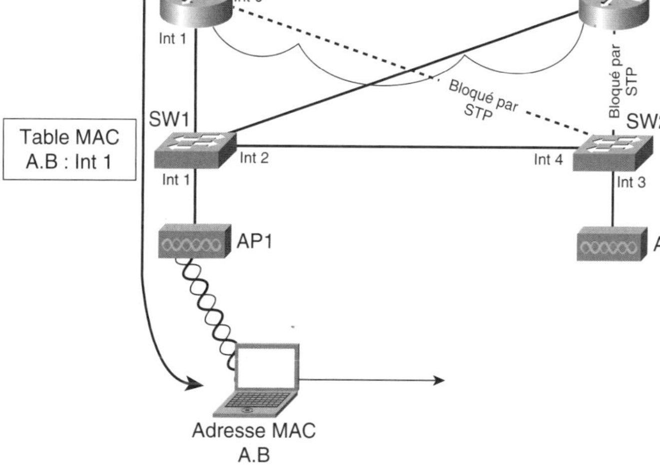

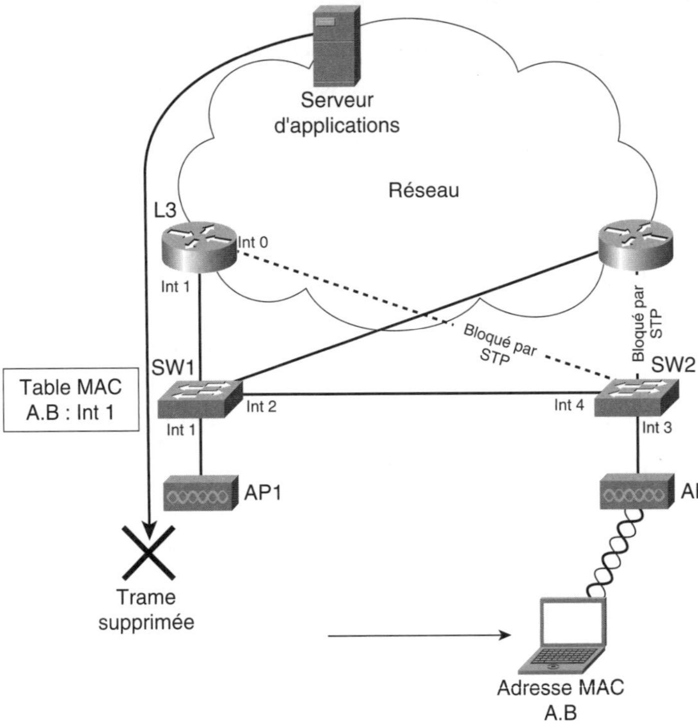

Figure 5.6
Perte de données après un roaming de niveau 2.

A la Figure 5.5, le serveur d'applications envoie des données au client qui possède l'adresse MAC A.B. Le commutateur de niveau 3 (L3) transmet la trame *via* son interface Int 1 à SW1. Ce dernier examine sa table d'adresses et envoie la trame à AP1.

A la Figure 5.6, le client s'est réassocié à AP2, mais AP1 l'ignore encore. Le serveur d'applications continue à envoyer des trames au commutateur de niveau 3, lequel les transmet à SW1, qui les transmet à son tour à AP1. Ce dernier tente de les envoyer au client mais finit par les supprimer faute de réponse. AP2 résout cette situation en expédiant à AP1 une trame ayant comme source l'adresse MAC du client, ici A.B. La Figure 5.7 illustre le processus d'actualisation des tables des commutateurs.

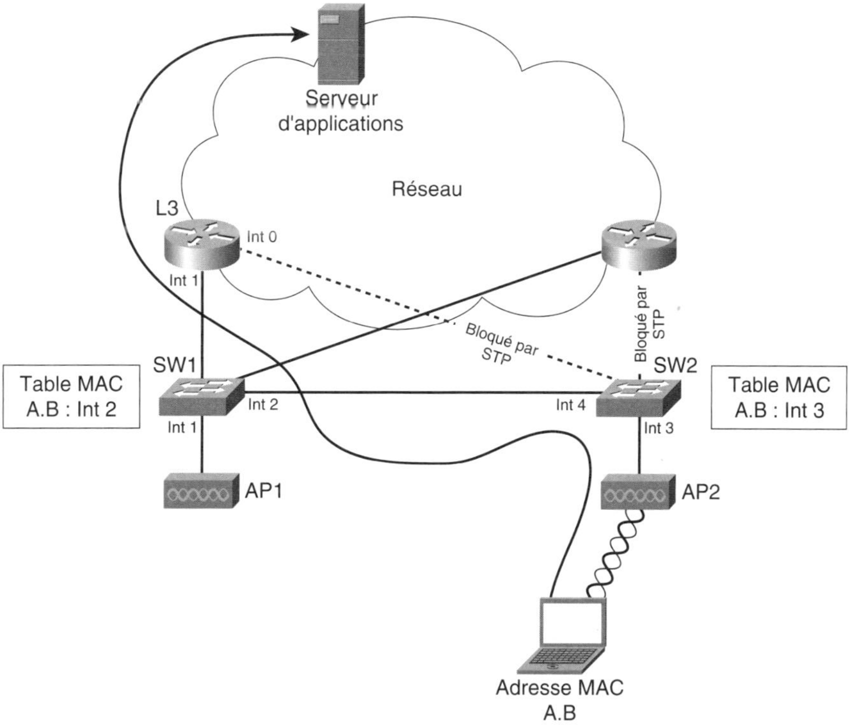

Figure 5.7
Mise à jour des tables d'adresses MAC après le roaming.

Lorsque AP2 envoie à AP1 la trame contenant l'adresse MAC du client, SW2 met à jour sa table puisqu'il a reçu une nouvelle adresse MAC sur un de ses ports. Cette adresse source est associée à l'interface sur laquelle elle est arrivée, ici Int 3. Le commutateur de niveau 3 actualise sa table pour indiquer que le client est dorénavant accessible *via* son interface Int 0. La trame parvient à SW1, qui met à jour sa table en éliminant l'entrée MAC du client. Toutes les trames à l'attention du client sont ensuite acheminées par SW2 et AP2.

Etant donné que ni l'IEEE ni le standard 802.11 ne précisent comment les AP communiquent *via* le système de distribution (les interfaces câblées dans ce cas), l'implémentation de cette communication est laissée au soin des fabricants. Ceux-ci peuvent opter pour l'envoi d'une trame unicast ou multicast, avec l'adresse MAC du client comme source et l'adresse MAC de l'ancien AP comme destination, pour informer ce dernier que le client s'est déplacé et actualiser dans la foulée les tables MAC des commutateurs.

Le roaming de niveau 3

La mobilité au niveau 3 se fonde sur celle implémentée au niveau 2. Un client 802.11 doit donc d'abord effectuer un roaming de niveau 2, incluant la découverte d'AP, avant de pouvoir entamer un roaming de niveau supérieur. Cette section aborde les détails du roaming entre sous-réseaux et traite plus spécifiquement du protocole IP et des extensions IP Mobile (RFC 2002) dans ce contexte. Elle couvre les sujets suivants :

- le déplacement entre domaines de roaming ;
- la technologie IP Mobile.

Déplacement entre domaines de roaming

Pour reprendre ce qui a été dit précédemment, un domaine de roaming consiste en un ensemble d'AP qui appartiennent au même domaine de broadcast et sont configurés avec le même SSID. Autrement dit, un client ne peut effectuer de roaming qu'entre des AP d'un même VLAN et possédant le même SSID. Avec l'extension croissante des déploiements de WLAN dans les entreprises, il devient nécessaire qu'un domaine de roaming ne soit plus limité à un seul VLAN de niveau 2.

Imaginez une société qui a mis en place un WLAN couvrant les quatre étages de l'immeuble qu'elle occupe. Le déploiement initial était modeste, et un seul sous-réseau de classe C suffisait. Cette configuration créait un seul domaine de roaming pour tout l'immeuble. Avec le temps, le nombre d'utilisateurs a augmenté au point que le sous-réseau est devenu saturé. L'important volume de trafic broadcast cause une dégradation des performances. Pour faire face à cette expansion, la société décide d'allouer un sous-réseau par étage pour le WLAN, créant de ce fait quatre domaines de roaming.

Ce nouveau modèle introduit des complications car les applications perdent leur connectivité réseau lors du roaming d'un étage à l'autre. L'application la plus affectée est la téléphonie VoIP sans fil puisque les communications des utilisateurs sont interrompues lorsqu'ils changent d'étage, et donc de sous-réseau. La Figure 5.8 illustre ce problème. On peut y voir un téléphone VoIP 802.11 connecté à un téléphone VoIP fixe. Lorsque l'utilisateur passe de l'AP1 du sous-réseau 10 à l'AP2 du sous-réseau 20, sa session ne peut être maintenue.

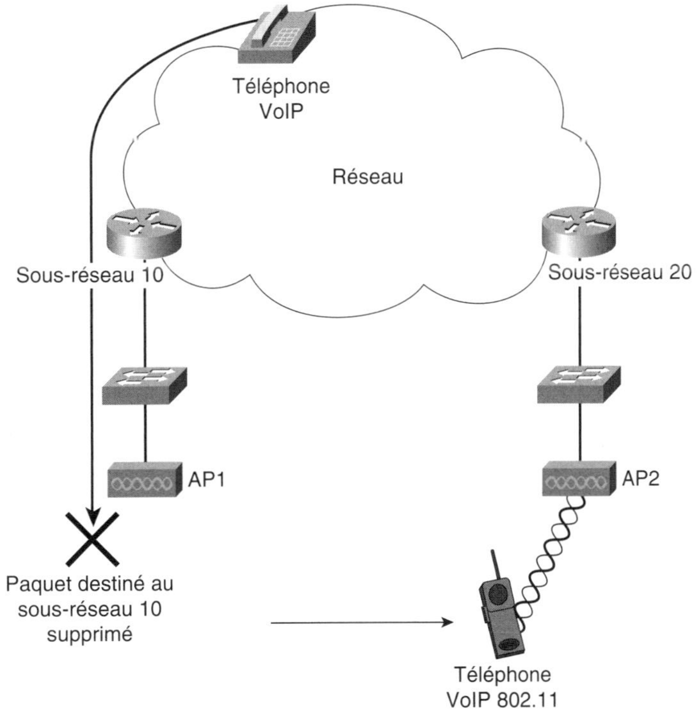

Figure 5.8
Le roaming entre deux sous-réseaux.

La technologie IP Mobile

Le scénario qui vient d'être décrit est courant. Nombre d'applications requièrent une connexion persistante et se voient contraintes d'abandonner leur session lors du roaming inter-VLAN. La solution à ce problème serait qu'une station puisse conserver la même adresse de niveau 3 lorsqu'elle se déplace sur un réseau multi-VLAN. La technologie IP Mobile offre précisément un mécanisme rendant possible le roaming de niveau 3 sur un WLAN. Elle est en outre issue d'un standard, et ses diverses implémentations sont donc compatibles.

Voici les composants clés d'un réseau IP Mobile :

- **MN (*Mobile Node*).** Le nœud mobile est la station en déplacement.
- **HA (*Home Agent*).** L'agent de domiciliation est un routeur ou un commutateur de niveau 3 qui s'assure qu'un MN reçoit bien les paquets IP qui lui sont destinés.
- **FA (*Foreign Agent*).** L'agent extérieur est un routeur ou un commutateur de niveau 3 qui reçoit les paquets du HA destinés au MN, aidant en cela ce dernier à signaler au HA son nouvel emplacement.

- **CoA (*Care-of-Address*)**. Cette adresse "aux bons soins de" est celle d'un routeur local qui reçoit les paquets transmis par le HA au MN.
- **CCoA (*Co-located Care-of-Address*)**. Cette adresse est celle du MN.

Le roaming dans un réseau IP Mobile se déroule de la façon suivante :

1. Lorsqu'elle se trouve sur son sous-réseau de domiciliation, une station possède une adresse IP qui appartient au même sous-réseau que le HA.
2. Lorsque le MN entre dans un sous-réseau étranger, il détecte la présence du FA et s'enregistre auprès de lui ou bien utilise une adresse CCoA.
3. Le FA ou le MN CCoA communique avec le HA et établit un tunnel avec lui.
4. Les paquets destinés au MN sont envoyés au HA (routage IP normal), comme illustré à la Figure 5.9.

Figure 5.9
Transmission d'un paquet à un MN.

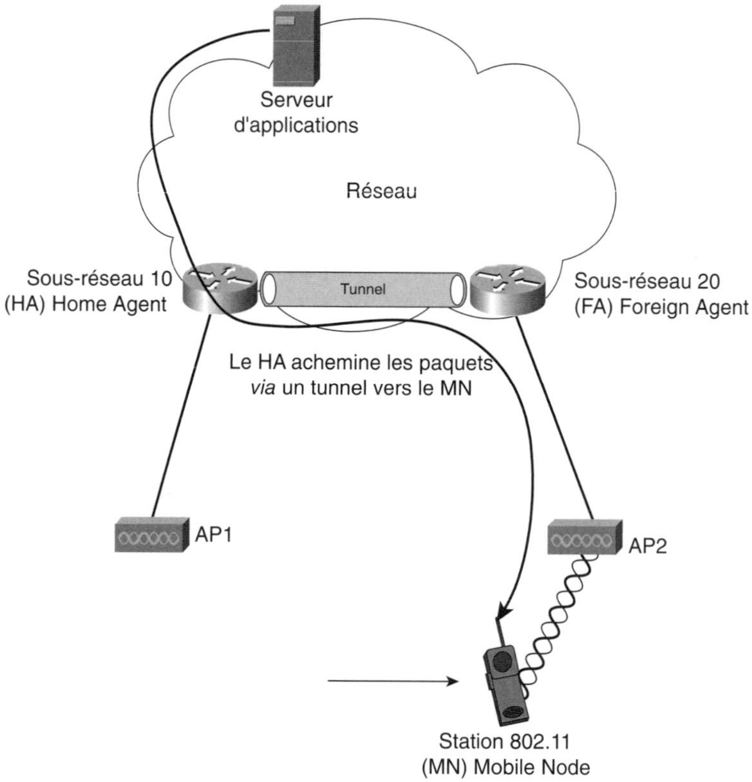

5. Le HA transmet les paquets au MN *via* le tunnel.

6. Les paquets émis par le MN sont transmis au FA comme si le MN appartenait au réseau local, (voir Figure 5.10). Un mode de tunnelling inverse est disponible lorsque les routeurs d'extrémité filtrent les paquets entrants.

Figure 5.10
Transmission d'un paquet par un MN.

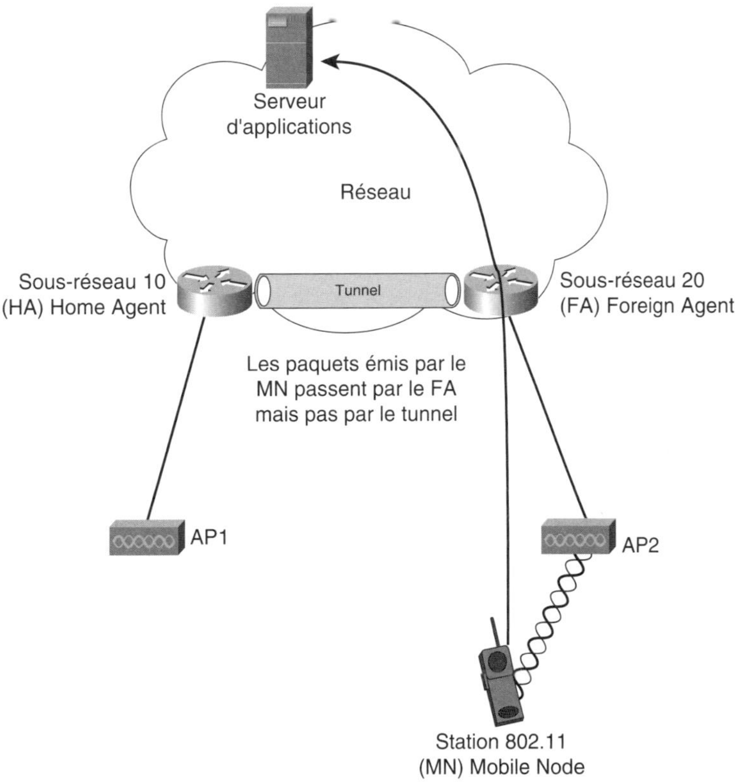

Ce bref aperçu met en évidence les trois phases principales du roaming IP Mobile, que nous décrivons dans les prochaines sections :

- la découverte d'agent ;
- l'enregistrement ;
- le tunnelling.

La découverte d'agent

Un MN doit déterminer le plus rapidement possible qu'il se trouve dans un sous-réseau étranger pour limiter le ralentissement imposé aux applications en cours d'exécution. Les HA et les FA annoncent leurs services au moyen de messages IRDP (*ICMP Router Discovery Protocol*). Pour établir une connectivité avec un nouveau sous-réseau, le MN écoute les paquets IRDP périodiques. Ceux-ci sont envoyés soit à l'adresse multicast 224.0.0.1 soit à l'adresse broadcast 255.255.255.255, mais pas à l'adresse broadcast du sous-réseau puisque le MN ne connaît peut-être pas le sous-réseau étranger dans lequel il se trouve. Outre ces annonces périodiques, un MN peut également demander des annonces lorsqu'il détecte que son interface a changé.

Une annonce d'agent inclut deux champs qui permettent au MN de savoir s'il se trouve dans un sous-réseau différent :

- un champ de durée de vie (*lifetime*) ;
- un champ d'extension de longueur de préfixe (*prefix length extension*).

La valeur du premier champ représente la période de validité de l'annonce. Si le MN n'a pas reçu d'autre annonce à expiration de cette valeur, il tente de découvrir un nouvel agent.

Le second champ contient l'adresse de réseau de l'agent. Un changement dans la longueur de préfixe, signifiant un changement de réseau ou de sous-réseau, indique au MN qu'il doit tenter de découvrir un nouvel agent.

Après avoir détecté qu'il a changé de sous-réseau, le MN récupère la CoA dans l'annonce d'agent. Une CoA peut prendre deux formes :

- L'adresse du FA.
- La CCoA. Notez que cette adresse n'est pas annoncée par le FA mais est souvent acquise par le MN en tant qu'option DHCP (*Dynamic Host Configuration Protocol*).

Une CoA qui renvoie au FA (généralement le routeur du sous-réseau) force celui-ci à gérer les communications IP Mobile de tous les MN étrangers du sous-réseau en plus de transmettre les paquets. L'avantage de cette approche est qu'un seul tunnel est requis entre le HA et chaque FA.

Une CoA peut aussi être assignée temporairement au MN, auquel cas ce dernier gère lui-même ses communications IP Mobile, obligeant le HA à établir un tunnel séparé avec chaque MN étranger. La Figure 5.11 compare ces deux approches.

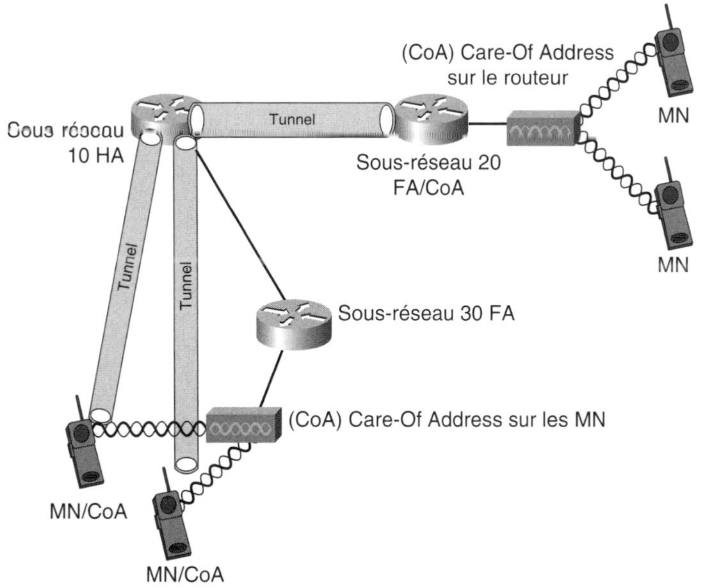

Figure 5.11
MN/CoA versus *FA/CoA.*

L'enregistrement de MN

Une fois que le MN dispose d'une CoA et a connaissance d'un agent local (HA ou FA), le processus d'enregistrement peut commencer. Le but de ce processus est d'établir par un échange sécurisé une liaison mobile entre le FA et le HA pour permettre au MN de recevoir ses paquets. Il comporte les étapes suivantes (voir Figure 5.12) :

1. Le MN envoie une requête d'enregistrement au FA. S'il possède une CCoA, cette étape n'a pas lieu.
2. Le FA traite la requête d'enregistrement et la transmet au HA.
3. Le HA accepte ou refuse l'enregistrement et envoie une réponse au FA.
4. Le FA traite la réponse et la relaie au MN.

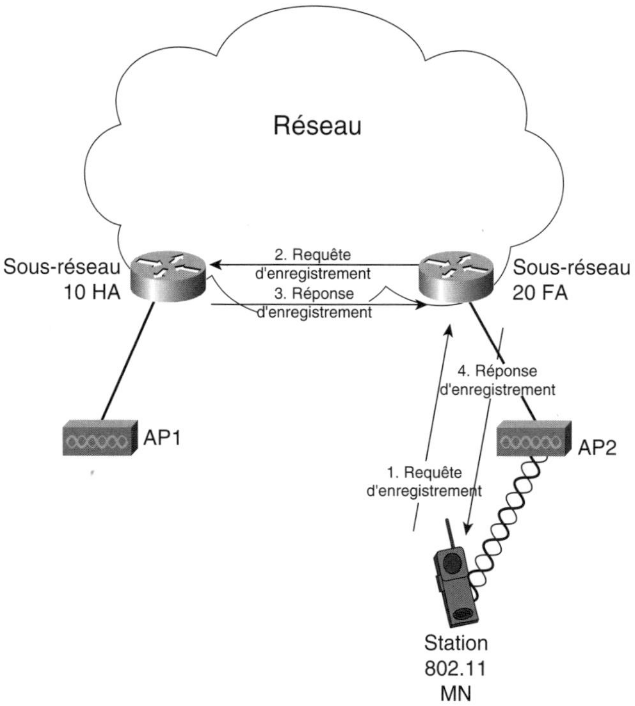

Figure 5.12
Le processus d'enregistrement d'IP Mobile.

La requête d'enregistrement comporte les champs suivants :

- **Liaisons simultanées (*simultaneous bindings*).** Le MN peut demander que le HA conserve les liaisons avec les CoA précédentes.
- **Paquets broadcast.** Le MN peut demander que le HA lui transmette les paquets broadcast reçus sur le réseau de domiciliation.
- **Désencapsulation par MN.** Le MN peut demander à extraire lui-même les paquets encapsulés. Cette option est activée uniquement lorsque le MN possède une CCoA.
- **Encapsulation minimale.** Le MN peut demander que le HA utilise une encapsulation minimale pour les paquets envoyés sur le tunnel.
- **GRE (*Generic Routing Encapsulation*).** Le MN peut demander que le HA utilise l'encapsulation GRE pour les paquets envoyés sur le tunnel.
- **Tunnelling inverse.** Le MN peut demander que les paquets qu'il émet soient envoyés au HA *via* le tunnel pour que celui-ci se charge de leur transmission.
- **Durée de vie (*lifetime*).** Indique le temps restant (en seconde) avant l'expiration de l'enregistrement.

- **Adresse de domiciliation (*home address*).** Contient l'adresse IP du MN.
- **HA.** Contient l'adresse IP du HA dont dépend le MN.
- **CoA.** Contient l'adresse IP du CoA et du point de terminaison du tunnel.
- **Identification.** Ce champ de 64 bits sert à ordonnancer les requêtes et les réponses d'enregistrement et à empêcher les attaques par rejeu (*replay*) sur ces paquets.
- **Extensions.** Plusieurs extensions optionnelles sont disponibles pour l'enregistrement.

La réponse d'enregistrement comporte les champs suivants :

- **Code.** Contient la réponse à la demande d'enregistrement sous la forme d'une valeur. Le Tableau 5.1 détaille les valeurs possibles et leur signification.
- **Durée de vie (*lifetime*).** Indique le temps restant (en seconde) avant l'expiration de l'enregistrement.
- **Adresse de domiciliation (*home address*).** Contient l'adresse IP du MN.
- **HA.** Contient l'adresse IP du HA.
- **Identification.** Le contenu de ce champ varie en fonction du mécanisme utilisé pour authentifier la requête d'enregistrement.
- **Extensions.** Plusieurs extensions optionnelles sont disponibles pour l'enregistrement.

Tableau 5.1 : Valeurs du champ Code dans la réponse d'enregistrement

Valeur	*Source*	*Description*
0	HA	Enregistrement accepté
1	HA	Enregistrement accepté, mais liaisons simultanées refusées
64	FA	Raison non spécifiée
65	FA	Interdiction administrative
66	FA	Ressources insuffisantes
67	FA	Echec d'authentification du MN
68	FA	Echec d'authentification du FA
69	FA	Durée de vie demandée trop longue
70	FA	Requête mal formée
71	FA	Réponse mal formée

Tableau 5.1 : Valeurs du champ Code dans la réponse d'enregistrement *(suite)*

Valeur	*Source*	*Description*
72	FA	Encapsulation demandée indisponible
73	FA	Réservé et indisponible
77	FA	CoA invalide
78	FA	Expiration de l'enregistrement
80	FA	Réseau de domiciliation inaccessible (erreur ICMP reçue)
81	FA	Hôte HA inaccessible (erreur ICMP reçue)
82	FA	Port HA inaccessible (erreur ICMP reçue)
88	HA	HA inaccessible (erreur ICMP reçue)
128	HA	Raison non spécifiée
129	HA	Interdiction administrative
130	HA	Ressources insuffisantes
131	HA	Echec d'authentification du MN
132	HA	Echec d'authentification du FA
133	HA	Non-concordance d'identification d'enregistrement
134	HA	Requête mal formée
135	HA	Liaisons simultanées trop nombreuses
136	HA	Adresse HA inconnue

Le standard IP Mobile impose un mécanisme d'authentification par clé pour protéger l'échange de messages d'enregistrement entre le MN et le HA — l'échange entre le FA et le HA est rarement authentifié — et autorise une protection optionnelle des messages entre le MN et le FA. Par défaut, c'est l'algorithme HMAC (*Hashed Message Authentication Code*) avec MD5 qui est utilisé. Le HA doit partager avec le MN une valeur secrète qui est configurée de façon statique ou bien stockée sur un serveur AAA (*Authentication, Authorization, and Accounting*) centralisé. La Figure 5.13 illustre le processus d'authentification.

Figure 5.13
Le mécanisme d'authentification des messages d'enregistrement.

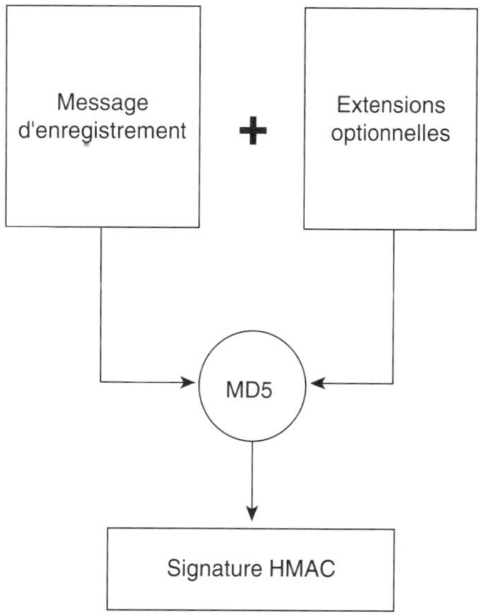

D'autres aspects relatifs à la sécurité peuvent influencer la conception d'un réseau IP Mobile. Si un filtrage par adresse source (RFC 2827) est implémenté sur les routeurs FA, ceux-ci ne peuvent pas transmettre les paquets d'un MN. En effet, l'interface d'entrée des FA est configurée pour n'accepter que certaines adresses IP source valides afin d'empêcher tout équipement non autorisé d'accéder au réseau. Comme les MN utilisent leur adresse IP de domiciliation pour envoyer des paquets, ces derniers sont supprimés par les FA. Pour résoudre ce problème, il convient d'activer le tunnelling inverse. Cette fonctionnalité n'induit qu'une faible surcharge administrative pour l'équipement CoA et le HA, tout en préservant la sécurité de l'environnement IP Mobile. Elle est décrite à la section suivante.

Le tunnelling

Synonyme d'encapsulation, le tunnelling permet à deux réseaux qui seraient normalement séparés, car éloignés physiquement ou pour d'autres raisons, d'être directement connectés. Cette possibilité est essentielle dans un réseau IP Mobile car le HA peut ainsi contourner les règles de routage normales pour transmettre au MN ses paquets.

Un tunnel nécessite deux points d'extrémité : un point d'entrée et un point de sortie. Le point d'entrée encapsule dans un autre en-tête IP les paquets qui doivent être transmis à travers le tunnel. Même si cet en-tête peut inclure des paramètres supplémentaires, sa principale fonction est de diriger le paquet de l'autre côté du tunnel. Lorsqu'il reçoit le paquet, le point de sortie le transmet au MN après avoir éliminé l'en-tête d'encapsulation. Ce processus est illustré à la Figure 5.14.

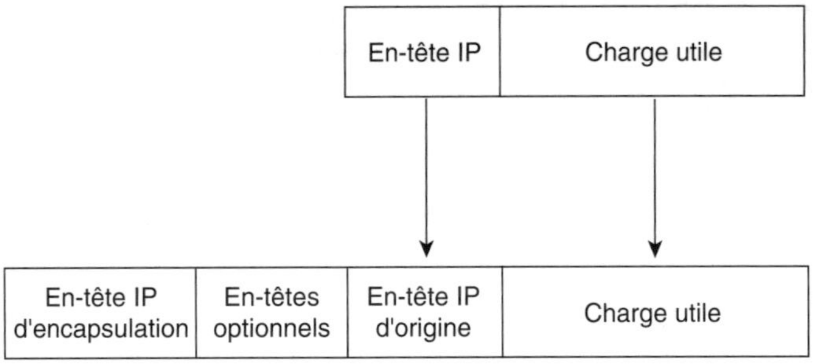

Figure 5.14
Encapsulation d'un paquet IP.

Le standard IP Mobile supporte trois types d'encapsulation :

- encapsulation d'IP dans IP ;
- encapsulation minimale ;
- encapsulation GRE.

Bien que IP dans IP soit la seule encapsulation imposée par les spécifications d'IP Mobile, l'emploi des encapsulations GRE et minimale est néanmoins courant car elles offrent des fonctionnalités qui peuvent se révéler plus intéressantes dans certaines situations.

Certains réseaux mettent en œuvre un filtrage RFC 2827 sur les interfaces des routeurs de distribution, ne laissant passer que les paquets possédant une adresse source valide. Imaginez une interface de routeur configurée avec l'adresse 10.0.0.0/24, soit une plage de 10.0.0.1 à 10.0.0.254, et un MN dont l'adresse de domiciliation est 192.168.10.1. Les paquets du MN ne peuvent être acheminés par le routeur car leur adresse source n'appartient pas au sous-réseau 10.0.0.0/24. Lorsque le tunnelling inverse est mis en œuvre, le FA doit transmettre les paquets du MN au sous-réseau de domiciliation de ce dernier *via* le HA. La Figure 5.15 illustre ce scénario. Le tunnelling inverse augmente certes la charge de paquets et le temps de latence de l'application mais permet de tirer parti du filtrage RFC 2827 pour sécuriser le réseau.

Figure 5.15
Le tunnelling inverse.

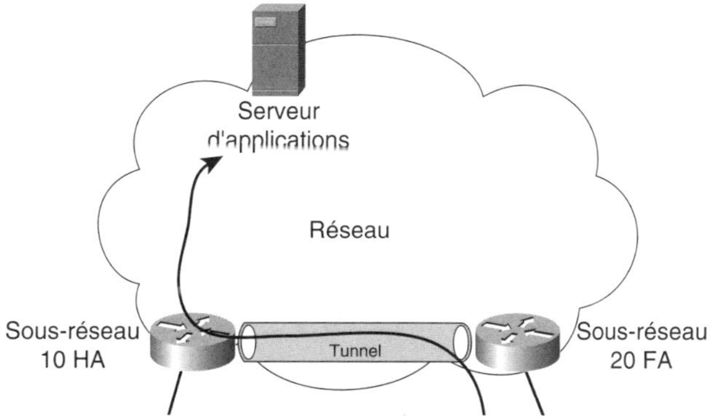

Résumé

Les WLAN 802.11 introduisent la mobilité dans les environnements informatiques existants. Un déploiement efficace de ces réseaux demande de comprendre la nature des applications qui s'y exécutent. De nombreuses installations sont au départ axées sur la couverture réseau et visent à supporter un grand nombre d'utilisateurs par AP. Leur premier objectif est d'assurer la connectivité réseau. A mesure que d'autres applications sont introduites, telles que VoIP sur 802.11, ces réseaux doivent s'orienter vers la capacité et non plus seulement la couverture. Cela signifie un plus petit nombre d'utilisateurs par AP et plus d'AP par zone couverte. Ce changement de paradigme conduit les entreprises à devoir considérer le déplacement entre domaines de roaming et l'impact de ce roaming sur les stations client.

6

802.11e et la qualité de service

Le comité 802.11 de l'IEEE a assigné au groupe de travail 802.11e la responsabilité d'améliorer la couche MAC 802.11 pour inclure la qualité de service (QoS) bidirectionnelle afin d'offrir un support aux applications sensibles au phénomène de latence, telles que les applications voix ou vidéo. De nouvelles catégories d'équipements électroniques se tournent aussi vers 802.11 comme solution de remplacement au câblage. Les équipements tels que les récepteurs câble ou satellite ou les lecteurs DVD pourraient un jour envoyer des signaux HDTV (*High-Definition TV*) aux téléviseurs *via* 802.11. Dans un tel scénario, 802.11 pourrait être utilisé au domicile à la fois pour le réseau domestique et en remplacement des câbles reliant vos appareils audiovisuels à votre téléviseur. Ces nouvelles applications pour réseaux 802.11 nécessitent toutefois une QoS efficiente afin de s'assurer que les données sensibles aux retards de transmission, telles que l'audio ou la vidéo, aient la priorité sur les autres types de trafic, comme Internet ou le courrier électronique.

Ce chapitre présente la façon dont le comité 802.11 de l'IEEE tente de répondre à ce besoin et expose les défis à relever pour apporter une QoS adaptée aux réseaux 802.11, ainsi que les mécanismes décrits dans le projet de standard 802.11e et la fonction de contrôle d'admission.

Les défis à relever

Les réseaux 802.11 fonctionnent correctement pour les applications à faible bande passante et non sensibles aux retards de transmission. Les lecteurs de code-barres, les PDA (*Personal Digital Assitant*) ou les laptops accédant à des fichiers, au Web ou aux services de messagerie peuvent continuer d'opérer en se libérant de la contrainte des câbles, sans crainte d'une perte importante de performance. En revanche, à mesure que les entreprises se tournent vers les WLAN et que les déploiements de marchés verticaux, par exemple dans le domaine de la santé, arrivent à maturité, le support de la voix sur IP (VoIP) sans fil et de la vidéo sans fil devient une nécessité.

Si l'on y songe, c'est logique. Dans un environnement de travail où l'entreprise paye les frais d'utilisation du réseau cellulaire, l'emploi de la VoIP sans fil réduit l'usage du téléphone cellulaire. Pour les administrateurs, l'appréciable avantage financier qui en découle permet d'envisager un retour sur investissement pour le déploiement d'un WLAN.

La QoS est une technologie relativement aboutie dans les réseaux filaires, que l'on trouve généralement sur les routeurs, commutateurs et équipements d'extrémité, tels que les téléphones IP. Pour les WLAN 802.11, il n'en va pas de même. Emergente, la QoS fait encore l'objet de vifs débats au sein des groupes de travail de l'IEEE et de l'industrie du WLAN.

Parmi les difficultés à surmonter figurent notamment :

- **Le mode semi-duplex du support.** 802.11 offre un support partagé en semi-duplex alors que la plupart des déploiements de l'Ethernet filaire qui tirent parti de la QoS opèrent en duplex intégral.
- **Le chevauchement des BSS sur un canal commun.** Dans les situations où deux BSS 802.11 adjacents opèrent sur le même canal, il peut se produire des interférences et une dégradation des performances.
- **Le problème du nœud caché.** Deux nœuds situés dans la zone de couverture d'un AP mais hors de portée l'un de l'autre provoquent des collisions et un accroissement de la contention dans le BSS.

Les sections suivantes décrivent chacun de ces défis.

Impact de la QoS sur un support en semi-duplex

Le Chapitre 2 a décrit les mécanismes d'accès des WLAN 802.11 tels qu'ils ont été définis en 1997 avec DCF et PCF. Tous deux n'autorisent qu'une seule station à la fois à transmettre, qu'il s'agisse d'un AP (*Access Point*) ou d'une station. L'Ethernet câblé, et en particulier le fonctionnement en duplex 802.3x, crée une liaison point-à-point entre les stations et autorise la transmission et la réception simultanées de trames. Cette architecture permet au support de transmission de quasiment doubler sa bande passante. Par exemple, un lien Fast Ethernet accepte la transmission et la réception à 100 Mbit/s dans chaque sens, totalisant ainsi 200 Mbit/s. Autrement dit, deux équipements situés aux deux extrémités d'une liaison et désireux de transmettre n'ont pas besoin de se disputer le canal.

Comparons cette situation à celle des réseaux 802.11. Non seulement les clients mais aussi l'AP doivent rivaliser pour accéder au support de transmission. Le mode PCF a bien introduit un concept d'accès contrôlé (*polled access*), où l'AP joue le rôle de coordinateur central interrogeant chaque client pour savoir s'il a du trafic à envoyer. Bien que cette méthode d'accès soit envisageable dans un BSS avec peu de clients, il a été constaté qu'elle provoquait une plus grande chute du débit global que l'accès par contention du mode DCF. Sans un mécanisme pour coordonner les transmissions des clients et gérer leur priorité, les fabricants sont confrontés à un véritable défi pour supporter les applications sensibles à la latence, telles que la VoIP.

Chevauchement sur un canal commun

Le chevauchement sur un canal commun (*cochannel overlap*) est une situation que l'on rencontre fréquemment dans la bande des 2,4 GHz pour les déploiements comportant plus de trois AP. Du fait de la limitation à trois canaux isolés, certains AP se retrouvent dans une situation où ils se côtoient sur un même canal. Quelle est la conséquence pour les clients ? La Figure 6.1 illustre une station située dans la zone de recouvrement. Si les deux AP commencent à transmettre en même temps, une collision se produit, et les équipements doivent procéder au backoff puis retransmettre.

Figure 6.1
Chevauchement sur un canal commun.

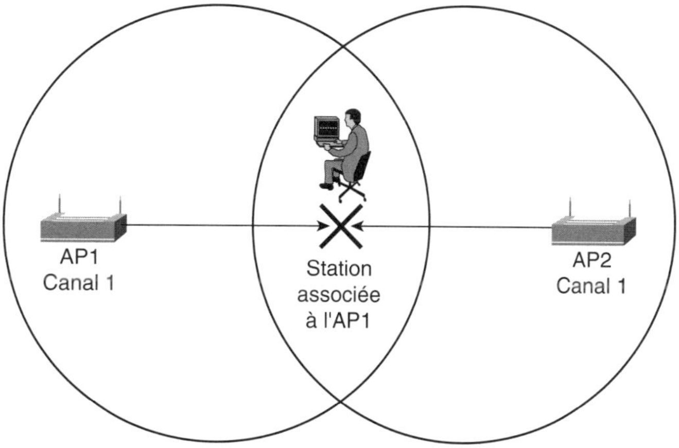

Une autre situation difficile est appelée trou noir de broadcast (*broadcast black hole*). Lorsqu'une station d'un BSS fonctionne en mode d'économie d'énergie (*power-save station*), toutes les trames broadcast et multicast sont envoyées après une trame beacon avec DTIM. Dans la plupart des cas, tous les AP d'un même ESS (*Extended Service Set*) possèdent le même intervalle beacon et le même intervalle DTIM. Si les temporisateurs internes ont des valeurs proches sur deux AP adjacents sur un même canal, il peut leur arriver d'envoyer simultanément du trafic broadcast ou multicast et de provoquer une collision dans la zone de recouvrement. Le client situé dans cette zone ne reçoit pas les trames perdues car, à la différence des trames unicast, les trames broadcast et multicast ne sont pas acquittées. Le problème du chevauchement peut nuire aux mécanismes de QoS en provoquant un accroissement de la contention. Associé à celui du trou noir, il peut même empêcher un client de recevoir un trafic éventuellement crucial.

Impact du problème du nœud caché sur la QoS

Le problème du nœud caché décrit au Chapitre 2 est un autre obstacle à surmonter. L'emploi de messages RTS/CTS pour réserver le support vise à y remédier. Ce type de message est généralement employé après la détection d'une collision et l'observation d'un backoff approprié. La latence accrue qui en découle a souvent un impact négatif sur les applications sensibles à la latence. Les performances des équipements qui utilisent la réservation RTS/CTS pour chaque trame s'en ressentent également, du fait de l'importante surcharge de trafic de service affectant chaque trame.

Présentation des mécanismes de QoS

Le groupe de travail 802.11e s'est penché sur toutes ces questions et a élaboré deux solutions pour la future couche MAC 802.11. Les spécifications proposées n'ont pas encore été ratifiées, et des changements peuvent encore survenir après la parution de ce livre. Les deux solutions actuellement proposées sont :

- **HCF (*Hybrid Coordination Function*) avec contention**, plus connue sous la désignation EDCF (*Enhanced DCF*).
- **HCF avec accès contrôlé (*polled access*).**

Le mode HCF avec contention (EDCF)

Le projet de standard 802.11e tente de fournir une classification pour huit classes de trafic. EDCF et HCF avec accès contrôlé s'appuient sur ces huit classes, aussi appelées TC (*Traffic Class*), qui correspondent aux huit classes définies dans le standard 802.1D (voir le Tableau 6.1). Le trafic émanant de clients gérant la QoS est classé en quatre catégories d'accès, ou AC (*Access Category*), plus larges. Les AC 0 à 3 correspondent aux classes de priorité de 802.1D.

Tableau 6.1 : Correspondances entre TC et AC dans 802.11e

Valeur/TC 802.1D	*Usage courant*	*AC et file d'attente de transmission*
1	Priorité basse	0
2	Priorité basse	0
0	Au mieux (*best-effort*)	0
3	Signalisation/contrôle	1
4	Probe vidéo	2
5	Vidéo	2

Tableau 6.1 : Correspondances entre TC et AC dans 802.11e

Valeur/TC 802.1D	*Usage courant*	*AC et file d'attente de transmission*
6	Voix	3
7	Contrôle du réseau	3

Tout système offrant un cadre pour la QoS doit intégrer trois composantes essentielles pour pouvoir opérer :

- un mécanisme pour classer le trafic en catégories ;
- un mécanisme pour marquer le trafic avec la valeur de QoS appropriée ;
- un mécanisme pour différencier le trafic et lui assigner une priorité en fonction de sa valeur de QoS.

Le mécanisme de classement et de marquage des trames de données sort du cadre des spécifications 802.11e, mais on peut affirmer sans risque de se tromper que l'application concernée, telle une application de voix sur un combiné 802.11, pourra au minimum modifier les bits de priorité IP ou les valeurs DSCP (*Differentiated Services Code Point*). De même, on peut supposer qu'un équipement client saura associer ces valeurs de niveau 3 aux classes de trafic 802.11e. Une fois le trafic classé et marqué, les mécanismes spécifiques de 802.11e peuvent intervenir pour distinguer les différents trafics et leur donner une priorité pour la transmission.

Accès au canal pour les différentes catégories de trafic

Une fois que le trafic a été classé et placé dans la file de transmission appropriée, l'étape suivante consiste à le transmettre. Le défi est de savoir comment donner une priorité à des trames issues d'équipements différents qui ne communiquent pas directement entre eux. EDCF apporte une solution en introduisant des fonctionnalités et des concepts nouveaux :

- **TxOP (*Transmit Opportunity*) .** Le TxOP représente une opportunité d'émettre. C'est le moment dans le temps où une station peut commencer la transmission de ses trames pendant une durée déterminée. A la différence de l'accès de base avec DCF décrit au Chapitre 2, où chaque trame et son acquittement associé doivent respecter une contention avant d'accéder au support, un TxOP peut faciliter l'expédition de plusieurs trames/acquittements s'ils sont transmissibles dans l'intervalle du TxOP (voir Tableau 6.2).
- **AIFS (*Arbitration Inter-Frame Space*) .** Cet espace intertrame est semblable à l'IFS vu au Chapitre 2, mais la taille de l'IFS varie selon la catégorie d'accès (AC). Ce mécanisme attribue un AIFS court aux stations de haute priorité et un AIFS plus long aux

stations de plus faible priorité. Plus l'espace est court, plus la station a de chances d'accéder en premier au canal.

Certains concepts existants sont employés d'une nouvelle façon. Vous avez vu au Chapitre 2 que les valeurs de fenêtre de contention (CW), respectivement CW_{min} et CW_{max}, étaient définies pour chaque station et qu'elles ne changeaient que lors du backoff et des tentatives d'accès au support. Dans EDCF, les différentes AC peuvent recevoir différentes valeurs de fenêtre de façon à augmenter les chances du trafic de plus grande priorité d'être transmis en premier.

Le Tableau 6.2 récapitule les valeurs par défaut de ces divers paramètres.

Tableau 6.2 : Paramètres d'accès au support pour les différentes catégories d'accès

AC	CW_{min}	CW_{max}	*AIFS*	*Limite TxOP (802.11b)*	*Limite TxOP (802.11a/g)*
0	CW_{min} standard 802.11	CW_{max} standard 802.11	2	0	0
1	CW_{min} standard 802.11	CW_{max} standard 802.11	1	3 ms	1,5 ms
2	$[(CW_{min} + 1)/2] - 1$	CW_{min} standard 802.11	1	6 ms	3 ms
3	$[(CW_{min} + 1)/4] - 1$	$[(CW_{min} + 1)/2] - 1$	1	3 ms	1,5 ms

Certains points du Tableau 6.2 méritent d'être soulignés :

- AC(0) est classé en tant que trafic best-effort. Les paramètres correspondent donc pratiquement aux valeurs standards de l'accès DCF, à l'exception de l'AIFS, dont la valeur est DIFS + 1 timeslot. Notez en outre qu'un TxOP d'une durée limitée à 0 n'autorise la transmission que d'une seule trame.
- AC(1), avec une priorité légèrement supérieure, possède les mêmes paramètres d'accès qu'une station DCF, à l'exception de la durée du TxOP, qui permet la transmission et l'acquittement de plusieurs trames.
- AC(2) reçoit une fenêtre de contention plus courte que les AC de plus faible priorité et un TxOP plus long. La valeur par défaut de CW_{min} est généralement de 7 timeslots. Une station DCF sélectionne aléatoirement une valeur de backoff située entre 0 et CW_{min} (dans ce cas 7) et l'utilise comme valeur de compteur à décrémenter. Avec AC(2), la valeur de CW_{min} est ramenée à 3. La station doit maintenant choisir une valeur de backoff entre 0 et 3, soit une fenêtre beaucoup plus courte. La valeur CW_{max} est également différente, utilisant maintenant une valeur CW_{min} de 7. Dans ce cas, après que la station a observé sa période de retenue et atteint la valeur CW_{max} , elle incrémente beaucoup plus rapidement son compteur de retransmission.

- AC(3) bénéficie de la fenêtre de contention la plus courte mais possède aussi un TxOP de plus courte durée. Les trames de cette catégorie constituent généralement du trafic de contrôle du réseau ou du trafic voix, qui est de faible taille et ne requiert pas beaucoup de temps de transmission pour être envoyé avec succès.

Chaque station ou AP gérant la QoS dispose de ces catégories d'accès. Il est possible que le trafic de certaines catégories se télescope en interne. Une trame d'AC de moindre priorité, par exemple, peut aléatoirement sélectionner un backoff court et percuter une trame d'AC de priorité plus élevée. Dans ce cas, cette dernière a l'avantage, l'autre devant entrer en phase de backoff et augmenter sa fenêtre de contention.

Le contrôle d'admission avec EDCF

L'objectif de la QoS est de protéger un flux applicatif de haute priorité d'un flux de plus faible priorité. Par exemple, la QoS protège les trames VoIP des trames POP3 (*Post Office Protocol*). Lorsque les ressources du réseau sont limitées, comme c'est le cas sur les WLAN 802.11, il peut se révéler nécessaire de protéger un trafic de haute priorité d'un autre trafic de haute priorité.

Cela peut sembler étrange, mais considérons la situation où un BSS gère au maximum six appels VoIP simultanés. Tout autre trafic de données simples qui tente d'employer le support est placé en file d'attente moins prioritaire de sorte que les participants VoIP bénéficient d'une communication libre de tout décalage. Ajoutons maintenant un septième appel initié au sein du même BSS. Le BSS est limité à six appels, mais le mécanisme d'attribution de priorités devrait néanmoins autoriser l'appel puisque celui-ci répond aux critères le définissant comme ayant une priorité haute. Pourtant, s'il est admis, il influera de façon négative sur les performances, et les sept appels en souffriront.

Le mécanisme de *contrôle d'admission* vise à résoudre ce problème. De même que la QoS protège le trafic de haute priorité d'un trafic de faible priorité, le contrôle d'admission protège le trafic de haute priorité d'un autre trafic de haute priorité. Cette fonction fait état des ressources réseau disponibles et décide de façon intelligente si de nouvelles sessions doivent ou non être acceptées.

EDCF emploie une technique de contrôle d'admission appelée DAC (*Distributed Admission Control*), qui opère à un niveau supérieur en supervisant et mesurant le pourcentage d'utilisation du support pour chaque AC. Le pourcentage non utilisé est géré en tant que *budget* disponible (*available budget*) pour une AC donnée. Ce budget est annoncé aux stations dans l'élément d'information (IE) QoS des trames beacon, ou balises, de l'AP. Lorsque la valeur du budget se rapproche de 0, les stations désireuses d'émettre de nouveaux flux applicatifs se retiennent de le faire, et les nœuds présents ne peuvent augmenter la durée du TxOP auquel ils sont déjà soumis. Ce processus vise à empêcher tout nouveau flux d'avoir des répercussions négatives sur les flux existants.

HCF avec accès contrôlé

Le fonctionnement du mode HCF est semblable à celui du mode PCF décrit au Chapitre 2. L'AP héberge un processus appelé coordinateur hybride, ou HC, qui opère un suivi des stations HCF et planifie les intervalles de polling. L'accès contrôlé implémenté dans HCF permet à une station de demander un TxOP au lieu de simplement chercher à savoir s'il y en a un de disponible, comme dans le cas d'EDCF. Par son fonctionnement et sa fonction de contrôle d'admission, HCF permet au coordinateur de déterminer de façon judicieuse les ressources disponibles et d'accepter ou non les nouveaux flux. HCF dispose pour cela de deux modes, l'un pouvant coexister avec EDCF et l'autre étant exempt de période de contention, le mode CFP (*Contention-Free Period*), semblable à PCF.

Le mode HCF sans contention

Voici les modalités d'accès de ce mode :

1. La trame beacon de l'AP est envoyée avec l'IE CF (*Contention Free*), qui spécifie le début et la durée d'un intervalle CFP.
2. Le coordinateur (HC) propose un TxOP aux stations gérant HCF en leur envoyant des messages QoS CF-Poll.
3. Les stations doivent répondre durant un intervalle SIFS avec des trames de données ou avec une trame QoS-Null, indiquant que la station n'a pas de trafic à émettre ou que la trame qu'elle souhaite envoyer est trop grande pour pouvoir être transmise dans le temps alloué par le TxOP.
4. La période CFP prend fin lorsque le HC envoie une trame CF-End ou lorsqu'elle expire d'elle-même.

La Figure 6.2 illustre ce fonctionnement.

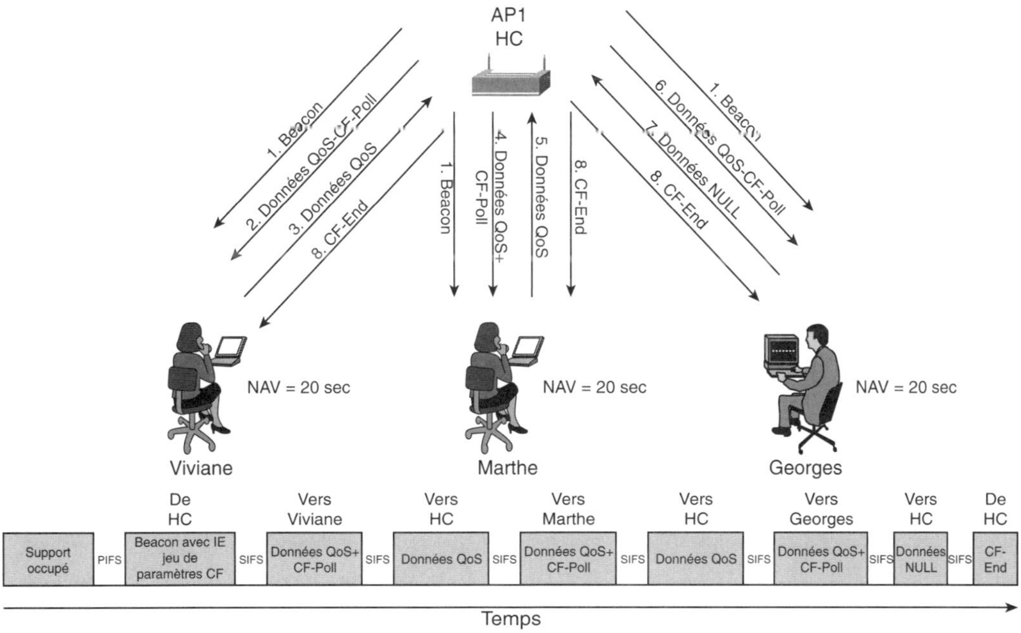

Figure 6.2

Fonctionnement du mode HCF sans contention.

Interaction de EDCF et HCF

A la différence de PCF, le mécanisme d'accès contrôlé de HCF peut se produire durant la période de contention et coexister avec celui d'EDCF ou de DCF. Les durées de TxOP choisies sont livrées aux stations acceptant le polling HCF et facilitent la transmission ou la réception de trames de données QoS. Le HC peut obtenir le canal avant les stations EDCF car il ne doit observer qu'un intervalle PIFS avant d'y accéder. La Figure 6.3 présente un exemple de coexistence de ces deux modes.

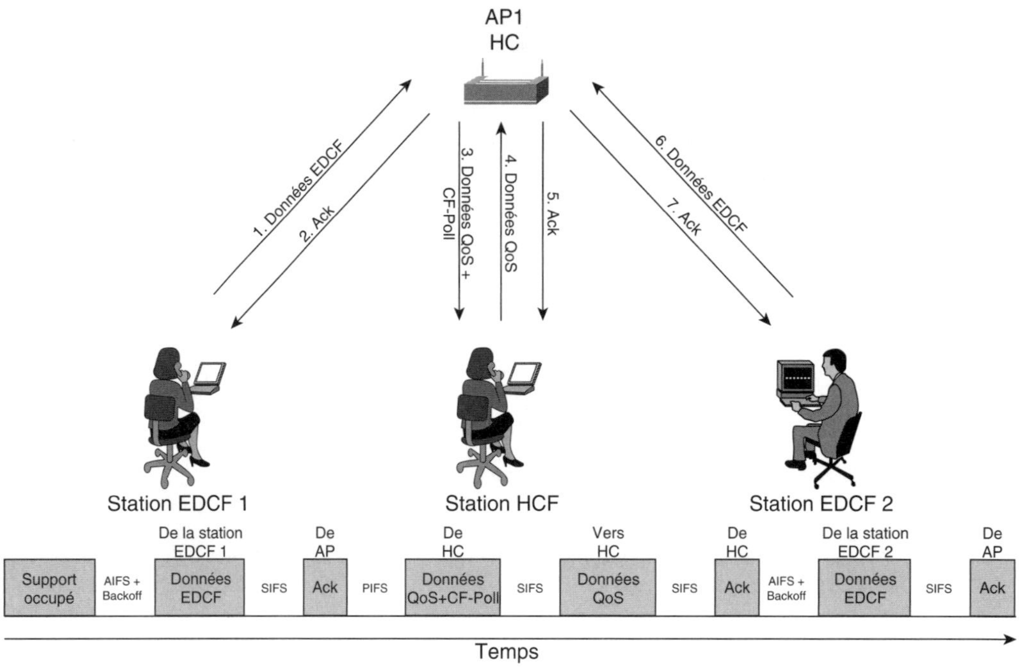

Figure 6.3

Fonctionnement de HCF avec contention (coexistence avec EDCF).

Le contrôle d'admission de HCF

Ce qui différencie réellement HCF avec accès contrôlé de EDCF est le mécanisme de contrôle d'admission. L'emploi de DAC par EDCF repose sur le fait que les stations doivent interpréter et respecter le budget annoncé dans l'IE QoS. HCF s'attend à ce qu'une station demande au coordinateur HC des paramètres de réservation pour le flux applicatif. Le HC peut évaluer et déterminer si le budget restant du support est suffisant pour accueillir le flux. Le HC peut alors l'accepter ou le rejeter, voire offrir à la station un autre jeu de paramètres. Ce mécanisme est beaucoup plus robuste et efficace que le contrôle DAC. Cet avantage a cependant un coût. Le HC doit assurer un suivi rigoureux des flux, et, selon l'implémentation du HC, laquelle n'est pas normalisée mais laissée au choix des fabricants, la qualité de fonctionnement du coordinateur est variable, certaines implémentations étant beaucoup moins efficaces que d'autres.

Le contrôle d'admission de HCF s'appuie sur l'IE TSPEC (*Transmission Specification*). Le TSPEC permet à une station de spécifier des paramètres tels que :

- la priorité 802.1D de trame/flux ;

- la taille de la trame ;
- le débit de trames (par exemple, le nombre de paquets par seconde) ;
- le débit des données (par exemple, en bits par seconde) ;
- le délai.

La Figure 6.4 illustre un élément TSPEC, tel qu'il est défini dans la version 4.0 du projet 802.11e.

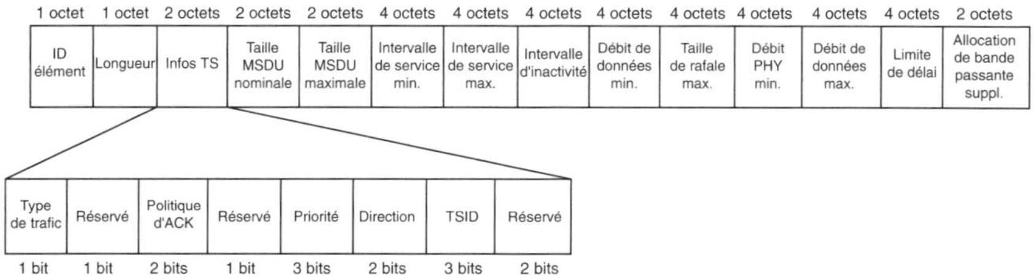

Figure 6.4
Format de l'élément d'information (IE) TSPEC.

Ces données sont suffisantes pour permettre au HC de déterminer si le support peut gérer les flux de trafic en cours et accepter un nouveau flux souhaité sans entraîner de dégradation des performances des premiers. Le TSPEC indique également au HC la fréquence à laquelle la station souhaite être interrogée par la fonction de polling. La station doit générer un TSPEC unique pour chaque flux qu'elle désire transmettre et recevoir avec une priorité, et ce dans les deux sens du flux. Un appel VoIP bidirectionnel, par exemple, requiert deux flux de trafic.

Le HC peut réaliser l'une des trois actions suivantes après avoir reçu le TSPEC :

- accepter le TSPEC et accueillir le nouveau flux sur le support ;
- suggérer à la station un autre jeu de paramètres TSPEC ;
- rejeter le TSPEC.

Illustrons le cas où une station envoie un TSPEC qui est accepté. Supposons qu'un appel VoIP doive être initié sur un AP occupé à gérer trois appels déjà établis ainsi que des flux sporadiques de données. Le trafic sporadique est classé dans la catégorie best-effort tandis que le trafic VoIP est classé en haute priorité.

Le trafic VoIP est protégé de l'autre trafic par l'ordre et la fréquence du polling HCF. Il l'est aussi du trafic EDCF car il est sous la coupe d'un HC et ne doit attendre qu'un intervalle

PIFS avant d'accéder au support. Les stations EDCF doivent patienter pendant une durée égale à un DIFS et, dans certains, avec un timeslot en plus (en supposant l'utilisation du jeu de paramètres par défaut présenté au Tableau 6.2).

Pour joindre le BSS et initier son flux, la nouvelle station procède de la façon suivante (voir Figure 6.5) :

1. Elle s'authentifie et s'associe au BSS.
2. Pour demander son admission, elle envoie une requête MA (*Management Action*) de QoS contenant le TSPEC souhaité pour l'appel VoIP.

INFO

Un TSPEC est requis dans chaque direction, du client vers le HC et *vice versa.* C'est au client de demander les deux TSPEC.

3. Le HC accepte le TSPEC et envoie à la station une réponse MA de QoS.
4. Le HC envoie un TxOP par l'intermédiaire d'une trame de données QoS CF-Poll.
5. La station répond avec une trame de données QoS ou un jeu de trames en rafale.

Dans certaines situations, le HC peut se trouver dans l'impossibilité d'accepter un nouveau TSPEC sans qu'il y ait d'impact sur les flux en cours. Le HC a le choix entre proposer au client un nouveau TSPEC et rejeter la demande. Dans le premier cas, la procédure suivante intervient (voir Figure 6.5) :

1. La station se joint au BSS *via* l'authentification et l'association.
2. La station envoie une requête d'admission au moyen d'une requête MA de QoS avec le TSPEC voulu.
3. Le HC envoie au client une réponse MA contenant un autre TSPEC.
4. Si la nouvelle proposition est acceptable, la procédure se poursuit à l'étape 3 de la procédure précédente.
5. Sinon, le client envoie un message MA pour supprimer le TSPEC.

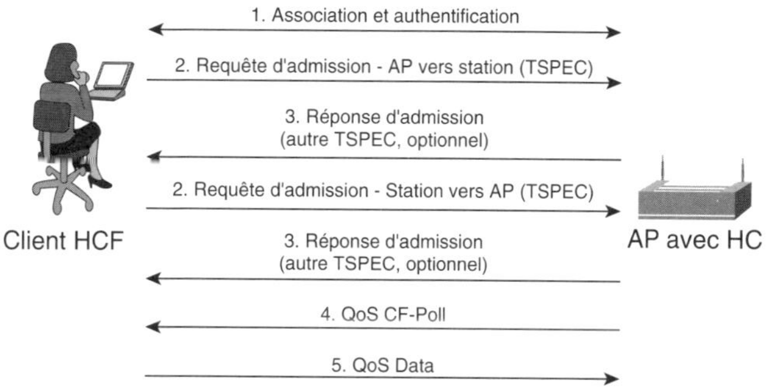

Figure 6.5
Dialogue de la procédure de contrôle d'admission HCF.

Lorsque le HC ne peut accepter un nouveau flux, il envoie simplement une réponse MA rejetant le TSPEC. La station peut renouveler sa tentative avec un TSPEC modifié.

Les flux de trafic peuvent être supprimés dans deux situations :

- Lorsque le temporisateur TSPEC expire.
- Lorsqu'une station ou l'AP supprime délibérément le TSPEC.

Lorsque le temporisateur TSPEC d'un flux expire, le HC envoie au client concerné un message MA de QoS demandant la suppression du TSPEC. La temporisation est déterminée lors de la phase de polling lorsque la station répond avec des trames QoS-Null après plusieurs interrogations successives durant une fenêtre définie par la valeur de temporisation du TSPEC. Dans le cas où la station avec QoS ou le HC souhaitent mettre fin à un flux, une trame MA de suppression du TSPEC est transmise au HC ou à la station, selon l'équipement qui l'initie.

Résumé

Au moment de la rédaction de ce livre, l'IEEE était confronté à deux écueils majeurs concernant 802.11e : EDCF, d'un côté, avec un contrôle d'admission efficace mais simple, et HCF de l'autre, avec un fonctionnement performant. Ces mécanismes font l'objet d'âpres débats chez les fabricants qui participent au groupe de travail et s'efforcent de résoudre les problèmes applicatifs.

La technique DAC affiche toujours de faibles performances car elle n'applique pas un contrôle d'admission strict. Les stations peuvent donc éventuellement transmettre et dégrader les performances des flux en cours. Pour EDCF, la solution semble également tourner autour de l'adoption d'un contrôle d'admission avec paramètres, à savoir l'emploi de l'élément TSPEC pour accepter ou rejeter un trafic. HCF a sa part de difficultés à régler. Les partisans de ce mode présentent les vertus de l'accès contrôlé comme la panacée pour une exploitation efficace du support et une quasi-garantie de service. Ses détracteurs estiment que les implémentations pratiques de HCF échoueront, comme ce fut le cas des implémentations de PCF, en raison de l'incessant problème de chevauchement de zones sur un canal commun dans la bande des 2,4 GHz. Lorsque ce problème survient, l'efficacité de HCF chute rapidement.

Le groupe de travail n'a pas encore finalisé le standard 802.11e. Les efforts se poursuivent pour tenter d'aboutir à un ensemble d'outils pratiques et efficaces pour étendre et développer les implémentations de WLAN 802.11.

7

Notions essentielles sur la transmission radio

Connaître les composants essentiels des couches physiques de 802.11 (PHY) est une chose. Comprendre quand un WLAN peut être déployé et maîtriser les limitations et réglementations qui s'y appliquent en est une autre. Comme évoqué au Chapitre 3, l'utilisation de fréquences non soumises à licence fait partie des facteurs déterminants qui ont permis à la technologie WLAN de pénétrer pratiquement tous les secteurs d'activité.

Ce chapitre examine les règles qu'il faut connaître pour planifier correctement un déploiement. Il donne également une idée des défis qui attendent le concepteur. Même s'il ne décrit pas comment concevoir un dispositif radio 802.11, il permet de comprendre et d'évaluer les informations de niveau physique fournies par la plupart des fabricants d'équipements afin d'effectuer des choix en toute connaissance de cause.

Introduction à la transmission radio

Le terme *transmission radio* désigne la transmission dans les airs d'ondes électromagnétiques de longueur millimétrique ou inférieure. Tout une gamme d'équipements utilisent les ondes radio, depuis les autoradios AM et FM jusqu'aux téléphones cellulaires et systèmes radio numériques à micro-ondes terrestres. Certains de ces équipements, comme les postes de radio, sont des systèmes unidirectionnels ou de diffusion radio ; la transmission a lieu dans un seul sens et est souvent de type point-à-multipoint. Il existe également des dispositifs radio bidirectionnels, grâce auxquels les deux parties peuvent émettre et recevoir ; la transmission peut être point-à-point, ce qui est courant dans les dessertes (*backhaul*) de télécommunications, ou point-à-multipoint, comme dans les WLAN et les réseaux cellulaires.

Pour la transmission radio bidirectionnelle, ou duplex, il existe une distinction importante sur le plan architectural entre le duplexage fréquentiel, ou FDD (*Frequency Division Duplex*), et le duplexage temporel, ou TDD (*Time Division Duplex*). Dans le cas du FDD, deux bandes de fréquences différentes sont utilisées pour transporter des informations dans chaque sens, avec un espacement suffisant entre elles afin d'éviter les interférences. A condition que cet espacement soit maintenu, cette technique peut considérablement simplifier le système radio et la tâche du fabricant, en plus d'autoriser une émission et une réception simultanées. Le problème est qu'il faut allouer du spectre dans deux bandes, monopolisant de ce fait de la bande passante dans les deux sens. Dans le cas du TDD, l'émission et la réception ont lieu sur le même canal mais à l'alternat. Même si cette technique implique en réalité un fonctionnement en mode semi-duplex au niveau de la couche physique et demande au dispositif radio de pouvoir alterner rapidement entre émission et réception, elle exploite plus efficacement le spectre. Elle facilite de fait le découpage en canaux et supporte une allocation variable dans le temps de la bande passante dans un sens comme dans l'autre.

Une des caractéristiques essentielles de la transmission radio est la *puissance*. Plus spécifiquement, la puissance en sortie du système radio est dirigée vers la ligne de transmission, câble ou antenne, et est généralement mesurée en watt ou milliwatt (mW). Pour comparer des valeurs de puissance, on utilise une échelle logarithmique afin d'exprimer le rapport en décibel (dB). Les fabricants d'équipements radio indiquent la puissance en dBm, c'est-à-dire en décibel par 1 mW, ou en dBW, c'est-à-dire en décibel par 1 W. Le Tableau 7.1 donne des exemples de conversion entre des puissances exprimées en watt et en décibel.

Tableau 7.1 : Exemples de puissances exprimées en watt et décibel

mW	*W*	*dBm*	*dBW*
1	0,001	0	– 30
2	0,002	3	– 27
5	0,005	7	– 23
10	0,01	10	– 20
20	0,02	13	– 17
50	0,05	17	– 13
100	0,1	20	– 10
1 000	1	30	0
2 000	2	33	3
4 000	4	36	6

Les antennes

Qu'est-ce qu'une antenne ? D'après l'IEEE (standard 145-1993), une antenne est "cette partie d'un système d'émission ou de réception qui est conçue pour rayonner ou recevoir des ondes électromagnétiques". Autrement dit, une antenne "prend" le signal radio généré par le système radio hôte et le rayonne dans les airs ou bien reçoit ou capte des ondes électromagnétiques provenant de l'extérieur. Habituellement, les propriétés d'émission et de réception sont réciproques, signifiant que des paramètres tels que le gain, le diagramme de rayonnement ou la fréquence sont identiques dans les deux sens.

Comment fonctionne une antenne ? D'après l'ouvrage de référence *Antenna Theory and Design,* de Warren L. Stutzman et Gary A. Thiele (Wiley), une antenne fonctionne par rayonnement, c'est-à-dire "une perturbation du champ électromagnétique qui se propage en s'éloignant de la source de perturbation (...). La perturbation est créée par une source de courant variable dans le temps". Le système radio produit donc une source de tension variable dans le temps à une fréquence donnée, qui induit un courant variable au niveau de l'antenne, créant le champ électromagnétique.

Sur le plan des performances d'une antenne, on distingue le *champ proche* (*near field*) et le *champ lointain* (*far field*). Le champ lointain se caractérise par une distance par rapport à l'antenne bien supérieure à la longueur d'onde ou à la dimension de celle-ci, l'inverse s'appliquant au champ proche. Un fabricant fournit les spécificités d'une antenne en terme de champ lointain. Il ne faut pas perdre de vue ce point si vous opérez dans le champ proche car les caractéristiques sont dans ce cas différentes.

Un concept important qu'il vous faut comprendre est celui d'*émetteur,* ou *antenne, isotrope* (*isotropic radiator*). Il s'agit de la représentation mathématique d'une antenne théorique sans perte et rayonnant la même quantité d'énergie dans toutes les directions. Si vous définissez une sphère avec une antenne isotrope en son centre, le champ électromagnétique est identique en tous points de la surface sphérique. Ce concept est un point de référence utile lors de la comparaison des différentes antennes.

Propriétés des antennes

Pour prendre des décisions avisées, vous devez comprendre certaines des propriétés qui décrivent une antenne, parmi lesquelles le diagramme de rayonnement, la directivité, le gain, l'impédance d'entrée, la polarisation et la bande passante.

Le *diagramme de rayonnement* (*radiation pattern*) représente "la variation angulaire du rayonnement à une distance fixe de l'antenne". Il est souvent exprimé en termes de directivité ou de gain. La *directivité* décrit l'intensité du rayonnement dans une direction spécifique par rapport à l'intensité de rayonnement moyenne. Dit autrement, il s'agit de la densité de la puissance rayonnée par rapport à une puissance rayonnée distribuée uniformément. Le *gain* exprime le même concept que la directivité mais inclut les pertes de l'antenne elle-même. Il est possible de définir l'efficacité de rayonnement qui est utilisée pour adapter la directivité afin de déterminer le gain ; une antenne parfaite possède une efficacité de rayonnement de 1. Comme toutes les antennes ont des pertes, le gain est la caractéristique la plus fréquemment mentionnée. Les unités utilisées pour décrire le gain sont soit le dBi, c'est-à-dire le gain en dB relativement à une antenne isotrope, soit le dBd, c'est-à-dire le gain en dB relativement à une antenne dipôle demi-onde. Pour effectuer une conversion de dBd en dBi, ajoutez simplement 2,2 au gain exprimé en dBd. Il importe de savoir réaliser cette conversion car bien que la majorité des fabricants emploient le dBi, certains utilisent parfois le dBd. La Figure 7.1 donne un exemple de diagramme de rayonnement pour une antenne directionnelle.

Figure 7.1
Exemple de diagramme de rayonnement.

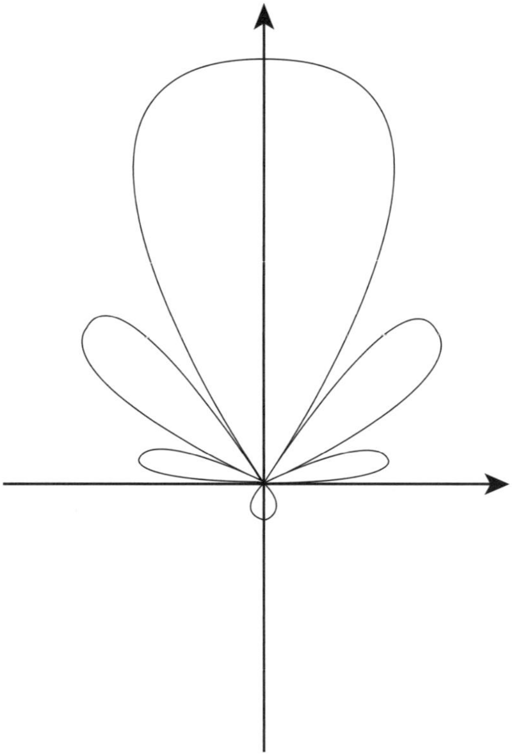

INFO

Vous pouvez créer une antenne dipôle en prenant une ligne de transmission et en recourbant les deux fils d'une extrémité vers l'extérieur pour obtenir des pôles de charge contraire qui induisent entre eux un courant variable dans le temps.

Comme vous pouvez le voir dans ce diagramme de rayonnement, une antenne possède souvent un *lobe,* ou *faisceau* (*beam*) *principal*, qui correspond à la direction du gain maximal, et des *lobes secondaires,* qui peuvent consister en des lobes latéraux ou arrière selon leur direction par rapport au lobe principal. Les fabricants décrivent fréquemment une antenne en terme de gain du lobe principal, auquel cas ils indiquent aussi la *largeur de faisceau* (*beamwidth*) de l'antenne. Il s'agit généralement de la *largeur de faisceau à demi-puissance,* qui est définie par l'IEEE de la façon suivante : "Dans un diagramme de rayonnement en coupe contenant la direction du maximum de puissance, [il s'agit de] l'angle entre les deux directions dans laquelle l'intensité de rayonnement est inférieure de moitié à la valeur maximale." Dans le diagramme précédent, prenez les points situés de chaque côté du lobe principal où le gain est inférieur de 3 dB au point maximal. Ce sont les points de demi-puissance constituant l'angle, ou la largeur, du faisceau (voir Figure 7.2).

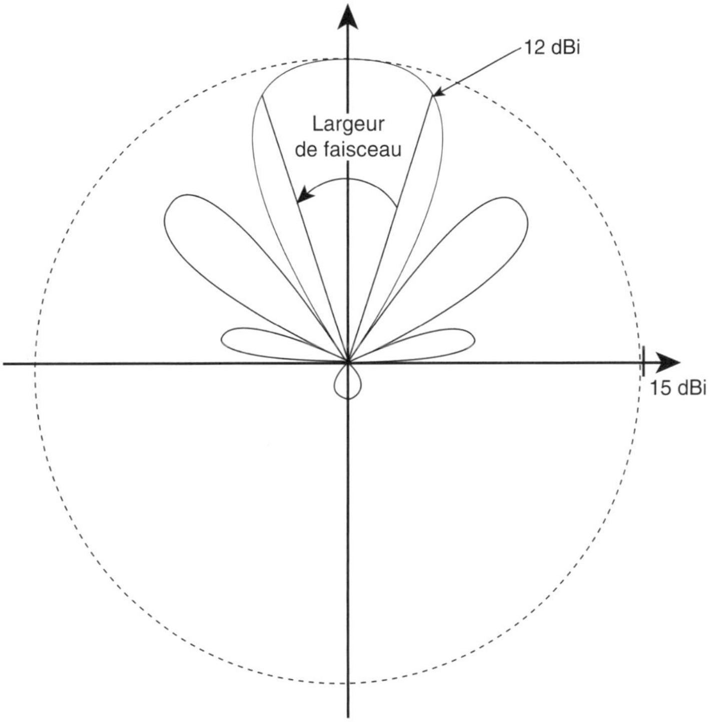

Figure 7.2
Largeur du faisceau à demi-puissance.

Un dernier aspect important du diagramme de rayonnement est le *rapport avant/arrière,* qui compare le gain maximal d'une antenne au niveau de son lobe principal au gain sur son lobe arrière. Dans notre exemple, ce rapport est de 20 dB (voir Figure 7.3). Le gain du lobe principal étant de 15 dBi et celui du lobe arrière de – 5 dBi, la différence est de 20 dB.

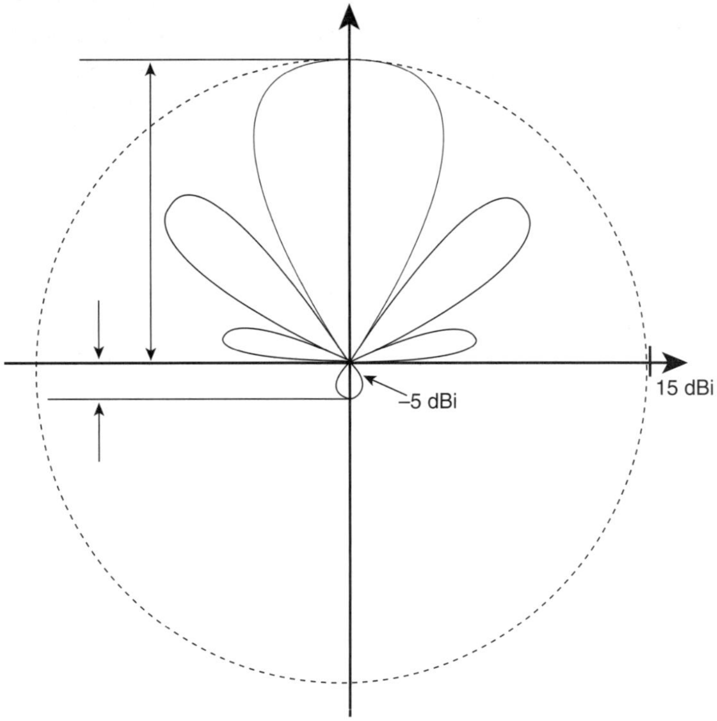

Figure 7.3
Le rapport avant/arrière.

A présent que vous comprenez ce qu'est le gain d'une antenne, il est temps d'examiner la puissance qui est réellement émise par un système radio relié à une antenne. La *puissance rayonnée effective*, ou ERP (*Effective Radiated Power*), est le gain d'une antenne en dBd (par rapport à un dipôle demi-onde) multiplié par la puissance nette transmise par l'émetteur à l'antenne. Toutefois, cette opération est généralement effectuée dans le domaine logarithmique, ou dB, signifiant que le gain de l'antenne est ajouté à la puissance de l'émetteur. Comme on exprime plus couramment le gain en dBi, la puissance rayonnée est plutôt désignée par le terme EIRP (*Effective Isotropic Radiated Power*), en français PIRE (puissance isotrope rayonnée effective). La différence avec ERP est que le gain est exprimé relativement à une antenne isotrope.

Les ondes électromagnétiques émises par une antenne peuvent tracer différents diagrammes de rayonnement qui affectent la propagation, lesquels dépendent de la polarisation de l'antenne, qui peut être soit linéaire soit circulaire.

La plupart des antennes qui se destinent aux WLAN ont une polarisation linéaire horizontale ou verticale. Le vecteur champ électrique est aligné sur le plan vertical dans le premier cas et sur le plan horizontal dans le second. La polarisation verticale est plus courante, bien que, dans certaines situations, la polarisation horizontale soit plus efficace. Même s'il est peu probable que vous soyez amené à utiliser des antennes avec polarisation circulaire en intérieur, l'emploi de la technologie de pontage sans fil le permet néanmoins. A l'instar des antennes polarisées linéairement, il existe deux types d'antennes polarisées circulairement : polarisation gauche, où le vecteur tourne vers la gauche (sens contra-horaire) à mesure que l'onde se propage, et polarisation droite, où le vecteur tourne vers la droite (sens horaire).

L'établissement d'une ligne de transmission au-dessus d'un plan d'eau, où il peut y avoir une rotation de la polarisation à chaque réflexion, est un bon exemple d'utilisation de la polarisation circulaire puisqu'elle implique déjà une rotation (droite ou gauche). Dans le cas d'une antenne avec polarisation linéaire, il peut y avoir rotation entre les plans vertical et horizontal.

En règle générale, pour une ligne de transmission en vue directe (*line-of-sight*), il convient d'employer la même polarisation aux deux extrémités. Une antenne de 21 dBi polarisée verticalement ne peut afficher que de 1 à – 4 dBi de gain dans le plan horizontal. Cela revient à dire que la discrimination, ou découplage de polarisation (*cross-polarization discrimation*), est typiquement de 20 à 25 dB.

L'efficacité de rayonnement d'une antenne est "le rapport entre la puissance totale rayonnée et la puissance nette acceptée provenant de l'émetteur". L'antenne rayonne une certaine puissance sous la forme d'énergie électromagnétique. Tous les équipements radio (lignes de transmission, antennes, etc.) ont une impédance caractéristique, qui correspond au rapport entre la tension et l'intensité du courant à leur borne. Si l'impédance d'entrée d'une antenne raccordée à un câble correspond à celle de l'émetteur radio et de la ligne de transmission, la quantité maximale de puissance peut être transférée de l'émetteur vers l'antenne. En revanche, en cas de désadaptation d'impédance (*impedance mismatch*), une partie de l'énergie est réfléchie vers la source, et le reste est transféré à l'antenne. Ce phénomène est mesuré au moyen du ROS (rapport d'ondes stationnaires), ou VSWR (*Voltage Standing Wave Ratio*). En l'absence de réflexion, le ROS est égal à 1. Un ROS égal à 2 signifie que 11 % de la puissance est réfléchie.

Un ROS élevé et une ligne de transmission accusant une atténuation entraînent une perte considérable d'énergie. Plus inquiétant encore, un ROS élevé combiné à une source d'énergie puissante peut conduire au développement de hautes tensions sur la ligne et à la formation d'arcs électriques. Vous ne devriez toutefois pas rencontrer ce type de problème puisque les WLAN opèrent à de faibles niveaux de puissance.

La *bande passante* (*bandwidth*) définit la plage de fréquences dans laquelle l'antenne offre des performances acceptables, délimitée par une fréquence maximale, ou supérieure, et une fréquence minimale, ou inférieure. "Acceptable" signifie ici que les caractéristiques de l'antenne, telles que son diagramme de rayonnement et son impédance d'entrée, ne changent pas, quelle que soit la fréquence utilisée dans la plage. Il existe des antennes dites *à large bande* (*broadband*), dont on peut généralement dire qu'elles ont un rapport fréquence maximale sur fréquence minimale de 2. Elles offrent cependant un faible gain. De plus, comme les fréquences utilisables par les WLAN 802.11 ne requièrent pas ce type d'antenne, l'unique situation où vous pourriez en avoir besoin serait pour couvrir entièrement au moyen d'une seule antenne les bandes ISM (*Industrial, Scientific and Medical*) de 2,4 GHz et U-NII (*Unlicensed-National Information Infrastructure*) de 5 GHz.

Lorsque vous devrez choisir une antenne, n'oubliez pas que nombre de leurs caractéristiques étant étroitement liées, vous devrez faire certains compromis. Par exemple, si vous optez pour une grande largeur de faisceau, vous perdez en gain. Si vous prenez une antenne à large bande, il se peut que son diagramme de rayonnement ne soit pas uniforme. Veillez donc à déterminer au préalable les caractéristiques qui sont importantes pour votre déploiement.

Types d'antennes

Cette section présente les types d'antennes que l'on rencontre habituellement dans les WLAN (voir Figure 7.4). Comme évoqué précédemment, une antenne isotrope est une antenne idéale utopique qui rayonne uniformément dans toutes les directions.

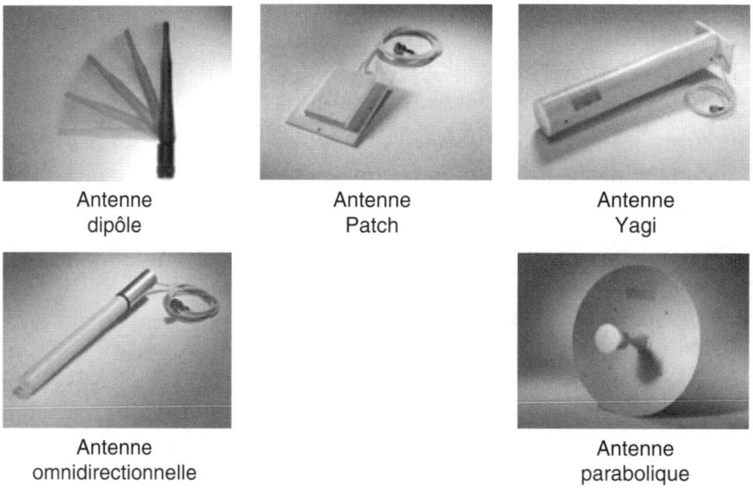

Figure 7.4
Les types d'antennes pour WLAN.

Une antenne dipôle demi-onde a une longueur égale à la moitié de la longueur d'onde du signal à émettre ou recevoir. Une antenne omnidirectionnelle fournit un gain uniforme dans tous les directions sur un plan, souvent le plan horizontal. Les antennes dipôles sont généralement omnidirectionnelles. Les antennes omnidirectionnelles conviennent bien dans les WLAN puisqu'elles assurent une couverture dans toutes les directions. Une antenne Yagi-Uda est constituée d'un groupe linéaire de dipôles parallèles. Ce type d'antenne est largement répandu car facile à construire. Les antennes directionnelles, telles que les Yagi, assurent une couverture dans des zones difficilement accessibles ou qui nécessitent une portée supérieure à celle des antennes omnidirectionnelles.

Les antennes Patch, directionnelles elles aussi, sont constituées de deux conducteurs parallèles séparés par un substrat, le conducteur supérieur pouvant être une carte de circuit imprimé. Il est relativement simple de former un groupe d'antennes patch, leurs diagrammes respectifs se combinant pour produire diverses formes de faisceaux dirigés. Ces antennes sont souvent utiles en raison de leur faible encombrement par comparaison aux antennes Yagi.

Dans la catégorie des antennes directionnelles, on trouve également des antennes à rayonnement transversal (*broadside*), dont le faisceau principal est perpendiculaire à leur plan, des antennes à rayonnement longitudinal (*end fire*), dont le faisceau principal est aligné sur leur plan, et des antennes à faisceau étroit (*pencil beam*), qui fournissent un lobe unique très étroit et souvent de gain élevé.

Le Chapitre 10 décrit les circonstances dans lesquelles il est possible d'utiliser chaque type d'antenne.

Les récepteurs radio

Un *récepteur radio* est caractérisé par sa sensibilité, c'est-à-dire le niveau de signal minimal lui permettant de décoder l'information de façon acceptable. Le seuil d'acceptabilité dépend de trois facteurs : le taux d'erreur de bits, ou BER (*Bit Error Rate*), le taux d'erreur de paquets, ou PER (*Packet Error Rate*), et le taux d'erreur de trames, ou FER (*Frame Error Rate*). Par exemple, le standard 802.11a spécifie que la sensibilité minimale conforme d'un équipement qui opère à 54 Mbit/s est de – 65 dBm, avec un PER de 10 %. Cette sensibilité est associée à un débit de données spécifique car chaque technique de modulation s'accompagne de son propre rapport signal sur bruit, ou SNR (*Signal-to-Noise Ratio*). Généralement, plus le débit de données est important, plus le rapport signal/bruit requis, et donc le niveau de sensibilité du récepteur, est élevé. Le niveau de sensibilité est également influencé par le bruit du récepteur. Tous les récepteurs génèrent un bruit de fond, ou *niveau de bruit minimal* (*noise floor*), qui provient de la précision du traitement numérique ou des composants analogiques. A mesure que le niveau de bruit augmente, la sensibilité du récepteur croît elle aussi car le niveau minimal de signal par rapport au bruit (SNR) est fixe. Ce principe est illustré à la Figure 7.5. Lorsque vous évaluez les performances d'un système radio, la sensibilité est l'un des paramètres les plus importants à prendre en compte dans le coût de la ligne, puisqu'elle conditionne les débits de données et les portées envisageables. Le but est habituellement d'obtenir la meilleure sensibilité possible par rapport aux contraintes budgétaires.

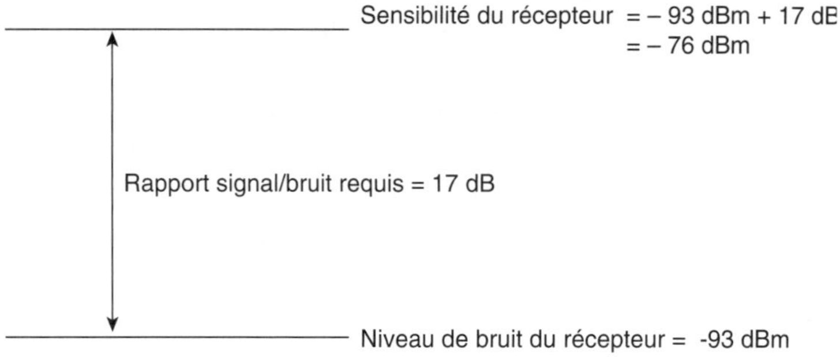

Figure 7.5
Calcul de la sensibilité d'un récepteur.

Performances radio minimales de 802.11b

Pour garantir des performances satisfaisantes entre des équipements de fabricants différents, la PHY du standard 802.11b définit les niveaux de performances radio minimales que ceux-ci doivent fournir pour être conformes. Avec un FER inférieur à 8 % et une PSDU PLCP (*Physical Layer Convergence Protocol*) de 1 024 octets à un débit de 11 Mbit/s, la sensibilité minimale du récepteur est de – 76 dBm au connecteur de l'antenne. Dans les mêmes conditions, le niveau d'entrée maximal du récepteur est de – 10 dBm au connecteur de l'antenne, et le rejet de canal adjacent d'un autre émetteur compatible 802.11b de 35 dB au connecteur de l'antenne. Pour le rejet de canal adjacent, le récepteur doit être capable de procéder à un filtrage approprié ou d'opérer en présence d'un signal adjacent afin de maintenir le FER de 8 %. Pour tester le rejet, le signal souhaité est placé à 6 dB au-dessus du niveau de sensibilité minimale du récepteur, et le signal du canal adjacent à 41 dB au-dessus de ce même niveau. Lors de l'étude du masque spectral du standard 802.11b, plus loin dans ce chapitre, vous verrez quelle est la contribution énergétique résultante probable du signal interférant.

Performances radio minimales de 802.11a

A l'instar de 802.11b, le standard 802.11a définit des paramètres de performances minimales. Le Tableau 7.2 reprend les valeurs de sensibilité minimale du récepteur, de rejet de canal adjacent et de rejet d'un autre canal adjacent au connecteur de l'antenne pour les débits 802.11a avec un PER inférieur à 10 % et une PSDU de 1 000 octets. En ce qui concerne les performances du rejet, le signal souhaité est placé à 3 dB au-dessus du niveau de sensibilité minimale, et le signal interférant au niveau donné par le rapport indiqué.

Le niveau d'entrée maximal du récepteur dans les mêmes conditions est de – 30 dBm. Le standard 802.11a spécifie également la sensibilité CCA (*Clear Channel Assessment*), qui indique qu'un équipement radio doit notifier un état occupé avec une probabilité de 90 %

Tableau 7.2 : Les performances radio minimales de 802.11a

Débit de données	*Sensibilité minimale (dBm)*	*Rejet de canal adjacent (dB)*	*Rejet d'un autre canal adjacent (dB)*
6	– 82	16	32
9	– 81	15	31
12	– 79	13	29
18	– 77	11	27
24	– 74	8	24
36	– 70	4	20
48	– 66	0	16
54	– 65	– 1	15

dans les 4 µs si le niveau du signal reçu est supérieur ou égal à – 82 dBm durant le préambule. Si le préambule est passé, le niveau est de – 62 dBm.

Performances du système

Les caractéristiques importantes pour les performances d'un WLAN sont la couverture et le débit. Elles sont directement liées à la portée, qui dépend elle-même du gain du système. Dans l'espace libre, et en vue directe, la portée est relativement simple à définir, car l'atténuation de parcours (*path loss*) est proportionnelle au carré de la distance. La portée est alors définie comme étant la distance à laquelle la perte est égale au gain du système. En d'autres termes, 6 dB supplémentaires sont requis chaque fois que vous doublez la distance. Toutefois, l'environnement typique d'un WLAN à l'intérieur d'un immeuble est tout autre, car il est confronté à divers obstacles, tels que murs, bureaux, personnes, etc., qui provoquent une dégradation du signal et augmentent l'atténuation. Comme décrit au Chapitre 8, la seule façon d'appréhender l'atténuation de parcours dans votre environnement est de réaliser une étude de site. Il est toutefois utile de comprendre les mécanismes qui influent sur les performances du système et de savoir comment déterminer le gain de votre équipement afin de pouvoir effectuer des comparaisons.

Le *budget de liaison* est un outil que vous pouvez utiliser pour déterminer le gain global d'un système. Il faut pour cela connaître les caractéristiques suivantes de votre système :

- puissance de l'émetteur ;
- perte sur ligne de transmission, le cas échéant ;

- gain de l'antenne de transmission ;
- gain de l'antenne de réception ;
- perte sur ligne de réception, le cas échéant ;
- sensibilité du récepteur pour le débit considéré.

La *perte sur ligne* est fonction de la fréquence et doit figurer dans les caractéristiques d'un équipement. En règle générale, elle augmente avec le niveau de fréquence. Il faut donc faire preuve de plus de vigilance lors de l'emploi d'antennes distantes et de longs segments de câble RF dans les bandes U-NII que dans la bande ISM des 2,4 GHz. Par exemple, la perte accusée par un câble LMR-400 d'une longueur de 30 m, un câble à faible perte assez répandu, est de 6,5 dB dans la bande des 2,4 GHz, alors qu'elle est de 10,5 dB dans la bande des 5,3 GHz.

Si vous multipliez la puissance de transmission par les gains des antennes puis divisez le résultat obtenu par les pertes sur ligne et la sensibilité du récepteur, vous obtenez le gain global du système :

$$\textit{Gain du système} = \frac{p_{Tx}{}^{*}\ g_{Tx}{}^{*}\ g_{Rx}}{l_{Tx}{}^{*}\ l_{Rx}{}^{*}\ l_{Rx}}$$

L'autre possibilité est d'effectuer le calcul au moyen de logarithmes avec des valeurs en décibel, ce qui revient simplement à faire des additions et des soustractions :

$$\textit{Gain du système}_{dB} = P_{Tx} + G_{Tx} + G_{Rx} - (L_{Tx} + L_{Rx} + S_{Rx})$$

Le Tableau 7.3 donne des exemples de budgets de liaison pour deux systèmes radio imaginaires, chacun fonctionnant dans les 2,4 GHz et étant relié par un câble de 15 m à un point d'accès (AP). Pour chaque équipement, les budgets sont donnés à la fois pour le flux descendant, transmis par l'AP, et le flux montant, reçu par l'AP. Le système B emploie un AP de moindre puissance de transmission et un récepteur de plus haute sensibilité. Vous pouvez constater que le système B est plus faible de 3 dB pour le flux descendant et de 11 dB pour le flux montant. La portée et le débit sont par conséquent limités par le flux descendant dans le cas du système A et par le flux montant dans le cas du système B. En espace libre, A bénéficierait par rapport à B d'un budget supérieur de 5 dB et d'une portée pratiquement doublée pour un même débit. Chaque augmentation de 6 dB du budget provoque un doublement de la portée dans l'espace libre. Vous pouvez ainsi constater que, pour évaluer la couverture et le débit assurés par deux systèmes sans fil, il faut prendre en considération le gain global.

Tableau 7.3 : Exemples de budgets de liaison pour deux systèmes

	A (flux desc.)	*A (flux mont.)*	*B (flux desc.)*	*B (flux mont.)*
Puissance de transmission (dBm)	20	15	17	15
Perte sur ligne de transmission (dB)	3,3	0	3,3	0
Gain antenne de transmission (dB)	6	2	6	2
PIRE (dBm)	22,7	17	19,7	17
Gain antenne de réception (dB)	2	6	2	6
Perte sur ligne de réception (dB)	0	3,3	0	3,3
Sensibilité du récepteur (dBm)	– 76	– 87	– 76	– 76
Gain global du système (dB)	100,7	106,7	97,7	95,7

Comme expliqué précédemment, d'autres facteurs influencent les performances d'un système radio, notamment les suivants :

- interférence ;
- propagation multitrajet ;
- fading, ou évanouissement ou encore affaiblissement variable.

L'*interférence* est un phénomène qui se produit lorsqu'une autre source de signal produit de l'énergie sur le canal sur lequel vous opérez. Ce peut être un autre dispositif radio WLAN fonctionnant sur le même canal ou un autre équipement produisant de l'énergie dans la même bande. Plus la source d'interférence est puissante, plus le niveau du signal en réception doit être fort pour pouvoir être décodé correctement. C'est comme si vous augmentiez le niveau de sensibilité du récepteur à la manière de ce que produirait une augmentation du niveau minimal de bruit. Si le signal indésirable est trop fort, il est possible que votre réception soit totalement handicapée. Cet effet est illustré à la Figure 7.6.

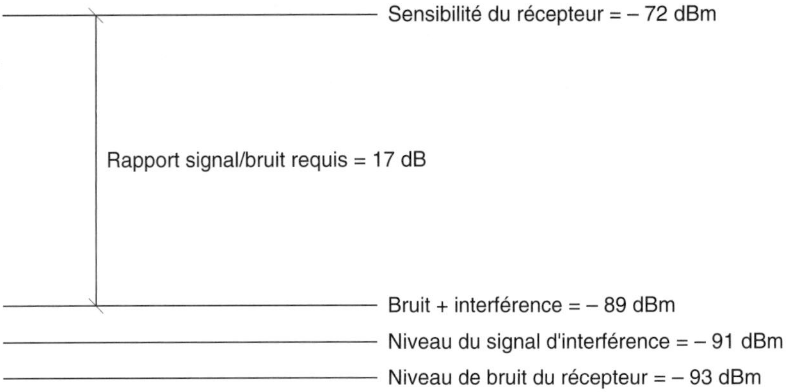

Figure 7.6
Sensibilité du récepteur en présence d'un signal interférant.

La *propagation multitrajet* (*multipath*) se produit lorsque le signal atteint l'antenne réceptrice *via* plusieurs chemins de réflexion, chacun ayant un délai de propagation et une atténuation propres. Ces différents parcours sont généralement provoqués par des réflexions multiples provenant d'objets rencontrés ou de conditions atmosphériques non homogènes. Les ondes de ces différents parcours s'ajoutent au niveau de l'antenne. Selon leur délai, il peut se produire une atténuation dite de propagation multitrajet. La Figure 7.7 illustre l'accumulation des différents signaux reçus.

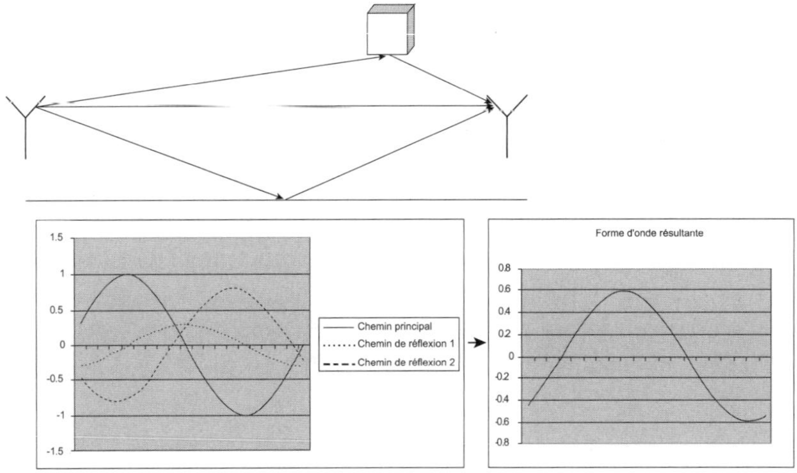

Figure 7.7
Accumulation des différents signaux d'une propagation multitrajet.

Le *fading* correspond a une variation de l'atténuation du signal. Cette variation peut être influencée de nombreuses façons, par exemple par des objets en mouvement dans l'environnement, voire par les émetteurs et récepteurs eux-mêmes. Imaginez que vous soyez assis dans une salle de conférence avec un laptop communiquant avec un point d'accès situé dans l'entrée. Si une personne ferme la porte de la salle, l'atténuation de parcours varie, résultant en un signal reçu plus faible. C'est un cas de fading.

Le *fading plat* est un évanouissement indépendant de la fréquence (essentiellement un changement d'amplitude), qui se produit uniformément sur la largeur de la bande passante du canal. Toutefois, avec un signal en large bande, comme dans 802.11, il peut également se produire un *fading sélectif*, où le signal est fortement atténué à certaines fréquences et pas à d'autres. Vous vous souvenez peut-être de la modulation OFDM, qui procède au codage et à l'entrelacement à travers plusieurs fréquences individuelles. Cette technique de diversification des fréquences confère à OFDM un avantage distinctif sur les autres types de modulation, tels que CCK (*Complementary Code Keying*), dans ce sens que s'il se produit un fading sélectif sur une certaine fréquence, seules quelques harmoniques risquent d'être perdues, donnant la possibilité aux fonctions de codage et d'entrelacement de restaurer le flux binaire initial. Avec CCK, la totalité du flux pourrait être perdu.

Selon les conséquences de la propagation multitrajet, l'atténuation de parcours peut devenir proportionnelle à la distance élevée à la puissance 4, à comparer avec la proportionnalité au carré de la distance en espace libre. Dans une telle situation, l'atténuation augmenterait de 12 dB ($10 \times \log(2^4 4) = 12$) au lieu de 6 dB ($10 \times \log(2^2 2) = 6$) chaque fois que la distance double. Autrement dit, si une liaison entre un émetteur et un récepteur est en vue directe, sans obstacle pour refléter ou absorber l'énergie, vous ajoutez 6 dB à votre budget de liaison pour doubler la portée du système. Dans le cas contraire, si le signal risque d'emprunter de nombreux chemins réfléchis, vous risquez de devoir ajouter 12 dB pour doubler la portée.

Les caractéristiques de la propagation multitrajet sont non seulement variables dans le temps mais dépendent de l'emplacement. Des points très proches dans l'espace peuvent accuser des évanouissements très différents, par exemple avec la variation spatiale. Vous avez peut-être déjà rencontré ce phénomène en écoutant la radio dans votre voiture, lorsque la réception accuse de fortes fluctuations de qualité alors que votre véhicule ne se déplace que de quelques centimètres. Ce phénomène est l'une des raisons principales pour lesquelles certains environnements de WLAN emploient plusieurs antennes. Si ces antennes sont espacées au moins d'une longueur d'onde, les signaux qu'elles reçoivent deviennent indépendants, l'un pouvant subir un fading et un autre non. La plupart des équipements de WLAN utilisent une fonction de sélection d'antenne permettant au dispositif radio de choisir celle qui reçoit le meilleur signal et d'utiliser ce dernier.

Bandes de fréquences sans licence

La FCC (*Federal Communications Commission*) jouit d'un contrôle sur le spectre de fréquences utilisées pour la communication sans fil aux Etats-Unis. Bien que de nombreux pays disposent de régulations semblables, l'exploitation des bandes sans licence peut varier selon le pays ou le continent.

Organismes de normalisation

Les trois organismes de normalisation principaux qui influencent le développement des réseaux sans fil sont la Wi-Fi Alliance, l'IEEE et l'ETSI.

L'IEEE (*Institute of Electrical and Electronics Engineers*) est un organisme professionnel technique non commercial qui, entre autres fonctions, se charge de la publication de standards internationaux, tels que 802.11. Les différents groupes de travail de cet organisme se réunissent régulièrement pour mettre à jour, amender et élaborer de nouveaux projets de standards.

Si l'IEEE prépare les standards qui régissent le fonctionnement des WLAN, c'est la Wi-Fi Alliance qui certifie l'interopérabilité des équipements sur ce type de réseau, fondée sur les spécifications de l'IEEE. Par l'emploi de produits certifiés Wi-Fi, vous êtes assuré d'un certain niveau d'interopérabilité non prévu dans le standard IEEE 802.11. A l'instar de l'IEEE, la Wi-Fi Alliance est une organisation internationale non commerciale constituée de divers fournisseurs et fabricants.

L'ETSI (*European Telecommunications Standards Institute*) est aussi une organisation non commerciale qui a été formée en 1988. Son rôle est de publier des standards de télécommunications pour l'Europe. En ce qui concerne le standard 802.11, l'ETSI a permis d'unir les pays de la Communauté européenne autour d'un ensemble de régulations communes. Cet organisme a également élaboré un ensemble de standards visant l'exploitation de la bande des 5 GHz sous la désignation d'HiperLAN, mais au moment de la rédaction de ce livre, ces standards n'ont connu aucune exploitation commerciale, et c'est 802.11 qui prédomine.

Aux Etats-Unis, la bande ISM inclut la bande de fréquences des 2,4-2,483 5 GHz. La FCC a autorisé les équipements non rayonnants à opérer à ces fréquences. Par exemple, les fours à micro-ondes émettent dans la bande des 2,4 GHz. La FCC autorise une utilisation du spectre avec un statut dit *secondaire*. Un utilisateur secondaire peut tirer parti de cette bande en utilisant la technologie de transmission par étalement de spectre (*spread spectrum*). Il ne possède donc pas la licence de statut primaire pour un ensemble de fréquences donné.

Le code CFR47 (*Code of Federal Regulations*) met en application les règles de communication définies par la FCC. La section 15 de ce code régit l'exploitation des émetteurs sans licence. Ses règles régulent de façon stricte la puissance en sortie pour s'assurer que l'utilisateur de statut secondaire n'interfère pas avec l'utilisateur de statut primaire. En règle générale, un utilisateur secondaire emploie une fréquence ou un ensemble de fréquences à un niveau de puissance bien plus bas que l'utilisateur de statut primaire, tel un radioamateur. Dans le cas du four à micro-ondes, l'utilisateur de statut primaire émet à une puissance située entre 600 et 1 000 W (watt). Un équipement radio 802.11 émet généralement à une puissance de 30 à 100 mW (milliwatt). Cette disposition permet à un utilisateur de statut primaire de s'imposer par sa puissance dans l'éventualité où les chemins de propagation se croisent.

Fréquences de la bande ISM

La bande ISM possède des canaux individuels exploitables par les équipements sans licence. Leur assignation est néanmoins régie par des organismes régulateurs et peut varier selon les pays.

Le Tableau 7.4 récapitule les canaux WLAN dans la bande ISM et leur allocation dans les différents domaines de contrôle.

Tableau 7.4 : Allocation des canaux de la bande ISM pour les WLAN

Canal	*Fréquence centrale*	*FCC*	*ETSI (Europe)*	*Japon*	*Israël*
1	2,412	X	X	X	
2	2,417	X	X	X	
3	2,422	X	X	X	X
4	2,427	X	X	X	X
5	2,432	X	X	X	X
6	2,437	X	X	X	X
7	2,442	X	X	X	X
8	2,447	X	X	X	X
9	2,452	X	X	X	X
10	2,457	X	X	X	
11	2,462	X	X	X	
12	2,467	X	X		
13	2,472	X	X		
14	2,483	X			

Le standard 802.11b définit le masque spectral illustré à la Figure 7.8. Par rapport à la crête de la fréquence porteuse, toutes les émissions spectrales à +/– 11 MHz de la fréquence centrale doivent être inférieures à – 30 dBr, et celles à +/– 22 MHz de la fréquence centrale doivent être inférieures à – 50 dBr.

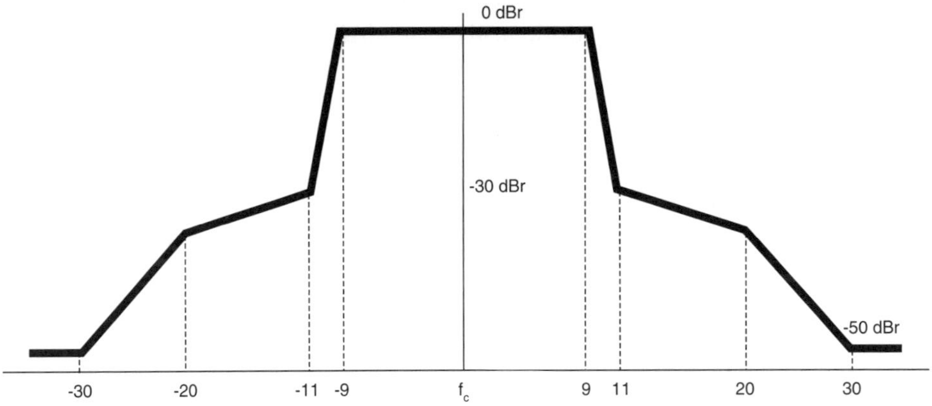

Figure 7.8
Masque du spectre des fréquences du standard 802.11b.

Dans la Figure 7.9, le masque des émissions spectrales est superposé aux 11 canaux exploités aux Etats-Unis. Vous pouvez constater qu'en dépit des 11 canaux alloués, il n'y a actuellement que 3 canaux qui ne se chevauchent pas : 1, 6 et 11.

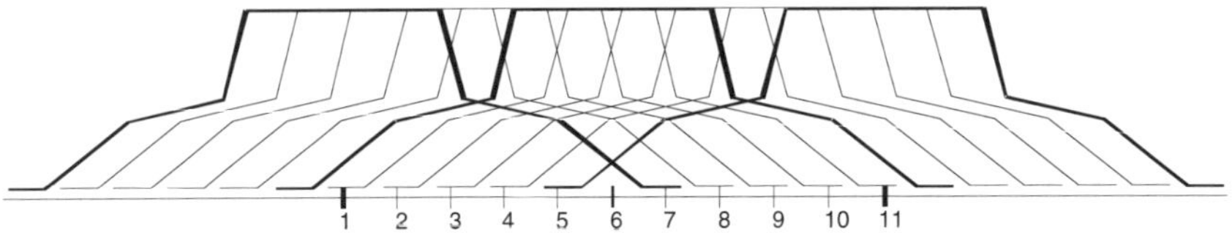

Figure 7.9
Canaux 802.11b isolés.

Niveaux de la puissance de transmission dans la bande ISM

Aux Etats-Unis, le code CFR47, section 15.247, spécifie les niveaux de puissance pouvant être utilisés dans la bande des 2,4 GHz. Pour les systèmes à étalement de spectre, une puissance de sortie crête de 1 W est utilisable avec une antenne pouvant atteindre 6 dBi. Cette combinaison résulte en une PIRE de 36 dBm. Pour des liaisons point-à-point dans un emplacement fixe, telles qu'elles peuvent être établies au moyen d'un pont sans fil, vous pouvez augmenter le gain de l'antenne tant que la puissance de l'émetteur est réduite de 1 dB pour chaque augmentation de 3 dB du gain de l'antenne au-delà des 6 dBi. Si le système radio n'est pas utilisé dans une application point-à-point fixe, la puissance doit être réduite de 1 dB pour chaque augmentation de 1 dB du gain au-delà des 6 dBi, maintenant ainsi la limite de 36 dBm de la PIRE.

Dans les pays européens, soumis aux règles de l'ETSI, c'est la régulation ETS 300328 qui spécifie les niveaux de puissance de transmission pouvant être utilisés. Elle autorise une PIRE de 30 dBm, ou 100 mW. Au Japon, c'est l'ordonnance MPT, article 49-20, régulant les équipements radio qui régit les transmissions dans cette bande. Pour les signaux DSSS (*Direct Sequence Spread Spectrum*), il est possible d'employer une puissance en sortie de 10 mW/MHz. Pour les signaux FHSS (*Frequency Hopping Spread Spectrum*), la même puissance peut être utilisée dans la bande de fréquences 2 471-2 497 MHz. Pour les fréquences situées entre 2 400 et 2 471 MHz, seule une puissance de 3 mW/MHz est autorisée. Israël suit les règles de l'ETSI.

Fréquences de la bande U-NII

Au moment de la mise sous presse de ce livre, les fréquences de la bande U-NII n'étaient disponibles qu'aux Etats-Unis et dans les pays ayant adopté les règles du spectre FCC. Comme indiqué précédemment, la bande U-NII s'étend de 5,15 à 5,25 GHz. La bande U-NII 2 suit immédiatement la bande précédente et s'étale de 5,25 à 5,35 GHz. La bande U-NII 3 couvre les fréquences de 5,725 à 5,825 GHz. La numérotation de canal débute à 5 GHz et augmente par pas de 5 MHz pour couvrir la totalité de la bande des 5 GHz, au cas où ces fréquences puissent un jour être utilisées par les WLAN. La Figure 7.10 illustre les huit canaux isolés des bandes U-NII 1 et 2. Notez que la fréquence centrale pour des canaux situés aux extrêmes se situe à 30 MHz des limites de la bande.

Figure 7.10
Canaux des bandes U-NII 1, 2 et 3.

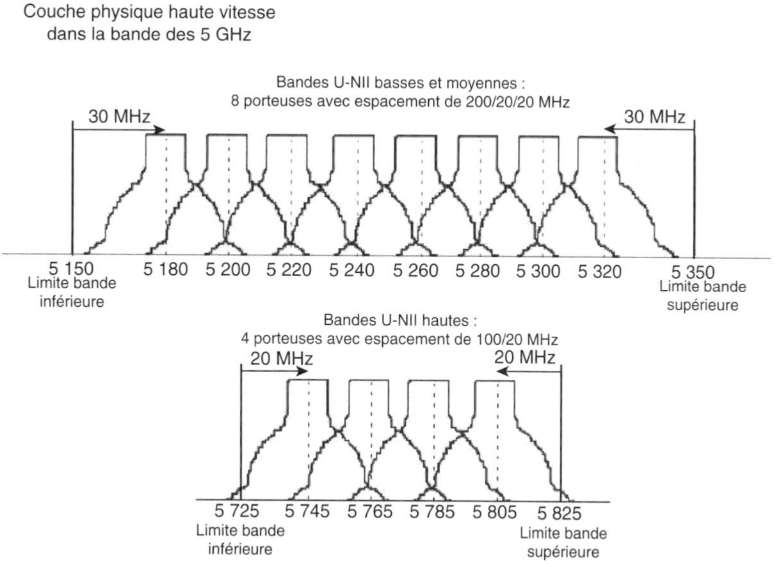

La Figure 7.10 présente aussi les canaux de la bande U-NII 3. A la différence des deux autres bandes, la fréquence centrale des canaux extrêmes ne se trouve qu'à 20 MHz des limites de la bande. C'est un point important à se rappeler lorsque vous considérez les émissions parasites et les exigences du masque spectral pour cette bande, car elle se révèle plus complexe à maîtriser pour les concepteurs de dispositifs radio qui travaillent sur les bandes inférieures.

Emissions parasites et masques de spectre dans la bande U-NII

Le code CFR47, section 15.407, spécifie les exigences en terme d'émissions parasites pour les bandes U-NII. Pour la bande U-NII 1, toutes les émissions en dehors de la bande 5,15-5,35 GHz doivent avoir une valeur de PIRE inférieure à – 21 dBm/MHz. Les transmissions ne sont autorisées qu'à l'intérieur, et il faut utiliser une antenne intégrée. Pour ce qui est de la bande U-NII 2, il est possible de suivre les mêmes règles, bien qu'il soit permis de transmettre à l'intérieur et à l'extérieur avec des antennes non intégrées, si toutes les émissions en dehors de la bande des 5,25-5,35 GHz ont une PIRE inférieure à – 27 dBm/MHz. Pour la bande U-NII 3, toutes les émissions en dehors de l'intervalle 5,725-5,825 GHz doivent avoir une PIRE inférieure à – 17 dBm/MHz. De plus, à mesure que vous vous approchez des fréquences situées à 10 MHz des limites extrêmes, toutes les émissions parasites doivent avoir une PIRE inférieure ou égale à – 27 dBm/MHz.

Le standard 802.11a définit également un masque spectral pour les transmissions dans les bandes U-NII. Le spectre transmis doit être de 0 dBr par rapport à la densité spectrale maximale du signal, dans une bande passante maximale de 18 MHz, et il doit être inférieur à – 20 dBr à 11 MHz de la fréquence centrale, – 28 dBr à 20 MHz et – 40 dBr à 30 MHz. La Figure 7.11 illustre ce masque spectral.

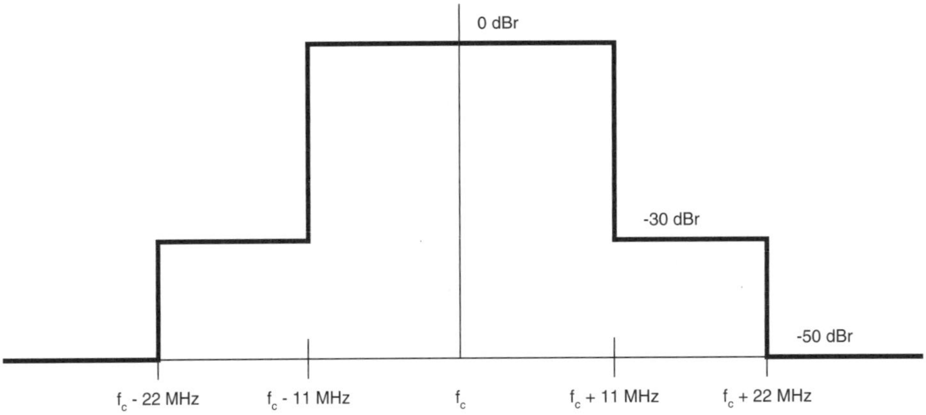

Figure 7.11

Le masque spectral de 802.11a.

A partir des informations de masque spectral et des valeurs de rejet de canal adjacent spécifiées au Tableau 7.2, vous pouvez déterminer que la contribution énergétique interférente d'un signal 802.11a adjacent, relativement à votre signal et à la fréquence centrale au débit de 6 Mbit/s, pourrait s'élever à – 14 dBr, comme le montre la Figure 7.12.

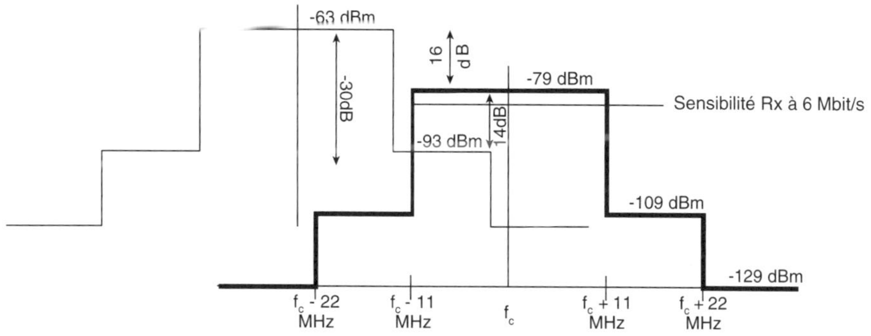

Figure 7.12
Interférence de canal adjacent.

Gardez ce point à l'esprit lors de l'allocation des canaux, car les contributions énergétiques de plusieurs canaux adjacents peuvent finir par s'additionner.

Vous devez également prendre en compte les informations de masque spectral et d'émissions parasites lorsque vous employez des antennes distantes. Lorsque les fabricants certifient leurs équipements radio et leurs antennes vis-à-vis des règles de la FCC, ils définissent des niveaux de puissance fondés non seulement sur les valeurs limites de PIRE mais aussi sur ces contraintes de masque spectral. Les gains et niveaux de puissance définis peuvent sembler inférieurs aux valeurs limites de PIRE, mais, dans de nombreux cas, ces valeurs fixées s'avèrent nécessaires pour respecter les exigences en terme de masque spectral. En conséquence, vous ne devez pas excéder les limites de PIRE suggérées pour chaque type d'antenne et de radio.

Limitations de la puissance de transmission de la bande U-NII

Les trois bandes U-NII sont soumises à différentes limites de puissance de transmission. La bande U-NII 1 est prévue pour une utilisation en intérieur aux niveaux les plus faibles. La bande U-NII 3 autorise les niveaux les plus élevés et est prévue pour les transmissions de longue portée à l'extérieur.

Voici les limitations de puissance définies par le standard 802.11a pour les transmissions dans les bandes U-NII :

- Dans la bande U-NII 1, vous pouvez utiliser un émetteur d'une puissance pouvant atteindre 40 mW, 16 dBm, avec une antenne à gain pouvant atteindre 6 dBi pour une PIRE maximale de 22 dBm. De plus, pour chaque dB supplémentaire au-delà de 6 dBi, vous devez réduire de 1 dB la puissance de l'émetteur.
- Dans la bande U-NII 2, vous pouvez utiliser un émetteur d'une puissance pouvant atteindre 200 mW, 23 dBm, avec une antenne à gain pouvant atteindre 6 dBi pour une PIRE maximale de 29 dBm. De plus, pour chaque dB supplémentaire au-delà de 6 dBi, vous devez réduire de 1 dB la puissance de l'émetteur.
- Dans la bande U-NII 3, vous pouvez utiliser un émetteur d'une puissance pouvant atteindre 800 mW, 29 dBm, avec une antenne à gain pouvant atteindre 6 dBi pour une PIRE maximale de 35 dBm. De plus, pour chaque dB supplémentaire au-delà de 6 dBi, vous devez réduire de 1 dB la puissance de l'émetteur. Le fonctionnement dans cette bande autorise l'emploi d'antennes à 23 dBi sans réduction de puissance du transmetteur pour des liaisons point-à-point dans un emplacement fixe. Dans cette situation, la PIRE maximale est de 52 dBm.

Résumé

Ce chapitre a couvert les points essentiels à connaître pour pouvoir évaluer les caractéristiques physiques d'un système radio, ainsi que les règles spécifiques qui régissent la transmission sans fil. Vous avez vu qu'il ne suffisait pas d'évaluer un dispositif radio par rapport à sa puissance de transmission mais qu'il fallait aussi prendre en considération la totalité du budget de liaison, avec les caractéristiques de performances de l'émetteur et du récepteur.

8

Déploiement des WLAN

Pour pouvoir effectuer les bons choix lors du déploiement de WLAN, il faut au préalable avoir compris le fonctionnement du protocole 802.11, le comportement des nœuds mobiles, la sécurité de la couche MAC et la qualité de service (QoS). Le déploiement de points d'accès, ou AP, est bien plus exigeant que la simple pose de câbles et l'installation de matériels au plafond. L'aspect physique que revêt la réalisation d'une étude de site apporte à l'administrateur une bonne perception des caractéristiques essentielles du WLAN, à savoir la zone de couverture de chaque AP, le nombre d'AP requis pour couvrir une superficie donnée et le paramétrage des canaux et de la puissance de transmission.

En tant qu'administrateur, vous devez aussi prendre en compte les éléments suivants :

- déplacements types des clients sans fil ;
- applications exécutées sur les clients.

Ces deux éléments conditionnent les décisions à prendre quant au nombre d'AP nécessaire, à la quantité de zones se chevauchant et au placement des équipements de niveau supérieur, tels que les serveurs d'authentification.

Impact du déploiement sur les applications

Tout déploiement a des répercussions sur l'usage des applications, qu'il importe de bien comprendre lors de votre préparation. Les points clés à appréhender sont les suivants :

- débit utile par client ;
- type de trafic généré par les applications, en flux ou sporadique ;
- niveau de contention sur le support et niveau de latence des applications.

Le débit utile par client diminue à mesure que de nouveaux nœuds se joignent au BSS (*Basic Service Set*). Bien qu'il n'y ait aucune garantie explicite que chaque utilisateur reçoive une quantité précise de bande passante, un certain niveau d'équité dans l'utilisation du support est préservé grâce au mécanisme DCF (*Distributed Coordination Function*) de contrôle d'accès, qui veille à ce que tous les participants bénéficient d'un même niveau de participation en recevant une portion égale de bande passante. Dans un monde où l'Ethernet commuté à 10 ou 100 Mbit/s est une chose entendue, la nécessité de partager entre 10 à 25 clients, voire davantage, les débits de 11 Mbit/s et 54 Mbit/s respectivement offerts par 802.11b et 802.11a peut être perçue comme un grand pas en arrière.

Etant donné le débit nominal de 11 Mbit/s d'un réseau 802.11b et le partage du support en semi-duplex, il est raisonnable de ne pas s'attendre à un débit utile supérieur à 6 Mbit/s. Le débit total disponible par client dans le cas de 25 participants s'élève en ce cas à 245 Kbit/s. Si l'on utilise le même rapport pour un BSS 802.11a d'un débit nominal de 54 Mbit/s, le débit réel auquel on peut raisonnablement s'attendre est de 22 Mbit/s, soit un débit utile par client de 880 Kbit/s.

Ces valeurs ne sont qu'indicatives. Elles supposent que tous les clients transmettent et reçoivent un volume de données identique. Or le type des applications utilisées peut sérieusement modifier ces valeurs. Un trafic en flux continu, tel que celui d'une application voix, présente des caractéristiques très différentes de celles d'un trafic sporadique, tel que celui des protocoles HTTP ou POP3 (*Post Office Protocol*).

Un appel bidirectionnel G.711 caractéristique engendre un débit moyen de 240 Kbit/s au niveau de la sous-couche MAC. Au vu de cette valeur, on pourrait facilement croire que chaque BSS a les capacités de gérer 25 appels, totalisant environ 5,86 Mbit/s. Il faut savoir qu'un appel de ce type requiert un débit de transmission de 200 trames par seconde — 50 trames de données par seconde et 50 acquittements (802.11) par seconde dans chaque direction. Si l'on part du principe que la couche MAC 802.11b ne gère que 1 200 trames par seconde, un BSS ne peut prendre en charge que six appels seulement, un résultat nettement différent de ce que donne le calcul précédent prenant le débit de données pour seule métrique. Ce résultat ne prend toutefois en considération que le trafic des appels, à l'exclusion de celui des données sur l'AP. En l'absence de qualité de service (QoS), c'est-à-dire d'un mécanisme de contrôle d'admission ou de gestion des priorités de trafic, tout autre trafic de données transitant par l'AP dégrade la qualité des appels (voir à ce sujet le Chapitre 6).

Vous pouvez en déduire que la densité d'AP, c'est-à-dire le nombre d'AP présents dans une certaine zone, joue un rôle important dans la prise en charge des applications. Un déploiement axé sur la couverture ne peut permettre à chaque client de bénéficier de la voix sur IP (VoIP) sur 802.11, alors qu'un déploiement axé sur la capacité peut apporter la densité client/AP nécessaire. Ces deux types de déploiement sont abordés plus loin dans ce chapitre.

Les applications qui génèrent un trafic sporadique ont un comportement erratique et imprévisible, qui complique les calculs de la densité requise. Il n'existe pas de règle heuristique acceptée qui permette d'estimer le trafic futur que produiront la navigation sur le Web, le téléchargement du courrier ou l'accès aux applications client-serveur. Il vous faut donc faire des prédictions ou adopter la règle pratique consistant à limiter à 25 le nombre d'utilisateurs par AP.

La technique de contention qui prend place sur un réseau 802.11 est comparable à celle d'un réseau câblé 802.3 en semi-duplex. Toutes les stations bénéficiant du même droit d'accès, plus elles sont nombreuses, plus il y a de collisions et de phases de retenue, ou backoff, suivies de tentatives de retransmission. Comme indiqué au Chapitre 2, les mêmes problèmes se posent avec DCF pour les stations 802.11. La conséquence logique de l'accroissement des périodes de contention est une plus grande latence dans le BSS. Les stations passent alors plus de temps à tenter d'obtenir le canal qu'à transmettre et recevoir des trames. Le problème se répercute au niveau des protocoles des couches supérieures, et le risque d'expiration des temporisateurs et d'interruption des sessions augmente.

Si vous êtes confronté à ce genre de situation, il est conseillé d'opter pour un déploiement à forte densité d'AP. Même si elle paraît à première vue plus onéreuse, cette option est logique si l'on met dans la balance le faible coût des AP et l'impact financier d'une baisse de productivité. Il est préférable de procéder dès le départ à un déploiement approprié, plutôt que de réaliser par la suite une seconde étude afin d'améliorer l'environnement existant.

Il est possible de procéder aux interventions suivantes sur les clients pour tenir compte des BSS à forte contention :

- **Ajustement du seuil de fragmentation.** Cette valeur définit la taille la plus grande qu'une trame peut prendre avant de subir une fragmentation. Comme nous l'avons vu au Chapitre 2, les trames les plus courtes ont une meilleure chance d'être reçues par le client ou l'AP.

- **Ajustement du seuil RTS (*Request To Send*).** Cette valeur indique la taille la plus grande qu'une trame peut prendre avant que le transmetteur n'envoie un signal RTS. Un RTS permet à l'émetteur, client ou AP, de réserver utilement le support pendant une certaine durée pour envoyer une trame et en recevoir l'acquittement.

Toutefois, les environnements de WLAN ne recourent généralement pas à ces mécanismes, car ils sont configurés manuellement sur les clients et ne sont pas signalés par l'AP. Durant les périodes de congestion, c'est l'administrateur qui doit configurer toutes les stations ou demander à l'utilisateur de le faire. Cette intervention n'est ni vraiment pratique ni même envisageable sur de grands WLAN. En outre, il faut choisir avec prudence la valeur de ces seuils car l'amélioration des performances qu'ils procurent s'accompagne d'un coût, du fait de l'accroissement du nombre de trames et des périodes de contention.

Les deux types de déploiement de WLAN

Pour concevoir un WLAN, vous avez le choix entre deux types de déploiement :

- axé couverture ;
- axé capacité.

Nous utiliserons le plan exemple illustré à la Figure 8.1 dans notre présentation de ces deux orientations.

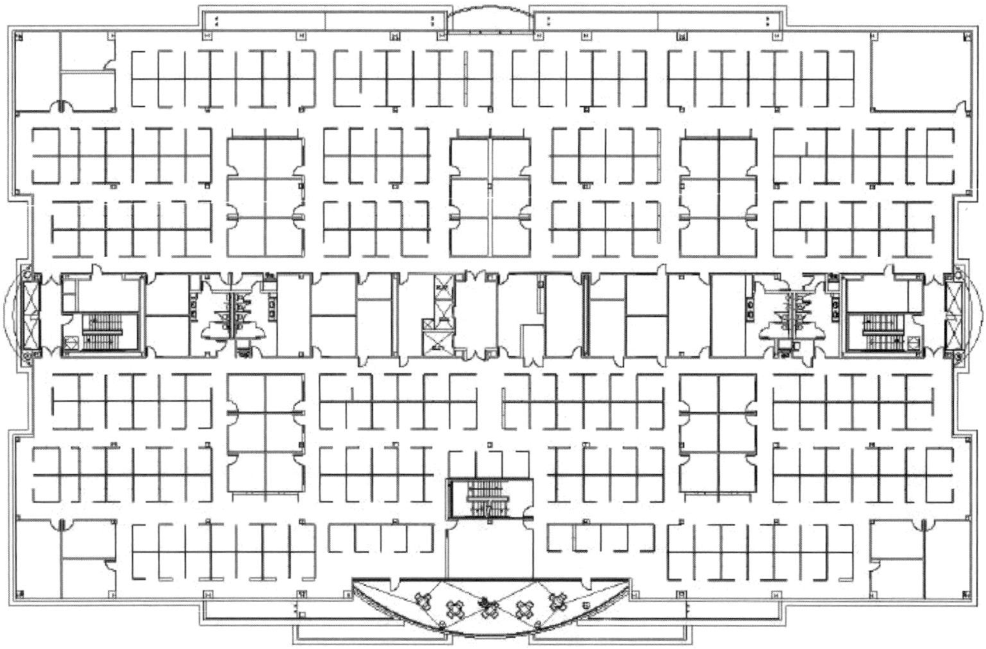

Figure 8.1
Plan au sol exemple.

WLAN axé couverture

Un WLAN axé sur la couverture vise à fournir une couverture maximale avec le moins d'AP possible. Un réseau type selon ce modèle présente un rapport utilisateur/AP de 25 pour 1. Voici certaines des caractéristiques que l'on retrouve dans ce genre de déploiement :

- trafic applicatif sporadique, avec un faible débit de paquets, tel que celui d'un lecteur de code-barres ou celui issu de requêtes de base de données ;
- faibles besoins en bande passante, permettant au débit de données de descendre jusqu'à 1 ou 2 Mbit/s ;
- facilité de maintenance, pouvant permettre de pallier l'absence ou l'insuffisance de personnel de maintenance local au WLAN.

Dans un déploiement axé couverture, les applications génèrent peu de paquets, et les exigences en bande passante sont faibles. Par conséquent, les utilisateurs peuvent s'attendre à disposer d'un débit utile très élevé.

Ce type d'installation peut s'accommoder d'un accroissement du nombre des utilisateurs tout en offrant des performances adéquates. On le retrouve fréquemment dans des environnements d'entrepôts ou de magasins de détail, dans lesquels le WLAN joue un rôle crucial pour les travaux d'inventaire et les achats Just-in-Time, et lorsque le personnel informatique se trouve sur un site central, sans personnel local pour dépanner les problèmes de couverture.

Des sites régionaux de petite ou moyenne envergure peuvent aussi préférer ce type d'environnement à l'Ethernet câblé dans certains endroits, notamment lorsqu'ils doivent subir de fréquents déménagements, réalisant ainsi une économie de câblage de catégorie 5. Un WLAN simple peut être rapidement déployé pour fournir une connectivité de base pour le partage de fichiers ou d'imprimantes.

La Figure 8.2 reprend le même exemple de plan au sol avec un déploiement de WLAN axé couverture.

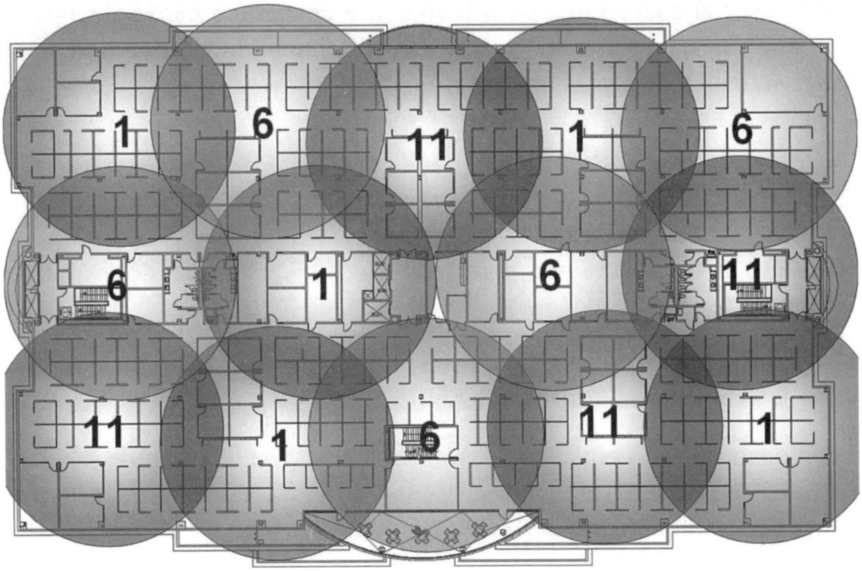

Figure 8.2
Plan au sol exemple avec déploiement d'un WLAN axé couverture.

Dans cette figure, le déploiement prend en charge 25 à 30 utilisateurs par AP. Pour fournir une couverture complète, le plan utilise 14 AP. Toutes les zones sont desservies, y compris les locaux de stockage, les toilettes et les cages d'escalier, là où une couverture pourrait normalement ne pas être requise. La configuration proposée sert simplement à notre présentation, et il est vraisemblable que des déploiements réels utiliseraient moins d'AP.

WLAN axé capacité

Un WLAN axé sur la capacité vise à maximiser le débit et la vitesse de transmission des paquets par client dans un BSS. La taille des cellules est plus petite dans ce modèle que dans le précédent, nécessitant une plus grande densité d'AP. Ce type de déploiement trouve sa place dans les environnements présentant les caractéristiques suivantes :

- applications à fort débit de paquets ;
- applications sensibles à la latence ;
- sous-réseaux de petite taille ou plusieurs sous-réseaux par zone de couverture ;
- forte densité de clients.

La Figure 8.3 reprend le même exemple de plan au sol, mais cette fois avec un déploiement axé capacité. Par rapport au modèle précédent, la zone de couverture de chaque AP est plus petite, les cellules ayant pratiquement réduit de moitié. Chaque AP fournit une couverture pour environ 12 utilisateurs, et la totalité du déploiement requiert maintenant 30 AP, soit plus du double du modèle axé couverture, qui en compte 14

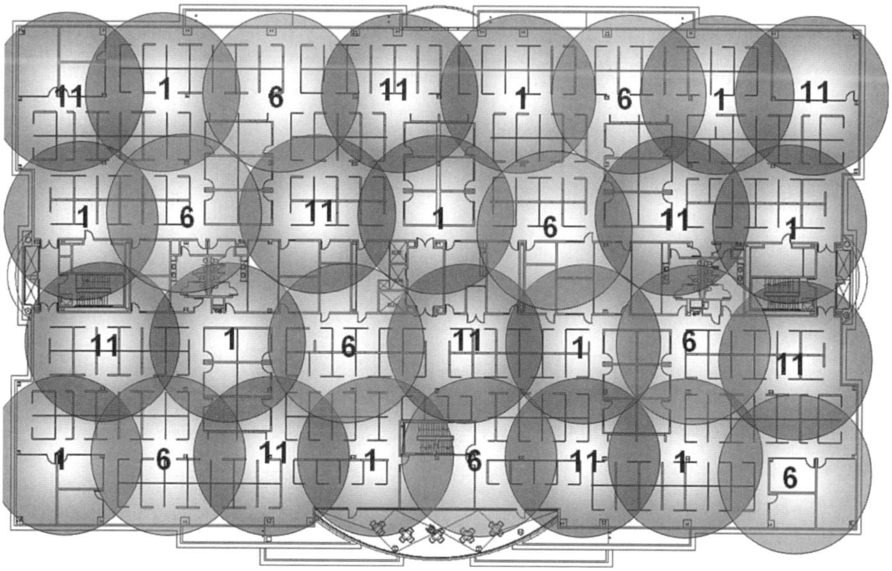

Figure 8.3

Plan au sol exemple avec déploiement d'un WLAN axé capacité.

Déploiement par phases

Beaucoup de déploiements se font par phases, en commençant par couvrir certaines zones seulement, telles que les salles de réunion. Il s'ensuit généralement que seuls les utilisateurs situés à proximité de ces zones peuvent tirer parti du WLAN. Ceux qui sont plus éloignés doivent s'en passer. Ce type d'installation fournit les bases d'un déploiement ultérieur plus complet, qui intervient une fois que le WLAN est en place depuis un certain temps. Ce sont les demandes des utilisateurs qui, à un moment donné, forcent le service informatique à procéder à l'extension du WLAN. Il est donc utile de se préparer à un déploiement total, même lorsqu'on débute par une couverture partielle.

Une étude de site initiale visant un déploiement intégral est alors une étape logique. La Figure 8.4 illustre un déploiement partiel fondé sur l'étude présentée à la Figure 8.2. Les AP installés couvrent les zones communes et les salles de conférence du plan. Les points noirs représentent l'emplacement des AP d'un déploiement futur, lesquels n'interféreront pas avec les AP existants. Dans cette configuration, les AP se trouvent aux mêmes endroits que ceux de la configuration présentée à la Figure 8.2. La conception accepte ainsi des déploiements futurs sans qu'il soit nécessaire de recourir à d'autres études de site coûteuses.

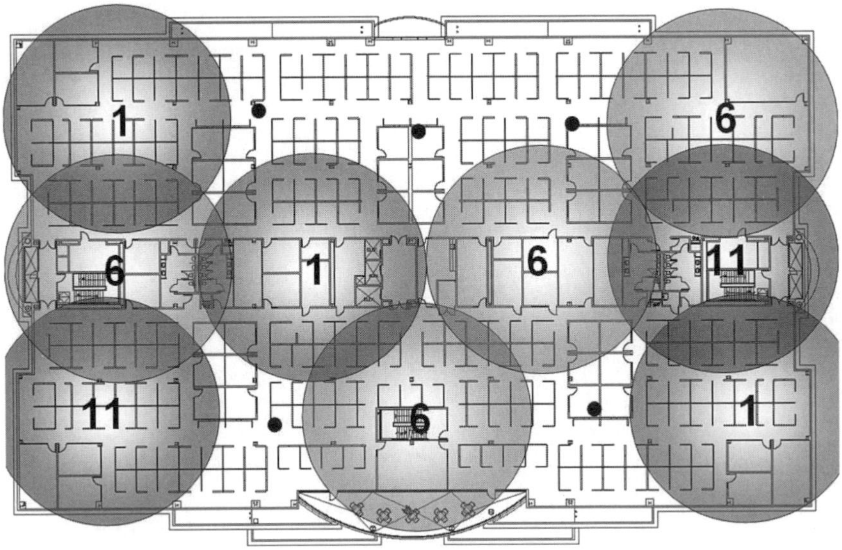

Figure 8.4
Déploiement partiel d'AP.

L'étude de site

En tant qu'administrateur, ce que vous devez découvrir est le nombre, l'emplacement et la configuration des AP à installer dans l'environnement. Pour cela, il vous faut déterminer si le déploiement final doit être axé sur la couverture, la capacité ou représenter une combinaison hybride tirant parti des deux modèles.

Comme indiqué en introduction, l'aspect physique d'une étude de site permet de se faire une idée de la couverture propre à chaque AP, du nombre d'AP requis pour couvrir la superficie donnée, des paramètres de canaux et de puissance de transmission et du modèle et du gain des antennes requises. Fort de ces informations, vous pouvez déterminer le rapport utilisateurs/AP et faire une estimation du débit maximal et du débit en paquets par utilisateur pour un WLAN axé couverture. Dans le cas d'un déploiement axé capacité, vous pouvez commencer par déterminer le rapport utilisateurs/AP en partant du débit désiré, du débit de données par utilisateur et de la densité d'utilisateurs. D'autres facteurs doivent être considérés, à commencer par les limitations de l'infrastructure filaire et son aptitude à prendre en charge vos AP. Pour finir, vous placez et configurez vos AP de manière à maximiser les performances globales du BSS.

Les défis

La réalisation d'une étude de site à des fins de déploiement d'un WLAN demande de se confronter à nombre de difficultés. Il faut appréhender ces dernières dès le départ, avant même d'entamer l'étude. Par exemple, si vous ne maîtrisez pas l'infrastructure filaire en place dans un entrepôt, vous risquez de placer des AP dans des endroits qui excèdent la longueur maximale de segment de 100 m du 100BaseT de catégorie 5. Vous aurez alors passé un certain nombre d'heures à effectuer des mesures et des calculs pour découvrir qu'il vous faut tout recommencer depuis le début. De nombreux obstacles à surmonter relèvent de votre domaine d'activité, comme dans l'exemple de l'entrepôt, où l'étendue de la superficie peut réclamer des solutions uniques. Cette section étudie les problèmes à surmonter et les moyens de les identifier. Le Chapitre 10 replace ces problèmes et solutions dans le contexte de situations réelles.

Outre la superficie à couvrir, il faut prendre en compte la façon dont l'environnement de propagation peut varier avec le temps. Dans l'exemple de l'entrepôt, l'environnement présente différentes caractéristiques de propagation selon que les étagères sont totalement remplies ou vides. Il faut aussi être attentif aux objets qui tendent à réfléchir les micro-ondes, provoquant une propagation multitrajet (*multipath*), comme expliqué au Chapitre 7, ou à ceux qui les absorbent, rendant au contraire difficile la propagation. Les étagères remplies de produits en papier, par exemple, contribuent à une limitation du niveau de propagation global des signaux radio, constituant de surcroît des écrans qui font obstacle à la couverture de certaines zones, à l'image de ce qu'ils provoquent vis-à-vis de la lumière. Une autre difficulté à surmonter, à l'opposé de celle-ci, est la propagation libre que favorisent des étagères métalliques vides totalement exposées, entraînant là aussi des propagations multitrajet qui nuisent à la qualité des transmissions. Votre étude doit tenir compte de ces situations extrêmes et des besoins du réseau dans de telles conditions.

Pour remédier à ces variations de couverture, avec des étagères parfois totalement vides et d'autres fois totalement pleines, vous pouvez recourir à des zones plus petites ou plus directionnelles, émettant des ondes directement là où elles sont requises à partir d'emplacements qui ne sont jamais obstrués. En même temps, vous veillerez à minimiser les débordements d'émission dans les autres zones lorsque les étagères sont vides en diminuant les paramètres de puissance de transmission ou en utilisant des antennes directionnelles. Dans tous les cas, réalisez des mesures rigoureuses de la puissance du signal lors de votre étude pour garantir un conception stable et robuste.

Dans un environnement de magasin de détail, le réseau est sollicité de manière variable. L'usage du support peut être faible s'il s'agit simplement d'appels de la part des responsables à partir de combinés 802.11 durant les heures normales de travail. A l'inverse, il peut être intense lorsqu'un grand nombre d'employés patrouillent dans les allées munis de lecteurs de code-barres lors des sessions d'inventaire tardives. Ces lecteurs nécessitent la transmission de nombreux petits paquets de transaction, qui doivent arriver à destination dans un certain intervalle de temps. Un besoin à l'opposé de celui-ci serait un écran d'affichage de vidéos de promotions spéciales qui réclamerait un débit très élevé. Dans le cas des lecteurs, vous devez fournir 100 % de couverture pour qu'ils soient opérationnels quel que soit l'endroit où ils se trouvent. Etant donné qu'il y a peu de données à échanger, une couverture à faible débit est suffisante dans certaines zones. Au contraire, l'affichage vidéo nécessite une couverture avec un débit élevé mais uniquement sur une borne située dans un endroit fixe ou dans une partie seulement d'une zone où la couverture des lecteurs est requise.

Il est possible que vous ne puissiez contrôler certaines sources d'interférence, telles que les téléphones sans fil, dans certains pays, les fours à micro-ondes ou d'autres WLAN. Aux Etats-Unis, les combinés téléphoniques sans fil non-802.11 représentent la source d'interférence la plus nuisible pour les WLAN. Souvent conçus pour opérer outre-Atlantique dans la bande ISM des 2,4 GHz ou 5,8 GHz, il emploient le saut de fréquence ou la séquence directe pour leurs communications. Si des interférences se produisent, le niveau de dégradation dépend du nombre et du type des combinés utilisés. Certains téléphones 2,4 GHz de qualité consommateur peuvent encombrer la totalité de la bande alors que d'autres, plus conviviaux, n'ont d'impact que sur certaines fréquences. Si seul un combiné est employé, comme au domicile, le meilleur conseil à suivre est de placer la station de base loin des AP ou des endroits où l'activité des clients est prévue. Un environnement de bureau avec de nombreux téléphones peut contribuer à une augmentation du niveau global de bruit de fond, entravant les transmissions WLAN. La meilleure recommandation est d'employer un système téléphonique compatible avec 802.11 ou de maintenir vos réseaux, téléphonique et données, dans des bandes de fréquences différentes. En Europe, les différentes technologies de téléphonie sans fil n'utilisent pas la bande ISM des 2,4 GHz et ne provoquent donc aucune interférence avec les réseaux 802.11.

Une autre difficulté, souvent rencontrée dans le secteur de la santé, est introduite lorsque votre réseau de données peut être une source d'interférence nuisible pour des équipements dont l'activité est vitale pour le domaine concerné. Etant donné que la bande ISM des 2,4 GHz a été allouée aux équipements médicaux, certains hôpitaux ont des appareils qui opèrent dans cette bande. En règle générale, les WLAN opèrent à des niveaux de puissance beaucoup plus bas que ces équipements médicaux, et il est probable que vous puissiez les placer sur des canaux où ces derniers ne se trouveront pas ou leur attribuer des niveaux de puissance qui n'interférent pas. Dans une telle situation, la première chose à faire est de savoir où les équipements médicaux se trouvent et quelles sont leurs caractéristiques. Aux Etats-Unis, un dispositif WLAN qui se conforme à la réglementation 601-1.2 de l'IEC (*International Electrotechnical Commission*) respecte les limites exigées par l'industrie. Cette conformité ne garantit pas l'absence d'interférences mais diminue le risque d'en provoquer. Pour éviter tout problème si votre environnement fait usage d'équipements vitaux dans la bande des 2,4 GHz, la voie la plus simple consiste à utiliser 802.11 dans une bande non-ISM, telle que la bande U-NII-1.

L'environnement physique peut lui-même être problématique s'il demande de soumettre les équipements à des niveaux de température ou d'hygrométrie extrêmes ou à une forte humidité. Par exemple, si vous devez fournir une couverture dans des zones réfrigérées d'un entrepôt, il faut placer l'AP dans un boîtier chauffé si la température environnante tombe au-dessous de la plage fixée par le constructeur. De même, si vous créez des hot-spots à l'extérieur et que vous ne vouliez pas faire courir un long câble RF pour l'AP depuis l'emplacement interne vers l'antenne extérieure, vous pouvez placer l'AP dans un boîtier étanche pour le protéger de la pluie ou d'autres éléments naturels.

Si vous devez fournir une couverture sur plusieurs étages, comme dans un immeuble d'appartements, gardez à l'esprit que votre réseau du premier étage peut interférer avec celui du deuxième étage, et *vice versa,* selon la façon dont l'édifice a été conçu et construit. Ce genre de problématique allonge le délai de l'étude car il faut procéder à des mesures de la puissance du signal pour l'étage voulu, ainsi que pour les étages supérieur et inférieur.

Dans les environnements de commerce ou scolaires, vous pouvez être confronté à des préoccupations esthétiques exigeant de dissimuler l'infrastructure. Il peut aussi s'agir de la protéger d'actes de vandalisme ou de satisfaire à des besoins spécifiques de la société ou de la communauté concernée. Dans ces circonstances, il est courant de placer les AP de qualité plenum au-dessus des faux-plafonds, si l'espace est disponible, puis de placer les antennes au niveau des plafonds ou des murs. En raison de leur petite taille et de leur profil plat, les antennes Patch conviennent à ce genre de situation.

Outre ces difficultés, vous devez prendre en considération les caractéristiques des équipements clients que vous devez prendre en charge, la nature des employés qui les utiliseront et le type des applications qui seront exécutées au sein du WLAN. Avec des PC statiques dans un environnement de bureau, il se produit peu de déplacements. La conception peut donc s'orienter vers une couverture avec moins de chevauchements. Même si des laptops sont utilisés, il n'est pas nécessaire de fournir une couverture à fort débit loin des bureaux et des salles de conférence. Si vous travaillez pour une société d'ingénierie qui emploie des applications réclamant une large bande passante, telles que des outils CAD, vous devez maximiser les capacités en créant des cellules plus petites gérant moins d'utilisateurs. A l'inverse, si vos utilisateurs travaillent avec des applications fonctionnant en sessions sur des lecteurs de code-barres, ils peuvent avoir des besoins en bande passante minimaux mais doivent bénéficier d'une couverture leur permettant de se déplacer sans difficulté, avec un support de la connectivité dans toutes les zones. Avec la voix, le réseau est encombré par de nombreux petits paquets. Vous devez donc connaître les capacités des équipements d'infrastructure de votre WLAN à l'égard de ce type de trafic.

Dans tous ces exemples, il ne doit y avoir aucune rupture de couverture. Certains clients spécialisés peuvent même ne pas gérer de hauts débits de données, et vous devez envisager cette éventualité. De toutes ces questions, l'essentiel pour vous est de comprendre les besoins en matière de débit utile et de transmission de paquets imposés à votre réseau, à la fois sur un plan global et pour des besoins particuliers.

Certification Wi-Fi

Le logo de certification Wi-Fi apposé sur les équipements garantit un niveau d'interopérabilité de base entre les équipements de différents constructeurs. Il est impératif que vos dispositifs de points d'accès et clients affichent ce label. En effet, comme indiqué au Chapitre 7, la Wi-Fi Alliance réalise des tests d'interopérabilité vous permettant de procéder à votre déploiement sans avoir à vous soucier des éventuels problèmes d'incompatibilité.

Comme nous l'avons déjà dit, il ne suffit pas de comprendre les besoins relatifs à l'infrastructure sans fil. Il faut aussi avoir une parfaite connaissance de l'infrastructure LAN à laquelle votre WLAN sera relié. Un point parmi les plus importants qu'il importe de connaître est la topologie du réseau filaire. Vous devez savoir quels sont les hubs, commutateurs ou routeurs auxquels vous serez connectés et où ils sont localisés. Il vous faut également connaître le type d'interface du LAN, probablement UTP, mais ce pourrait être un câblage en fibre optique. Souvenez-vous que l'Ethernet 100BaseT ne peut avoir de segments excédant 100 m sur du câble UTP de catégorie 5. Si DHCP (*Dynamic Host Configuration Protocol*) est utilisé, renseignez-vous sur l'emplacement du serveur et la durée des baux d'adresses. Les clients de WLAN peuvent avoir d'autres exigences que les clients de LAN.

Vous devez savoir si le câble court à travers des espaces plenum et si l'équipement d'infrastructure doit pouvoir être déployé à ces endroits. La plupart des immeubles ont des murs pare-feu, et des réglementations propres à chaque pays prévoient des procédures pour les passer. Vous devez aussi mesurer les longueurs de câble avec des segments droits et des segments pliés à 90 ° et prévoir des boucles de service pour le câblo-opérateur pour résoudre les imprévus. Si des câbles d'antennes sont utilisés, réduisez leur longueur, et soyez au fait des pertes qu'ils introduisent en fonction de la fréquence à laquelle vous opérez.

Le matériel nécessaire à l'analyse de site

Après avoir recensé les problèmes à surmonter, les exigences à satisfaire et les objectifs à atteindre, il est temps de se pencher sur les outils qui seront utiles à la conduite de votre analyse. Ces outils incluent :

- Les équipements clients, les dispositifs radio et les antennes que vous implémenterez dans votre réseau.
- Les AP, avec les packs de batteries leur permettant de fonctionner au moins huit heures d'affilée.
- Deux antennes pour chaque type d'antenne que vous projetez d'utiliser.
- Les outils de montage pour les AP, les packs de batteries et les antennes (cela peut comprendre du ruban vinyle et divers types d'attaches).
- Des marqueurs pour indiquer l'emplacement des AP.
- Un outil de mesure, par exemple une roue, pour mesurer les distances horizontales et verticales.
- Du câble RF ou un atténuateur si vous prévoyez l'emploi d'antennes distantes.
- Un analyseur pouvant donner le niveau et la qualité du signal en réception, le niveau de bruit et d'interférence et les performances de transmission des paquets.

Conduite de l'étude

Après avoir collecté les outils requis, il est temps de passer à la réalisation de l'étude. Comme indiqué en début de section, les questions que vous devez vous poser lors de l'étude sont les suivantes :

- Où les AP doivent-ils être placés ?
- Comment doivent-ils être montés ?
- Comment se connectent-ils au LAN ?
- Où devez-vous poser les câbles et sources d'alimentation ?
- Quelles sont les antennes à utiliser, et où doivent-elles se trouver et être montées ?
- Comment devez-vous définir les paramètres de configuration pour qu'ils se traduisent en caractéristiques de couverture, telles que la puissance et le débit de données ?
- Quelles sont les paramètres de canaux à utiliser ?

Les réponses à ces questions doivent être suffisamment détaillées pour qu'une autre personne puisse procéder à l'installation.

Etant donné les finalités différentes des deux types de déploiement, axé couverture ou capacité, les étapes de votre étude physique sont légèrement différentes selon le modèle adopté. Dans tous les cas, il faut éviter les chevauchements lors de l'assignation des canaux et réaliser votre étude pour chaque canal utilisé. Vous devez aussi effectuer des mesures au débit minimal souhaité. Dans le cas d'un déploiement sur plusieurs étages, souvenez-vous que les étages situés au-dessus et au-dessous de l'étage considéré font partie des extrémités et qu'il faut, là aussi, réaliser certaines mesures. Toutes ces mesures sont importantes pour ne pas risquer des altérations imprévues de la part d'une source d'interférence non identifiée. Si les cellules semblent plus petites que prévu, essayez de changer de canal car il est possible que cela provienne d'interférences.

Voici comment procéder dans le cas de l'approche axée sur la couverture. Choisissez un emplacement à une lisière de la superficie à couvrir, généralement un coin si la surface est rectangulaire, et placez-y un AP. De là, progressez vers le centre de votre surface jusqu'à identifier la limite de la zone partielle considérée. Déplacez l'AP à cet emplacement, et analysez la couverture. A ce stade, deux choix se présentent :

- Adopter la même technique pour les autres extrémités de votre surface puis remplir les trous au centre.
- Placer le prochain AP à la lisière de la première zone et identifier la limite de la zone qu'il couvre ; placer l'AP sur l'emplacement trouvé et progresser sur toute la surface de la même manière.

Quel que soit votre choix, vous devez identifier les limites de vos zones pour autoriser un niveau approprié de chevauchement. La Figure 8.5 illustre un exemple de l'approche par les extrémités. La Figure 8.6 donne un exemple de la progression d'AP en AP. Les AP en gris pâle signalent la position initiale utilisée pour déterminer l'emplacement final d'un AP au centre de la zone considérée. Les flèches montrent de quelle façon une position provisoire d'AP est utilisée pour déterminer la place qu'il doit occuper.

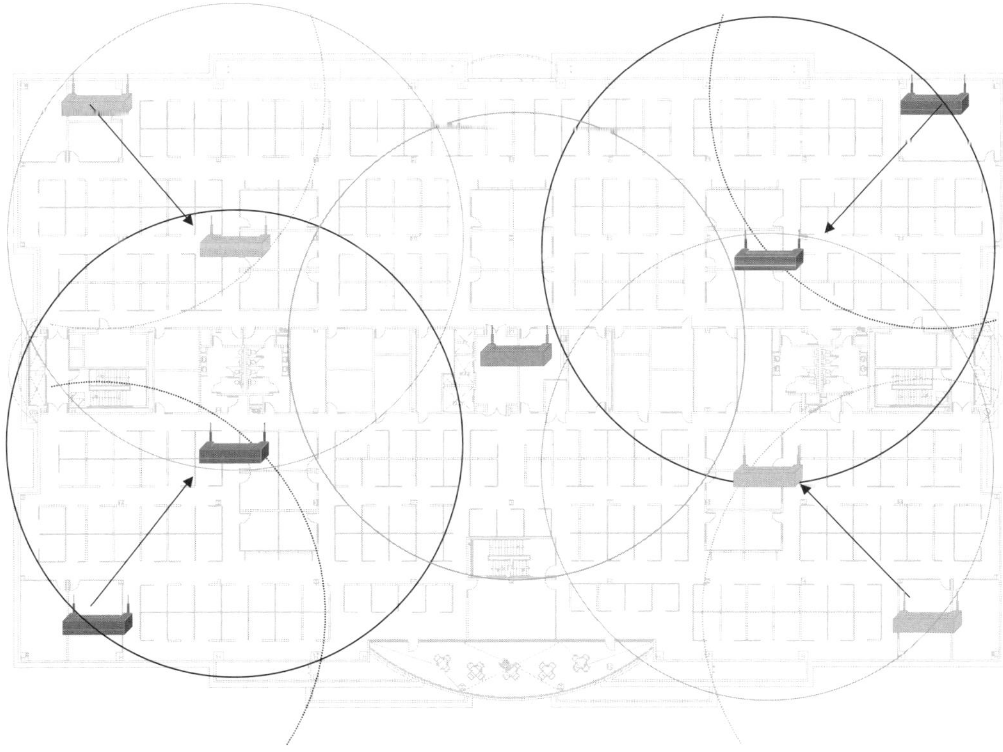

Figure 8.5
Installation d'AP selon l'approche par les extrémités.

Dans le cadre d'un déploiement axé sur la capacité, déterminez le nombre d'utilisateurs que vous souhaitez associer à chaque AP ainsi que leur répartition dans la zone. A partir de là, déterminez le rayon souhaité pour la cellule. Utilisez les techniques présentées, mais ajustez la puissance jusqu'à ce que vous atteigniez la taille de cellule adéquate. Vous préférerez vraisemblablement la méthode par les extrêmes si votre communauté d'utilisateurs est formée de poches isolées. Par contre, si la répartition des utilisateurs est régulière et constante à travers l'environnement, l'autre méthode est plus appropriée.

Selon la complexité du site et des besoins, le déploiement demande un nombre plus ou moins important de tentatives et de rectifications jusqu'à atteindre l'objectif visé. Il faut aussi faire preuve de créativité car un problème peut trouver sa solution dans diverses configurations.

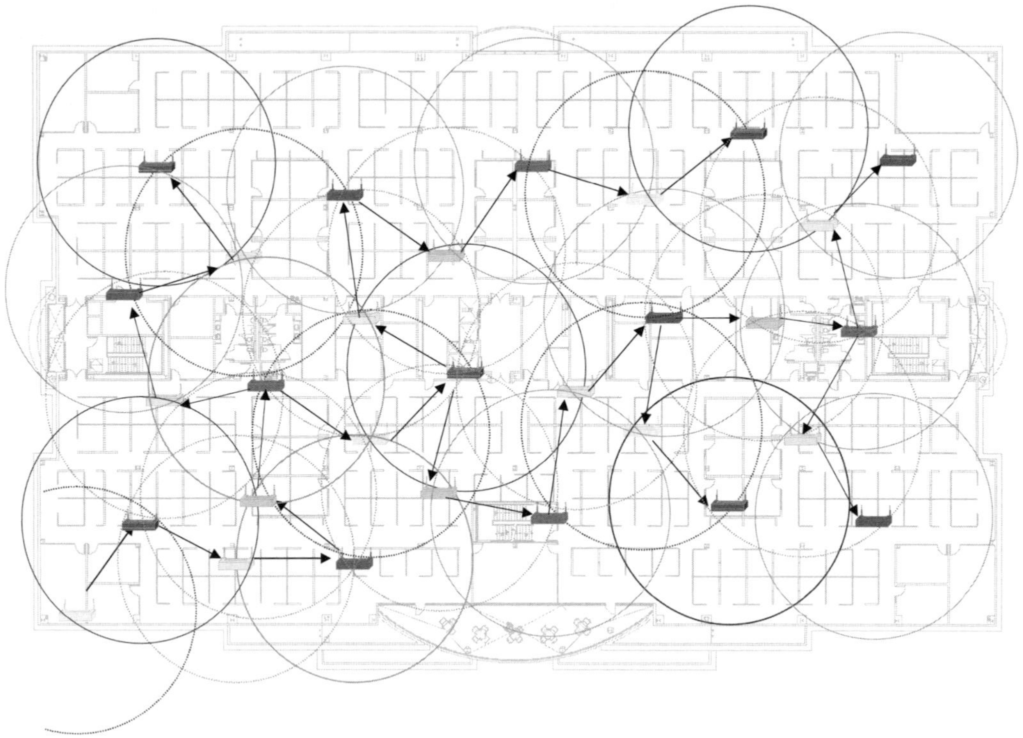

Figure 8.6
Installation d'AP selon la progression d'AP en AP.

INFO

Pour illustrer un exemple de solutions multiples, vous pouvez utiliser des antennes directionnelles, telles que le modèle Yagi, pour couvrir les ailes d'un entrepôt dans le cas où seule une extrémité dispose d'une connectivité Ethernet ou faire courir un câble en fibre optique jusqu'à l'AP situé à l'autre extrémité.

Considérations relatives aux couches supérieures

Après avoir terminé l'analyse de votre site et réalisé le déploiement physique approprié, la seconde phase de l'implémentation de votre WLAN peut commencer. Un WLAN sécurisé nécessite la participation d'un serveur AAA (*Authentication, Authorization, Accounting*), tel qu'un serveur RADIUS, pour pouvoir authentifier les utilisateurs. Vous devez en outre installer un système de gestion du réseau, soit en étendant une plate-forme existante, telle que CiscoWorks, soit en introduisant un système spécifique au domaine de façon à superviser le WLAN.

Intégration de 802.1x

Le Chapitre 4 détaille la sécurité des WLAN et la façon dont les mécanismes apportés par 802.1x ont été intégrés dans les spécifications de WPA (*WiFi Protected Access*) et le standard 80211i à venir. La solution demande de recourir à un serveur AAA pour assurer l'authentification utilisateur. Ce dernier est généralement situé dans un centre de données sécurisé, à plusieurs sauts de routeurs de votre réseau. Avec l'avènement de la commutation ultrarapide (*wire rate*) de niveau 3, vous pouvez mesurer en millisecondes voire en microsecondes le niveau de latence intervenant entre votre environnement et le centre de données.

Les implémentations fondées sur 802.1x augmentent en complexité lorsqu'une liaison WAN intervient dans la communication. Ce type de lien fournit généralement une bande passante inférieure à celle d'un LAN et peut de ce fait provoquer des congestions. Une congestion peut avoir un fort impact négatif sur l'authentification 802.1x, des paquets RADIUS supprimés pouvant provoquer la temporisation puis l'échec de la procédure d'authentification des utilisateurs (voir Figure 8.7), ainsi que sur le roaming.

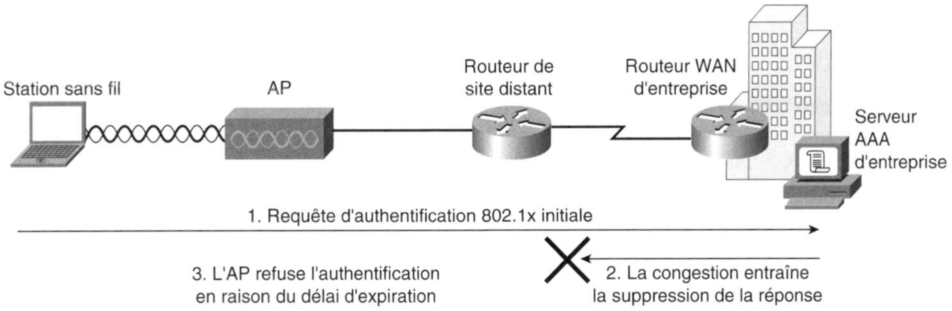

Figure 8.7
Impact négatif d'une congestion de liaison WAN sur l'authentification 802.1x de sites distants.

Vous pouvez solutionner le problème de différentes façons :

- Utiliser la qualité de service (QoS) pour donner une priorité élevée aux paquets RADIUS 802.1x qui traversent la liaison WAN.
- Installer un serveur AAA sur le site distant.

Assignation d'une haute priorité aux paquets RADIUS avec la QoS d'IP

L'emploi de la QoS est simple et fournit une priorité aux paquets RADIUS 802.1x lors des situations de congestion sur la liaison WAN. Si la QoS est déjà implémentée pour gérer les applications de VoIP, la procédure supplémentaire de configuration des routeurs et commutateurs Cisco requise est minimale.

Le trafic VoIP possède généralement une valeur de priorité de 5 et un code DSCP de différenciation de services EF (*Expedited Forwarding*). Le trafic vidéo reçoit généralement une priorité IP de 4 et un DSCP de AF41 à AF43 (*Assured Forwarding*). Le trafic de contrôle VoIP (pour MGCP ou H.323) a généralement une priorité IP de 3 et un DSCP de AF31 à AF33. Le trafic RADIUS 802.1x peut être vu comme un trafic crucial de contrôle de réseau. Il est raisonnable de le classer comme le trafic de contrôle VoIP, avec une priorité IP de 3 et un DSCP de AF31 à AF33. Ces valeurs sont récapitulées dans le Tableau 8.1.

Tableau 8.1 : Récapitulatif des classes de services d'IP

Fonction	*Priorité IP*	*DSCP*
VoIP	5	EF
Vidéo	4	AF41-AF43
Signalisation (contrôle d'appel VoIP, 802.1x)	3	AF31-AF33
Données simples	0	0

L'emploi de la QoS pour attribuer une priorité au trafic RADIUS ne résout pas tous les problèmes associés à l'authentification de sites distants. Les problèmes suivants peuvent aussi survenir :

- rupture d'alimentation ;
- latence du réseau WAN.

En cas de défaillance de la liaison WAN, les stations du WLAN ne peuvent plus accéder au WLAN, privant les utilisateurs des ressources locales. Les liaisons WAN affichant une latence élevée, comme les VSAT, peuvent également constituer un obstacle car les temporisateurs de la procédure d'authentification sur l'AP ou le client peuvent tout simplement expirer. Ces situations peuvent dégrader les performances des stations.

Authentification locale au site distant

L'authentification locale sur les sites distants peut paraître la solution évidente au problème, mais elle n'est pas exempte de défauts. Le déploiement de serveurs AAA sur des sites distants présente les inconvénients suivants :

- Coût : des déploiements de grande envergure nécessitent au moins un serveur par site.
- Administration :
  - Les serveurs d'authentification peuvent se chiffrer en milliers, selon le déploiement.
  - La réplication des bases de données d'utilisateurs vers de nombreux sites peut donner lieu à d'autres problèmes.
  - L'accès constant au serveur central de la part des administrateurs de sites distants peut devenir problématique.

Certains fabricants, tel Cisco Systems, intègrent des fonctionnalités de "survie" de WAN (*survivability*) dans leurs AP, de façon à épargner aux clients le besoin d'engager des dépenses pour gérer les problèmes liés à l'installation de serveurs AAA locaux (voir Figure 8.8). Bien que la solution ne soit pas parfaite, elle permet aux administrateurs de déployer en toute confiance des WLAN sur des sites distants tout en administrant une seule base de données d'authentification.

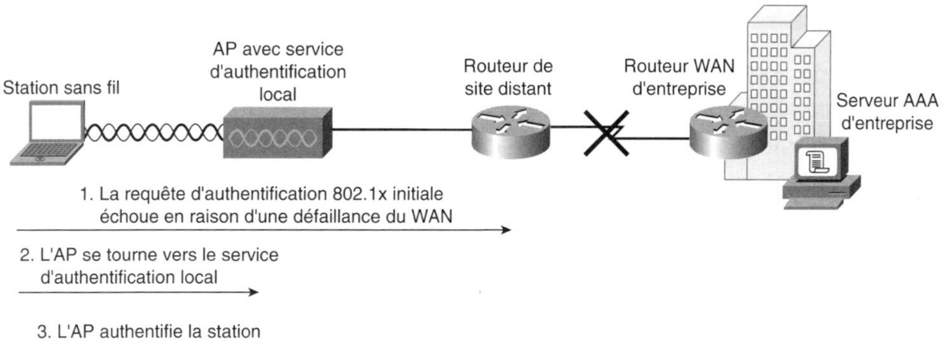

Figure 8.8
Authentification locale sur un AP.

Administration des WLAN

La gestion de réseau, et en particulier de WLAN, est un vaste sujet, qui pourrait à lui seul faire l'objet d'un livre. Cette section souligne les concepts clés à considérer lors du déploiement.

Une règle valable pour tout type de réseau est que l'on ne peut pas gérer ce que l'on ne peut mesurer.

Les grands réseaux peuvent contenir jusqu'à un millier d'équipements à gérer. Dans un déploiement type de WLAN pour grande entreprise, il n'est pas rare de voir trois fois plus d'AP. Les WLAN peuvent influer considérablement sur la façon dont vous gérez votre réseau et représenter un défi pour les outils que vous utilisez déjà. Pour qu'un WLAN fonctionne de façon aussi fiable qu'un LAN tout en minimisant les complexités liées à la gestion, vous devez employer une solution qui inclue l'administration de WLAN.

Les administrateurs des premiers déploiements de WLAN ont été confrontés à de gros problèmes liés à la gestion du réseau. La plupart des suites logicielles d'administration, d'un bon rapport qualité/prix, ont du mal à s'accommoder de réseaux de plusieurs milliers d'équipements sans recourir à plusieurs stations de gestion. Aucune n'offre de fonctionnalités de gestion spécifiques pour les environnements radio. Cette lacune a eu pour conséquence des implémentations présentant des performances médiocres, forçant les administrateurs à développer leurs propres kits d'outils pour gérer plus efficacement leurs WLAN. Aujourd'hui, toutefois, la plupart des laptops sont équipés en standard d'une carte réseau 802.11, et les utilisateurs commencent à s'appuyer sur les WLAN et demandent le même niveau de disponibilité que sur les réseaux filaires.

De nombreuses solutions de gestion de WLAN proposent des services semblables à ceux que l'on trouve sur les réseaux câblés, tels le polling SNMP (*Simple Network Management Protocol*), la collecte d'événements (*trap*), la distribution de configuration ou de firmware, etc. Aucune solution ne donne à l'administrateur un aperçu du réseau radio lui-même. Les performances des WLAN diffèrent beaucoup selon les implémentations. Certaines matières utilisées dans les murs ou l'emplacement des sources d'interférence extérieures, telles que des fours à micro-ondes, ont une influence sur ces réseaux. L'introduction d'équipements Bluetooth ou de clients ad-hoc et la présence de voisins utilisant des WLAN influent sur les performances des WLAN, pouvant aller jusqu'à entraver leur fonctionnement.

Les outils de gestion d'un réseau radio peuvent apporter à l'administrateur une vision claire de tous ces points. Selon la solution implémentée, il est possible d'automatiser le contrôle des paramètres radio, tels que la sélection de fréquence ou de canal, ou la puissance de transmission d'un client ou d'un AP, afin d'adapter la communication aux environnements où la connectivité radio est rendue difficile.

En tant qu'administrateur, cherchez des solutions qui apportent ces fonctionnalités car elles vous faciliteront le travail. Les réseaux sans fil représentent un tel changement d'orientation par rapport aux réseaux câblés que, à défaut d'avoir des années d'expérience, il est conseillé de se munir d'un outil de gestion capable d'effectuer des calculs complexes pour l'analyse de site, d'identifier les pertes de propagation et de détecter les interférences.

Résumé

Les décisions que vous prenez lors du développement d'un WLAN sont cruciales pour obtenir des performances optimales :

- Quels sont les types d'utilisateurs qui utiliseront le WLAN ? Seront ils très mobiles ou nomades ?
- Quels types d'applications seront utilisées sur le WLAN ?

Bien que ces deux questions soient élémentaires et explicites, elles sont souvent oubliées au moment du déploiement. Les réponses à ces questions sont la clé pour choisir le scénario de déploiement approprié, axé couverture ou capacité.

Grâce à l'adoption d'une méthode de déploiement, vous éviterez de vous perdre dans de longues tâches fastidieuses et coûteuses en temps et en argent. Si vous savez comment effectuer votre déploiement et connaissez les outils à utiliser pour l'analyse de votre site ainsi que les meilleurs pratiques pour y parvenir, vous serez à même de réaliser des économies sur tous les plans. L'étude de site est aujourd'hui un travail manuel, la personne qui conduit l'étude devant effectuer tous les calculs et les mesures.

Avec le développement des WLAN et des outils de gestion, on peut raisonnablement espérer obtenir le même niveau de performances et de fiabilité que pour un réseau câblé.

9

Le futur des WLAN

Prédire l'avenir d'une technologie est toujours un défi. Ce chapitre se prête néanmoins à cet exercice en décrivant les technologies existantes et émergentes susceptibles de faire évoluer les WLAN. Nous aborderons en premier Bluetooth, une technologie sans fil de faible portée disponible depuis plusieurs années, dont l'objectif est de se substituer au réseau filaire sur des distances généralement limitées à 10 m. On parle en ce cas de réseau personnel, ou PAN (*Personal Area Network*). Il sera ensuite question de la technologie UWB (*Ultra Wide Band*), ou bande ultra large. Cette extension de Bluetooth emploie des impulsions brèves et de faible puissance pour offrir des débits de données beaucoup plus élevés. A l'autre extrémité du spectre, on trouve FSO (*Free Space Optics*), une technologie sans fil point-à-point à l'étude depuis un certain temps, qui s'appuie sur des transceivers optiques pour transmettre des gigabits de données en vue directe (*line-of-sight*), sans passer par un support en fibre optique. Nous terminerons notre tour d'horizon par les WLAN à 100 Mbit/s, qui en sont aux premiers stades de développement et s'annoncent comme la technologie de prochaine génération pour les applications décrites dans ce livre.

Il se peut que certaines de ces technologies se positionnent sur des marchés connexes aux WLAN 802.11, étant plutôt des solutions complémentaires, tandis que d'autres les supplanteront peut-être, ou alors disparaîtront tout simplement.

Bluetooth

De toutes les technologies présentées dans ce chapitre, Bluetooth est certainement la plus mûre sur le plan du développement. La demande d'équipements Bluetooth et de solutions de création de PAN n'a cessé de croître depuis l'introduction de cette technologie il y a quelques années. Cette dernière vise à éliminer les câbles qui servent à interconnecter divers équipements dans un périmètre inférieur à 10 m, tels qu'un ordinateur et un clavier, permettant même à des téléphones cellulaires de communiquer avec des microphones. La

Figure 9.1 illustre le raccordement de plusieurs périphériques à un PC de bureau au moyen de Bluetooth.

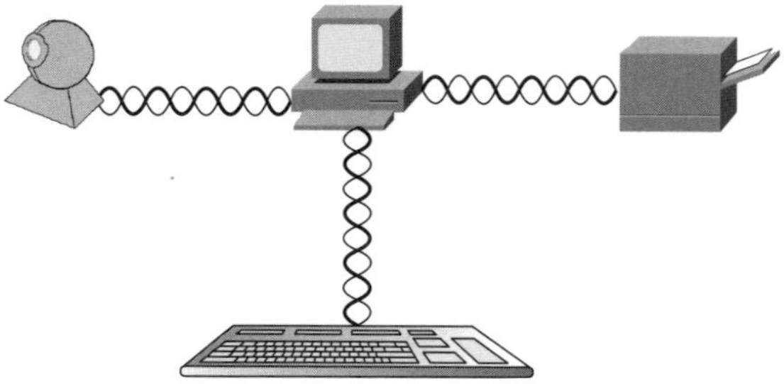

Figure 9.1
Remplacement d'une connectivité filaire par Bluetooth.

Les équipements Bluetooth opèrent dans la bande ISM (*Industrial, Scientific, and Medical*) des 2,4 GHz, à l'instar des équipements de WLAN 802.11 et 802.11b. Les règles d'utilisation et de puissance d'émission qui s'appliquent à ces deux types d'équipements, telles que définies dans la partie 15 du code de la FCC (*Federal Communications Commission*) pour les Etats-Unis et par l'ART (Autorité de régulation des télécommunications) pour la France, stipulent qu'ils ne doivent générer aucune interférence nuisible pour les utilisateurs des bandes soumises à licence et qu'ils ne bénéficient d'aucune protection contre les interférences de la part des utilisateurs des autres bandes, qu'elles soient ou non soumises à licence. Ce point est important car les fabricants d'ordinateurs portables seront amenés tôt ou tard à intégrer ces deux technologies dans leurs produits, d'où un risque d'interférence mutuelle. Les équipements Bluetooth sont eux aussi sensibles aux interférences provenant des fours à micro-ondes et, aux Etats-Unis, des téléphones sans fil.

Chaque nœud d'un réseau Bluetooth, ou *piconet*, est soit maître soit esclave. Le maître initie l'établissement des liaisons sans fil, et les esclaves lui répondent. En règle générale, n'importe quel équipement Bluetooth peut jouer l'un ou l'autre de ces deux rôles, voire les deux s'il participe à plusieurs réseaux, mais aussi changer de rôle. Un réseau Bluetooth multipoint accepte un maximum de sept esclaves actifs par maître. Les esclaves communiquent entre eux par l'intermédiaire de ce dernier et non directement. Lorsqu'un équipement est esclave dans plus d'un piconet ou bien esclave dans un et maître dans un autre, il se forme ce que l'on appelle un *scatternet.*

La plupart des équipements Bluetooth affichent une puissance isotrope rayonnée effective (PIRE), ou EIRP (*Effective Isotropic Radiated Power*), de 0 décibel par milliwatt (dBm). Le standard Bluetooth définit cependant trois classes d'équipements :

- Les émetteurs de classe 1, qui peuvent aller jusqu'à 20 dBm, soit 100 milliwatt (mW), mais doivent intégrer un mécanisme de contrôle de la puissance d'émission (*transmit power control*) de façon à n'utiliser que la puissance minimale nécessaire pour des transmissions fiables.

- Les émetteurs de classe 2, qui disposent d'une puissance maximale d'émission de 4 dBm, soit 2,5 mW.
- Les émetteurs de classe 3, d'une puissance de 0 dBm, soit 1 mW.

Bluetooth est souvent utilisé avec des équipements alimentés par batterie. Les émetteurs de classe 1 sont donc rares. Bluetooth emploie une technique de modulation de fréquence GFSK (*Gaussian Frequency Shift Keying*) et une technique de transmission par saut de fréquence FHSS (*Frequency Hopping Spread Spectrum*), cette dernière étant commune aux WLAN. Il offre un débit de symboles de 1 mégasymbole par seconde (Ms/s), soit un débit de données de base de 1 Mbit/s.

Comme les anciens WLAN 802.11, Bluetooth met en œuvre un accès par duplexage temporel, ou TDD (*Time Division Duplex*), fondé sur FHSS. La bande ISM des 2,4 GHz est généralement divisée en 79 canaux de 1 MHz chacun. En France et dans quelques autres pays, le nombre de canaux est limité à 23. Dans un piconet, chaque paquet est transmis sur un canal différent selon une séquence de sauts pseudo-aléatoire définie par le maître. Le canal de transmission est divisé temporairement en slots numérotés de 625 microsecondes (µs) permettant chacun la transmission de 366 bits. Lorsque le piconet est point-à-point (un seul esclave), le maître transmet pendant les slots de temps pairs et l'esclave pendant les slots impairs. Si le piconet est multipoint, le maître utilise les slots pairs, mais un esclave ne peut transmettre que si le paquet du slot précédent lui était adressé. Tous les esclaves reçoivent les paquets broadcast, mais aucun d'eux ne peut utiliser le slot qui suit un tel paquet. Etant donné que les données à envoyer sont fragmentées en paquets de 366 bits, la surcharge de service du protocole peut être assez importante. Pour cette raison, la spécification Bluetooth autorise la transmission de paquets multislots, c'est-à-dire couvrant trois ou cinq slots. Un paquet multislot ne change pas de canal, si bien que la transmission suivante a lieu sur le canal qui aurait été emprunté si trois ou cinq paquets monoslots, selon le cas, avaient été envoyés, signifiant que certains canaux de la séquence de sauts sont ignorés. Les maîtres comme les esclaves peuvent utiliser ce type de paquet. La Figure 9.2 illustre une séquence de transmission sur un réseau multipoint avec deux esclaves, le maître expédiant un paquet multislot à l'un d'entre eux.

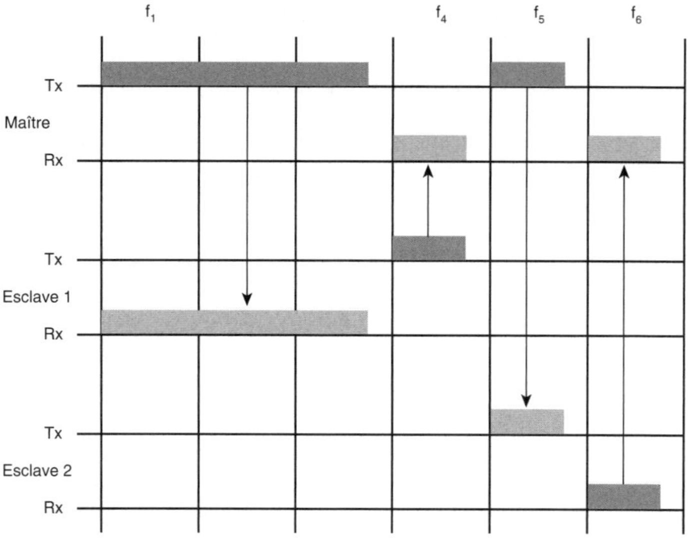

Figure 9.2
Exemple de séquence de transmission sur un réseau Bluetooth.

Bluetooth supporte deux types de liaisons physiques :

- Les liaisons asynchrones sans connexion, ou ACL (*Asynchronous ConnectionLess*), utilisées lorsque l'intégrité des données qui doivent être transmises est prioritaire par rapport au temps de latence. Les paquets comportant des erreurs sont retransmis.
- Les liaisons synchrones avec connexion, ou SCO (*Synchronous Connection-Oriented*), qui créent par commutation de circuit un lien point-à-point de faible latence planifié entre un maître et un esclave. Les paquets comportant des erreurs ne sont pas retransmis.

Chaque équipement Bluetooth possède une adresse de 48 bits unique. Outre cette adresse, les esclaves actifs reçoivent de la part du maître une adresse de membre actif de 3 bits, et ceux inactifs ou en veille (*parked*) une adresse de membre en veille de 8 bits. Ces derniers se synchronisent avec l'horloge et la séquence de sauts du maître et écoutent les paquets broadcast qui peuvent contenir leur adresse de 8 bits lorsque le maître souhaite les faire sortir du mode de veille. Le maître assigne également aux esclaves en veille une adresse de requête d'accès qui spécifie une fenêtre d'accès spéciale pendant laquelle ils peuvent demander à sortir de ce mode.

Comme évoqué précédemment, chaque équipement Bluetooth peut être soit maître soit esclave, un maître étant simplement un équipement qui initie la formation d'un piconet et un esclave un équipement qui se joint au piconet à la demande du maître. Ce dernier peut placer les esclaves dans un des trois modes d'économie d'énergie Sniff, Hold ou Park, en fonction des besoins : économiser la batterie, supporter plus de sept esclaves dans le piconet, donner au maître le temps d'accueillir d'autres esclaves ou supporter l'appartenance à plusieurs piconets, autrement dit créer un scatternet.

Les scatternets diffèrent de tout ce que nous avons pu voir jusqu'à présent avec les WLAN 802.11. C'est la raison pour laquelle il est intéressant de les examiner de plus près. On les emploie généralement aux fins suivantes :

- permettre à un équipement de participer à plusieurs piconets ;
- implémenter une communication entre piconets ;
- créer un réseau en mode différé, dit store-and-forward, illimité.

En dépit de ces divers outils, Bluetooth présente certaines contraintes. Les équipements doivent se maintenir synchronisés avec deux piconets indépendants. Les décalages de synchronisation peuvent entraîner une baisse du débit, et les protocoles de niveau supérieur peuvent être confrontés à des problèmes de routage et de correction d'erreur. Si, pour les liaisons ACL, les membres du scatternet peuvent utiliser les modes Sniff, Hold et Park afin de gérer les deux piconets, pour les liaisons SCO ils doivent alterner entre les deux. Au final, il peut s'avérer plus commode que l'équipement se déconnecte d'un piconet avant de se joindre à l'autre ou bien d'installer deux interfaces Bluetooth sur un même hôte.

Le SIG (*Special Interest Group*) Bluetooth, ou groupe d'intérêt spécial, est le consortium qui a créé la spécification Bluetooth et qui gère les groupes de travail chargés de ses développements futurs. Il a défini plusieurs modèles d'utilisation pour des applications spécifiques faisant intervenir des équipements de fabricants différents. Voici quelques-uns de ces modèles, appelés profils :

- Le téléphone "trois en un" offre des fonctions de téléphonie cellulaire, de téléphonie sans fil et de talkie-walkie.
- Le micro-casque offre une interface audio pour des équipements tels que téléphones, ordinateurs et systèmes stéréo.
- Le pont Internet permet à un téléphone cellulaire de servir de passerelle entre Internet et un ordinateur muni d'une carte Bluetooth *via* le réseau cellulaire.
- Le *push* d'objets et le transfert de fichiers assurent des fonctions élémentaires de transfert d'informations entre des équipements Bluetooth.

Ces profils présentent les avantages suivants :

- Ils permettent aux développeurs de ramener les nombreuses options disponibles dans Bluetooth à celles qui sont requises pour assurer la fonction dont ils ont besoin.

- Ils fournissent, pour l'implémentation d'une fonction donnée, des procédures issues d'un ensemble de standards.
- Ils offrent aux utilisateurs une expérience uniforme sur des équipements de fabricants différents.

De par sa conception, Bluetooth résout la problématique du remplacement des câbles, différant en cela du standard 802.11. Il se caractéristique de ce fait par un débit de transmission moins élevé, une portée plus courte, une consommation d'énergie inférieure et un coût généralement moindre. Etant donné que Bluetooth opère aux Etats-Unis dans la même bande de fréquences que 802.11, les deux standards constituent une source d'interférence l'un pour l'autre. Il sera intéressant d'observer comment les fabricants vont parvenir à héberger ces deux types de cartes dans un même équipement.

UWB (Ultra Wide Band)

UWB, ou bande ultralarge, est une technologie en cours de normalisation par la FCC. Elle permet l'emploi de signaux d'une bande passante relative extrêmement large générés au moyen d'impulsions brèves et de faible puissance dans le but d'offrir des communications sans fil à large bande insensibles aux interférences. La FCC définit UWB comme ayant une bande passante fractionnelle, c'est-à-dire un rapport entre la bande passante du signal et la fréquence de la porteuse, supérieure à 25 %. Les signaux UWB peuvent être transmis sur une importante portion du spectre déjà occupée par de nombreuses technologies à la bande passante plus étroite, car leurs limites d'émission sont très basses. Même lorsque le nombre d'émetteurs est important, on ne remarque aucun effet perceptible sur les technologies et systèmes existants. Les systèmes UWB exploitent une très large bande pour éviter les interférences des systèmes qui opèrent dans une bande étroite. A l'heure de la rédaction de ce livre, aucun standard ne définit les impulsions ni leur fréquence, pas plus que les techniques de modulation pour UWB. Il n'en reste pas moins que cette technologie est très prometteuse.

La division Report and Order de la FCC, qui édicte les nouvelles réglementations, spécifie plusieurs catégories d'équipements UWB, chacune d'elles s'accompagnant de limites d'émission spécifiques :

- Les systèmes d'imagerie en basses fréquences, comme les radars à pénétration de sol, ou GPR (*Ground Penetrating Radar*).
- Les systèmes d'imagerie en hautes fréquences, comme les systèmes d'imagerie intramur et médicale.

- Les systèmes d'imagerie en moyennes fréquences, comme les systèmes d'imagerie à travers mur et de surveillance.
- Les systèmes de communication et de mesure d'intérieur.
- Les systèmes de communication et de mesure portables d'extérieur.
- Les systèmes de radar de véhicules, qui permettent d'éviter les collisions dans un champ rapproché et de gérer l'activation des airbags et les suspensions.

Les limites d'émission pour ces classifications, telles que définies à la partie 15 du code de la FCC américaine, à l'exception des systèmes de radar, sont présentées au Tableau 9.1.

Tableau 9.1 : Limites d'émission UWB

Classification	*Bande de fréquences*	*Limite d'émission (dBm/MHz)*					
		< 0,960 GHz	*0,960-1,61 GHz*	*1,61-1,99 GHz*	*1,99-3,1 GHz*	*3,1-10,6 GHz*	*> 10,6 GHz*
Imagerie en basses fréquences	< 960 MHz	– 41,25	– 65,3	– 53,3	– 51,3	– 51,3	– 51,3
Imagerie en hautes fréquences	3,1-10,6 GHz	– 41,25	– 65,3	– 53,3	– 51,3	– 41,3	– 51,3
Imagerie en moyennes fréquences	1,99-10,6 GHz	– 41,3	– 53,3	– 51,3	– 41,3	– 41,3	– 51,3
Intérieur	3,1-10,6 GHz	– 41,3	– 75,3	– 53,3	– 51,3	– 41,3	– 51,3
Extérieur	3,1-10,6 GHz	– 41,3	– 75,3	– 63,3	– 61,3	– 41,3	– 61,3

La bande passante des systèmes de radar pour véhicules s'étend de 22 à 29 GHz. Le Tableau 9.2 présente les limites d'émission qui s'appliquent à ces systèmes.

Tableau 9.2 : Limites d'émission UWB pour les systèmes radar des véhicules

Classification	*Bande de fréquences*	*Limite d'émission (dBm/MHz)*					
		< 0,960 GHz	*0,960-1,61 GHz*	*1,61-22 GHz*	*22-29 GHz*	*29-31 GHz*	*> 31 GHz*
Véhicules	22-29 GHz	– 41,3	– 75,3	– 61,3	– 41,3	– 51,3	– 61,3

Comme vous pouvez le constater, ces niveaux d'émission sont assez bas. En fait, ils sont équivalents ou inférieurs aux limites d'émission perturbatrices de tous les émetteurs volontaires et involontaires. Par exemple, les limites d'émission pour les équipements opérant dans la bande ISM se situent plus de 40 dB au-dessus de celles d'UWB. Les signaux UWB devraient donc être perçus comme un bruit aléatoire par la plupart des récepteurs. Concernant la sensibilité des transmissions UWB aux émetteurs qui opèrent dans des bandes plus étroites, l'important gain de traitement offert par une bande passante fractionnelle très élevée devrait éliminer ces interférences. Une bande passante fractionnelle élevée autorise également une longue période de séparation des impulsions par rapport à la durée d'une impulsion, permettant aux récepteurs RAKE de tirer parti de l'énergie issue de la propagation multitrajet (*multipath propagation*).

INFO

En plus de produire des émissions sur la bande de fréquences et le canal voulus, tous les émetteurs génèrent involontairement des émissions perturbatrices ou parasites (*spurious*) sur d'autres fréquences. Nombre d'équipements électroniques qui ne se destinent pas aux communications, tels que les fours à micro-ondes, produisent de telles émissions. La puissance de ces émissions est très strictement contrôlée.

INFO

Un récepteur RAKE, de type râteau, capte plusieurs copies d'un signal transmis, chacune ayant emprunté un chemin de propagation différent, et les combine pour former un signal composite plus fort. Lorsque la durée des impulsions d'une forme d'onde est très brève comparée à l'intervalle entre chaque impulsion, le récepteur peut distinguer plus efficacement les différentes copies du signal.

UWB présente les contraintes suivantes :

- Les émetteurs radio doivent être capables d'opérer dans une bande de fréquences extrêmement large. Il n'existe actuellement aucun appareil de ce type.

- La bande passante du signal requiert un traitement rapide, qui peut être réalisé numériquement aujourd'hui.
- Des antennes avec une bande passante suffisante doivent être conçues.
- UWB n'est encore qu'une proposition de la FCC et nécessite par conséquent un effort de normalisation mondial.

UWB est une technologie d'avenir, qui exige de relever de nombreux défis. Si ses principes fondamentaux s'avèrent corrects, elle pourrait entraîner une révolution similaire à celle qui se produit actuellement avec 802.11.

FSO (Free Space Optics)

FSO tire parti des avancées technologiques en matière de transmission optique et laser dans le domaine de la fibre optique pour créer des liens physiques point-à-point de courte portée et à forte bande passante au moyen de signaux proches de l'infrarouge transmis en vue directe (*line-of-sight*), c'est-à-dire dans les airs. Cette technologie laisse entrevoir des transmissions sans fil multigigabit mais présente des limitations sérieuses, qui freinent sa diffusion. Dans certaines situations, elle peut représenter une solution viable en remplacement des ponts sans fil 802.11.

Voici les principaux défis auxquels les concepteurs de réseau sont confrontés avec FSO :

- Le brouillard, qui est constitué de fines gouttelettes d'eau, peut absorber, diffuser ou refléter le signal lumineux.
- L'absorption, qui dépend de la longueur d'onde du signal lumineux, peut atténuer la puissance du faisceau. Elle provient le plus souvent du brouillard ou de particules telles que la poussière, le sel de mer ou les polluants utilisés par l'homme.
- La diffusion, ou dispersion, peut atténuer considérablement l'intensité du faisceau, surtout lorsque la particule dispersante est d'une longueur d'onde similaire, car elle redirige l'énergie dans des directions aléatoires. Le brouillard, la vapeur ou les polluants sont des particules dispersantes. La diffusion augmente avec la portée de la liaison.
- Les objets physiques, tels que les oiseaux, peuvent interrompre temporairement une liaison FSO.
- Les oscillations des immeubles peuvent perturber l'alignement de l'émetteur et du récepteur, et donc la liaison.

- La turbulence, qui survient lorsque des objets chauffés créent des poches d'air mouvantes de températures différentes, fait varier l'indice de réfraction entre les poches d'air, provoquant une réflexion aléatoire du faisceau entre les poches, une scintillation sous la forme de fluctuations de l'intensité et une augmentation de la largeur du faisceau.

Heureusement, les deux longueurs d'onde les plus employées dans les transmissions par fibre optique, 850 et 1 550 nanomètres (nm), sont alignées sur deux des fenêtres d'absorption atmosphérique.

Un émetteur FSO simple consiste en une diode électroluminescente, ou LED (*Light Emitting Diode*), ou une source laser, ou diode laser, connectée à une optique formée de lentilles et de miroirs. Le récepteur possède une optique analogue, qui concentre l'énergie lumineuse vers un photodétecteur. Même si les LED représentent une solution économique, elles limitent généralement la bande passante à quelques centaines de mégabits par seconde et ont une portée beaucoup plus courte que les lasers. Les fabricants de produits FSO préfèrent employer des lasers semiconducteurs, petits et puissants, que l'on retrouve également dans les installations en fibre optique. Le sous-système optique de lentilles et de miroirs contribue pour beaucoup à la taille des équipements FSO. Il nécessite toutefois un calibrage et un alignement précis et coûteux, qui doivent être maintenus lors des changements de température susceptibles de provoquer l'expansion et la contraction des lentilles et miroirs.

Pour atteindre des portées intéressantes, il faut que le faisceau ait un angle de divergence très étroit, de l'ordre du milliradian. Plus le récepteur est éloigné de l'émetteur, plus le faisceau diverge pour atteindre des diamètres dépassant celui du réflecteur du récepteur, et toute énergie transmise qui n'est pas captée donne lieu à une perte géométrique du chemin. Par exemple, avec un angle de divergence de 2 milliradians et une portée de 500 m, le diamètre du faisceau est de 1 m (voir Figure 9.3). Toutefois, si le récepteur est limité à un diamètre de 10 cm, il ne peut capter que 1 % de l'énergie transmise, soit une perte de 20 dB. Chaque fois que la distance double, la perte géométrique augmente de 3 dB si le chemin est dégagé.

Figure 9.3
Exemple de perte géométrique de chemin.

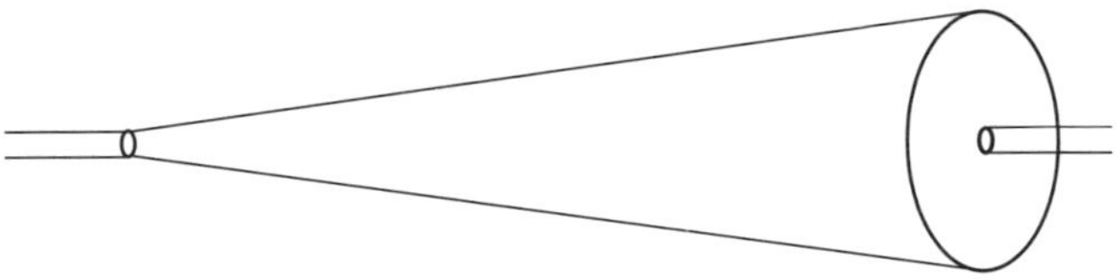

Le fait de réduire l'angle de divergence du faisceau rend plus difficile l'alignement initial de la liaison et rend en outre cette dernière plus sensible aux oscillations des immeubles, pouvant conduire à une perte de pointage ou de visée (*pointing loss*). Pour résoudre ce problème et pouvoir néanmoins utiliser des faisceaux étroits, on emploie des systèmes de poursuite (*tracking*) et d'acquisition. Ceux-ci incluent généralement une fonction de poursuite automatique, qui s'appuie sur un dispositif de détection de déflexion fondé sur des capteurs. Les résultats sont traités en temps réel, activant au besoin un cardan pour ajuster les plans vertical et horizontal.

Du fait des nombreuses contraintes évoquées précédemment, une liaison FSO peut être plus difficile à mettre en place qu'un lien de pontage sans fil 802.11. Il convient de planifier méticuleusement le site en prévoyant une marge d'évanouissement du signal (*fading*) importante pour pallier les phénomènes environnementaux. Lors de l'installation, il faut veiller à ce que la liaison soit située au-dessus et à une distance suffisante des sources de turbulence de l'air et que son alignement soit parfait. A noter également que les sources laser présentent un risque pour les yeux, surtout lorsqu'elles sont puissantes. Soyez donc très prudent si vous devez manipuler des dispositifs d'une longueur d'onde de 850 nm car le faisceau peut facilement pénétrer l'œil.

En dépit de tout cela, la perspective de liaisons multigigabit pour une fraction du coût de la fibre optique peut rendre la technologie FSO attrayante. Elle ne requiert pas de licence d'utilisation, à l'instar de 802.11, mais contrairement à ce dernier elle présente l'avantage d'être insensible aux interférences. A condition de planifier correctement son déploiement et de prendre les précautions qui s'imposent, elle peut offrir des années de bons et loyaux services.

Les WLAN à 100 Mbit/s

Plusieurs fabricants proposent aujourd'hui des solutions de WLAN à 108 Mbit/s. Toutefois, en l'absence de standard pour réglementer leur utilisation, elles sont incapables d'interopérer. En règle générale, elles combinent deux des canaux 802.11a disponibles, formant un seul "nouveau" canal deux fois plus large qu'un canal standard. Dans un proche avenir, nous devrions assister à la formation d'un groupe de travail 802.11 pour encadrer le développement de ces WLAN à haut débit. Outre l'objectif d'un débit de données nominal de 100 Mbit/s, ce groupe aura pour objectif d'offrir aux utilisateurs un débit utile équivalent. Pour cela, il sera nécessaire d'apporter des modifications à la couche physique (PHY) et à la couche MAC de 802.11. Ce groupe sera chargé d'étudier les problèmes de coexistence et de compatibilité descendante en plus de gérer l'efficacité spectrale, la portée et la consommation d'énergie du nouveau standard.

Les WLAN à 100 Mbit/s se positionnent principalement comme solution de rechange sans fil à l'Ethernet 100BaseT et comme support des applications multimédias sans fil pour une utilisation à domicile. Dans de tels WLAN, les bureaux entièrement sans fil bénéficieront d'un débit identique à celui des bureaux câblés. Quant aux habitations, les communications audio et vidéo de haute qualité et l'accès à Internet seront possibles à partir de n'importe quel endroit.

Résumé

Ce chapitre a présenté trois technologies complémentaires. UWB sera vraisemblablement amenée à remplacer Bluetooth puisqu'elle couvre le même périmètre PAN tout en offrant un débit de données très supérieur. FSO est une solution point-à-point à haut débit qui peut être déployée dans certaines conditions seulement. Au vu du faible engouement qu'elle suscite pour l'instant, elle sera probablement remplacée par d'autres technologies de transmission radio point-à-point ou viendra en complément. Le véritable avenir de 802.11 réside dans les WLAN à 100 Mbit/s, qui représentent la prochaine génération du sans-fil après 802.11g et 802.11a.

10

Conception de WLAN spécifiques

Un LAN sans fil, ou WLAN (*Wireless LAN*), consiste généralement en un ensemble de points d'accès, ou AP (*Access Point*), reliés à un LAN filaire au niveau accès et faisant office de ponts transparents pour les clients sans fil. Ces derniers ont l'impression d'être raccordés directement au réseau câblé tout en bénéficiant des avantages de la mobilité.

Dans la réalité, les WLAN sont des réseaux complexes. AP et clients doivent interopérer efficacement afin de masquer la complexité du protocole 802.11. La conception et le plan de déploiement du WLAN doivent être bien pensés de sorte à préserver l'interface facile à utiliser des clients 802.11.

Ce chapitre présente les considérations de conception à prendre en compte dans certains des scénarios de déploiement de WLAN les plus courants pour les domaines suivants : vente au détail, services médicaux, entreprises avec sites d'agence/télétravailleurs, éducation, accès public et ordre public.

Magasins de détail

Un secteur pour lequel les WLAN sont essentiels est celui de la vente au détail. La prochaine fois que vous vous rendrez dans votre supermarché ou dans votre magasin de bricolage ou d'électronique, observez bien les murs et les plafonds. Vous y verrez très certainement des AP ou des antennes placés là pour assurer la couverture de clients 802.11.

Ce type de commerce s'appuie sur des applications client-serveur pour la gestion des stocks et de la chaîne logistique. Les WLAN apportent aux employés la mobilité dont ils ont besoin pour accéder rapidement et efficacement aux informations d'inventaire, avec des mises à jour instantanées vers les systèmes et bases de données back-end, permettant de réaliser des économies considérables grâce au gain de temps réalisé et à l'exactitude des données.

De nombreuses entreprises ont profité de l'apparition de clients 802.11 supportant la VoIP, ou voix sur IP, pour remplacer les systèmes radio propriétaires opérant dans des bandes étroites soumises à licence, ou bien les systèmes à 900 MHz ou encore les radios bidirectionnelles. Ces équipements VoIP offrent des fonctions supplémentaires par rapport aux téléphones traditionnels grâce notamment à une fonctionnalité de radiomessagerie bidirectionnelle et au support d'applications Web. Par exemple, au lieu d'utiliser une pointeuse, un employé peut signaler son arrivée en se connectant à son équipement VoIP et prendre ainsi connaissance des tâches qui lui sont assignées. L'emploi d'interfaces client légères sur ces équipements voix et données permet de déployer des applications personnalisées pour simplifier les tâches routinières ou ennuyeuses. Par exemple, un directeur de magasin peut tirer parti de la messagerie texte interactive pour envoyer un message broadcast à tous les clients VoIP actifs afin de demander à un des employés d'accomplir un travail particulier. Même si tous les employés reçoivent le message, seul le destinataire réel s'exécute.

Les commerces de détail ont commencé à implémenter des technologies sans fil bien avant la ratification du standard 802.11 en 1997. Nombre de sociétés développaient déjà dans les années 90 des systèmes sans fil propriétaires opérant dans la bande des 2,4 GHz et dans celle des 900 MHz. Au cours des années 80, sont apparus des systèmes opérant dans des bandes étroites soumises à licence, accompagnés des clients correspondants, tels que les lecteurs de code-barres. Ce type d'application présente des exigences limitées en bande passante puisque les flux de données sont peu importants et transmis en rafale (*burst*). De ce fait, la plupart de ces déploiements étaient axés sur la couverture. Les études de site visaient à limiter le nombre total d'AP requis et à assurer une couverture maximale. Dans un magasin de bricolage, par exemple, il n'était pas rare de ne trouver que trois à cinq AP pour couvrir la totalité de l'entrepôt.

Aujourd'hui, l'emploi de la VoIP et l'existence d'un parc de clients plus diversifiés (ordinateurs portables, PDA, imprimantes sans fil, etc.) requièrent une infrastructure de plus grande capacité. En conséquence, les nouveaux déploiements nécessitent 10 à 20 AP au minimum pour fournir la capacité et la couverture nécessaires à ces applications convergentes.

Les réseaux de détail possèdent de nombreuses caractéristiques qui les distinguent des autres types de réseaux, parmi lesquelles :

- De nombreux magasins, qui peuvent se compter par centaines, voire milliers, répartis en différents endroits.
- Des liaisons WAN de faible bande passante et non redondantes vers le site hub ou central.
- Le manque voire l'absence de personnel informatique ou de techniciens réseau sur les sites locaux.

- Une infrastructure informatique minimale sur les sites locaux.

La Figure 10.1 illustre un réseau de détail non convergent.

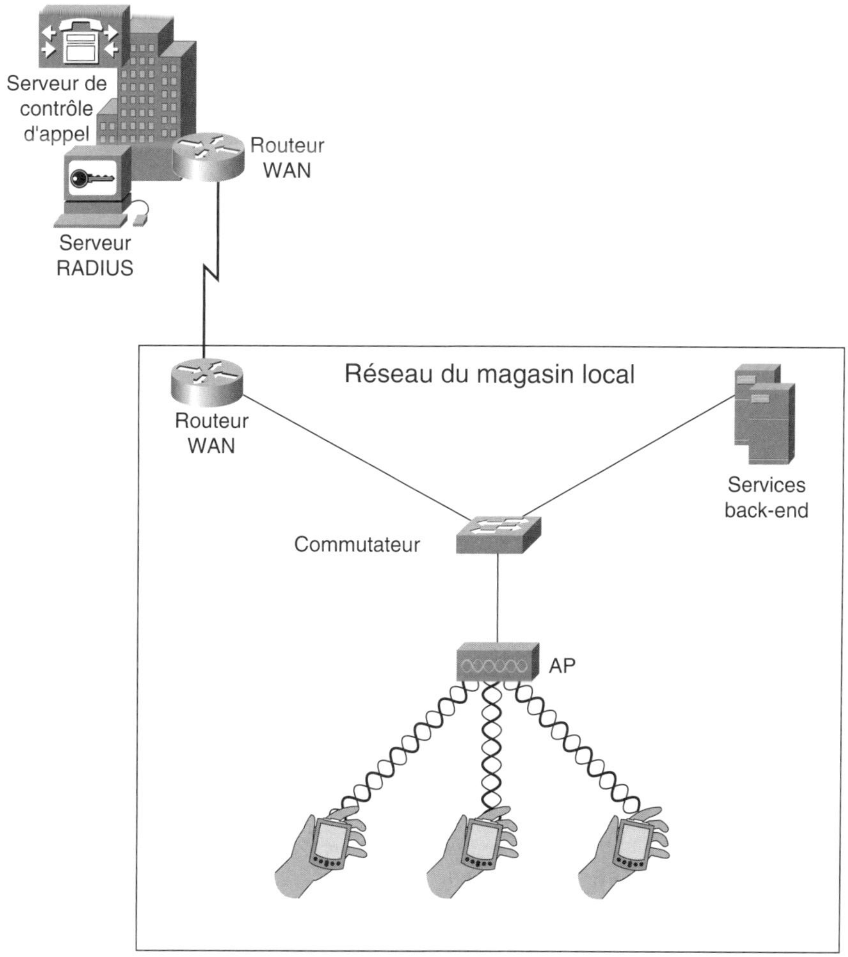

Figure 10.1
Réseau d'un magasin de détail traditionnel.

Le fait d'augmenter la densité des AP pour accroître la capacité et la couverture introduit des exigences nouvelles lors de la conception et du déploiement d'un réseau de détail.

Pour un magasin de détail type, le concepteur doit tenir compte des aspects suivants :

- Les principales applications client-serveur sont hébergées localement.
- Les applications convergentes (VoIP et sécurité) sont centralisées au niveau du site hub.

- Les solutions de gestion sont évolutives, permettant de supporter l'augmentation du nombre d'AP.

Un magasin doit pouvoir continuer à opérer en cas de perte de la connectivité avec le site central, faute de quoi, étant donné que la plupart des liaisons WAN ne sont pas redondantes, les bases de données back-end centralisées seraient inaccessibles. Pour cette raison, les serveurs d'applications principaux sont généralement hébergés localement.

La gestion de la VoIP est habituellement centralisée par souci de rentabilité. Une défaillance du WAN peut donc affecter la signalisation et le fonctionnement de cette application. Pour éviter cela, de nombreux fabricants offrent des modes de tolérance aux pannes, dits également de survie. L'infrastructure entre dans un tel mode lorsqu'elle détecte une perte de la connectivité avec le site central. Les employés peuvent continuer leur communication comme si de rien n'était, à moins bien sûr que leur appel ne passe par le WAN.

Pour ce qui est de la sécurité, les standards émergents du groupe de travail "i" du comité 802.11 ainsi que les spécifications d'interopérabilité de WPA (*Wi-Fi Protected Access*) requièrent l'emploi d'un serveur AAA (*Authentication, Autorization, Accounting*) pour authentifier les utilisateurs. Les serveurs RADIUS couramment employés pour assurer la sécurité des WLAN ne se prêtent pas bien aux déploiements décentralisés, qui posent d'importants problèmes d'administration et de synchronisation des comptes. L'authentification est donc le plus souvent implémentée sur le site central afin d'éliminer ces limitations. L'inconvénient de cette approche est sa vulnérabilité aux défaillances du WAN. Si la liaison WAN ou le serveur AAA devient indisponible, les équipements sans fil ne peuvent pas être authentifiés et ne peuvent donc accéder aux ressources du réseau de détail local. Par exemple, un lecteur de code-barres ne peut accéder à la base de données d'inventaire maintenue localement faute de pouvoir s'authentifier.

Cisco propose une solution appelée SRST (*Survivable Remote Site Telephony*) pour garantir la tolérance aux pannes de la VoIP dans un réseau de détail. Elle est généralement implémentée sur les routeurs d'agence et surveille le trafic de signalisation de VoIP en direction du serveur de contrôle d'appel (Cisco Call Manager). Si le serveur centralisé devient indisponible du fait d'une panne ou d'une interruption de service de la liaison WAN, l'équipement SRST reprend la fonction de contrôle d'appel de sorte que les appels puissent continuer au sein du magasin.

Cisco offre une solution analogue pour l'authentification WLAN. Les routeurs ou commutateurs qui exécutent le logiciel Cisco IOS avec le service d'authentification local 802.1x peuvent rester actifs et assurer une authentification fiable si la connectivité avec le serveur AAA central est perdue. Ces solutions garantissent une disponibilité maximale du WLAN et de ses applications tout en limitant l'impact et le coût des défaillances du WAN. La Figure 10.2 illustre un réseau de détail bénéficiant de ces solutions de survie.

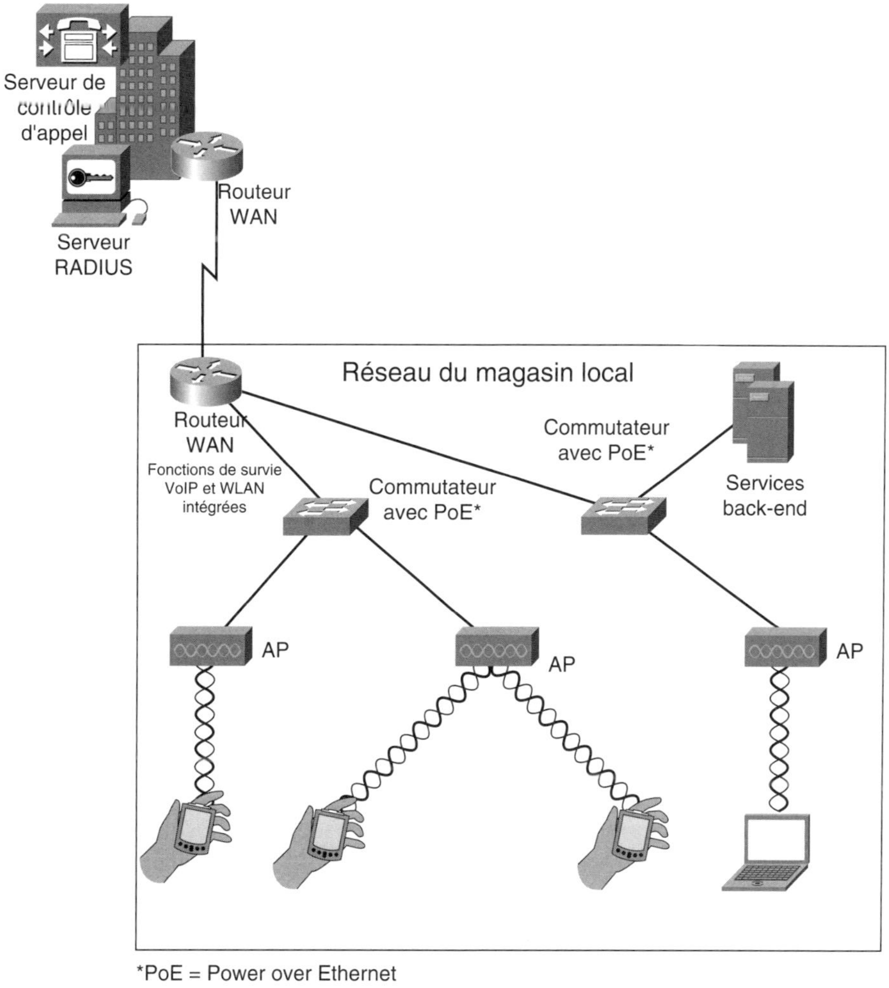

Figure 10.2

Réseau d'un magasin de détail mettant en œuvre des fonctions de survie.

L'adaptation des systèmes de gestion de réseau aux déploiements d'AP de grande envergure est un problème récurrent des WLAN. Les outils de gestion qui sont largement disponibles aujourd'hui sont normalement conçus pour les réseaux câblés. Certains déploiements d'AP peuvent comprendre des centaines voire des milliers d'AP, qui nécessitent les fonctions de gestion habituelles, telles que la gestion des configurations et des images, le reporting et l'analyse des tendances. Dans la plupart des cas, ces outils ne peuvent répondre aux exigences des WLAN. En conséquence, les administrateurs en sont réduits à créer eux-mêmes des outils de gestion de leurs réseaux de détail. De nombreux fabricants se sont finalement attaqués au développement de plates-formes de gestion pour les environnements sans fil, mais sans prévoir leur intégration aux systèmes de gestion des réseaux câblés existants. Aussi leur manque-t-il cette capacité de gestion centralisée, qui est d'autant plus importante dans un environnement mouvant. De ce fait, des sociétés clientes ont menacé de changer de fabricant si elles ne disposaient pas rapidement d'outils de gestion adéquats.

Hôpitaux et autres instituts médicalisés

L'emploi du sans-fil dans les environnements médicaux s'est démocratisé avec l'arrivée des équipements 802.11b et la baisse des prix. Ce type d'environnement peut réaliser un retour sur investissement immédiat en tirant parti d'un WLAN pour le suivi des patients, la distribution des médicaments ou le traitement des feuilles de maladie, ainsi que pour fournir une mobilité accrue aux médecins et infirmières, leur permettant d'être plus efficaces et de mieux satisfaire les besoins des patients.

De nombreuses entreprises commencent à développer des applications mobiles pour PDA qui permettent aux médecins et infirmières de traiter les formulaires de sécurité sociale et autres plus rapidement et surtout avec moins d'erreurs, limitant le nombre de demandes rejetées pour cause d'imprécision ainsi que les délais de remboursement. En outre, les fabricants de systèmes informatiques du domaine médical entendent profiter des WLAN pour fournir des applications médicales mobiles.

Ces applications présentent les mêmes caractéristiques que celles des magasins de détail pour ce qui concerne le trafic, à la fois peu volumineux et transmis en rafale. Le déploiement du sans-fil dans un hôpital est généralement axé sur la couverture, afin de réduire le nombre d'AP. L'emploi d'antennes directionnelles pour couvrir les longs couloirs est souvent préféré à celui d'antennes dipôles omnidirectionnelles standards de 2,2 dBi.

Les structures qui disposent déjà d'un WLAN axé couverture sont tentées de réévaluer leur déploiement pour l'axer davantage sur la capacité afin de pouvoir exploiter les applications VoIP. Les équipements correspondants permettent au personnel médical d'être joignable où qu'il se trouve, améliorant là encore son efficacité et la qualité des soins.

Les systèmes fondés sur la localisation, qui sont capables de situer un nœud à un ou deux mètres près, sont également en vogue dans le secteur médical, bien que la plupart ne soient pas encore compatibles avec 802.11. Lorsqu'ils le seront, une nouvelle vague d'applications verra le jour. Elles permettront de suivre le personnel et les patients dans leurs déplacements, de localiser rapidement le matériel médical en cas d'urgence et d'afficher des informations relatives à un patient lorsqu'un membre de l'équipe médicale s'en approche.

Sites d'agence et télétravailleurs

Les considérations de conception relatives au déploiement d'un WLAN pour le siège d'une entreprise sont couvertes en détail au Chapitre 8. Cette section aborde deux autres types de WLAN d'entreprise : les sites d'agence et les télétravailleurs. Ces déploiements sont de plus en plus courants et s'accompagnent de considérations spécifiques, différentes de celles des déploiements plus importants.

Sites d'agence

A mesure que la technologie des WLAN mûrit et que les obstacles à son déploiement, tel le manque de sécurité, sont levés, les entreprises commencent à l'adopter afin d'éliminer le câblage existant. Cela concerne moins leur siège que leurs sites d'agence.

Les sites d'agence d'une entreprise changent généralement assez souvent. Un coût important associé à ces déménagements est le câblage de catégorie 5 du réseau de données. Dans ce contexte, l'installation d'un WLAN en remplacement du réseau câblé existant constitue une solution beaucoup plus économique. Il existe des clients 802.11 pour tous types d'équipements : ordinateurs portables, PDA, imprimantes, serveurs, etc., sans compter les équipements VoIP, qui sont de plus en plus utilisés. Ce large choix offre une grande souplesse pour la conception des sites distants. Le WLAN est un véritable réseau convergent, supportant à la fois des services de fichiers et d'impression, des communications vocales et l'accès à Internet, le tout pour un coût relativement modique.

A l'instar des sites de détail, il est possible de raccorder de nombreux sites d'agence au site central *via* des liaisons WAN. Ces deux types de sites ont aussi en commun de requérir une petite infrastructure informatique. Les sites d'agence se distinguent toutefois par les caractéristiques suivantes :

- Les liaisons WAN vers le site hub ou central offrent une forte bande passante et sont redondantes.
- Un personnel informatique minimal ou des techniciens réseau sont présents sur les sites locaux.
- Seules quelques applications back-end sont hébergées localement, les autres étant centralisées.
- Aucune application critique ne requiert un WLAN.

La Figure 10.3 illustre un WLAN d'agence. L'une des principales différences avec un site de détail réside dans la redondance des liaisons WAN, qui élimine le besoin d'assurer localement certains services tels que la sécurité du WLAN avec un serveur AAA et la tolérance aux pannes de VoIP. Une autre différence importante est que presque tous les équipements sont compatibles 802.11. Cette approche est nécessaire pour maximiser le retour sur investissement du WLAN. Etant donné qu'aucune application critique n'est dépendante du WLAN, l'intérêt du sans-fil est ici la réduction des coûts de câblage et la portabilité.

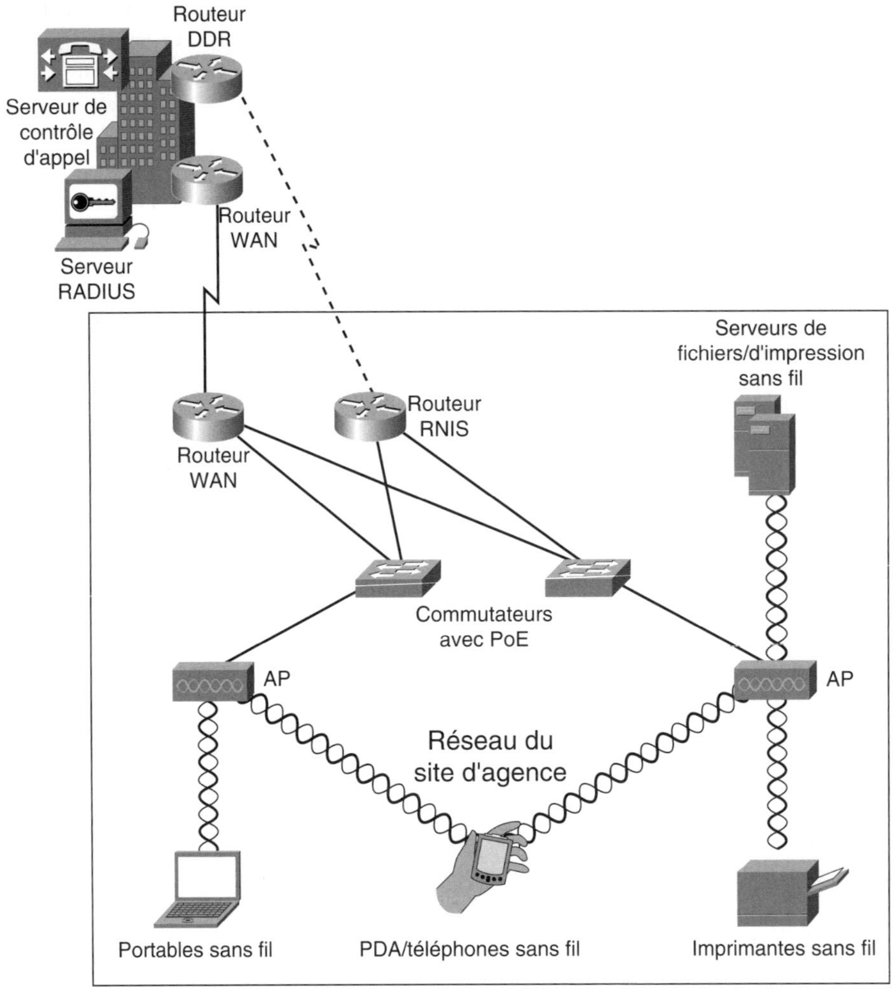

Figure 10.3
Site d'agence avec un WLAN.

Il est intéressant de noter que les sites d'agence sont confrontés plus ou moins aux mêmes difficultés que les sites de détail en ce qui concerne les services de sécurité, la tolérance aux pannes du WAN et la gestion du WLAN. Certaines des solutions développées pour le secteur de la vente au détail sont également exploitées par les entreprises pour leurs sites d'agence. La principale différence est que la tolérance aux pannes du WAN pour les sites d'agence est souvent implémentée au moyen d'équipements et de circuits WAN de secours. Etant donné que ces sites s'appuient sur des applications et des données qui résident sur le site central, cet investissement en infrastructure WAN redondante est nécessaire afin d'éviter toute immobilisation due à une perte de la connectivité WAN.

Télétravailleurs

Les télétravailleurs bénéficient aujourd'hui de technologies abordables pour accéder aux données de leur entreprise. Il n'y a pas si longtemps, les seules solutions à forte bande passante disponibles étaient des circuits WAN dédiés coûteux ou des services par commutation de circuits tels que le RNIS. Il existe actuellement une large gamme de services à haut débit, tels que le DSL (*Digital Subscriber Line*), le câble, avec les modems câble, et les connexions par satellite, accessibles pour moins de 100 euros par mois. Si l'on ajoute à cela l'offre VPN (*Virtual Private Network*), qui s'accompagne d'équipements faciles à gérer, sûrs et économiques, les entreprises peuvent mettre leurs réseaux et applications à disposition de leurs employés à domicile. La Figure 10.4 illustre l'implémentation d'un réseau privé virtuel (VPN) sur une connexion Internet à large bande et haut débit pour permettre au télétravailleur d'accéder au réseau de l'entreprise.

Dans certaines situations, le client VPN s'exécute directement sur le PC ou l'ordinateur portable de l'utilisateur, établissant un tunnel sécurisé depuis l'hôte jusqu'au concentrateur VPN. Dans une telle configuration, seul un équipement possédant le logiciel client VPN approprié peut accéder au réseau de l'entreprise. Il n'est donc pas possible de déployer des équipements tels que des téléphones IP au domicile de l'employé. Dans la Figure 10.4, le routeur large bande joue le rôle de client VPN, et tous les équipements situés derrière lui peuvent se connecter au site central. L'administrateur réseau peut ainsi fournir à l'employé distant une solution qui lui permet d'utiliser toutes les applications convergentes de l'entreprise.

Lorsque le tunnel se termine sur un point spécifique au domicile du télétravailleur, sur son ordinateur portable ou PC, l'accès au réseau de l'entreprise est limité à ce seul utilisateur ou équipement. Dans le scénario de la Figure 10.4, n'importe quel équipement situé derrière le routeur large bande peut emprunter le tunnel VPN, ce qui présente de nombreux risques pour la sécurité. Avec la prolifération d'AP de faible coût destinés au grand public, la présence d'un AP non sécurisé sur le réseau du télétravailleur est une éventualité à considérer, qui revient à avoir un AP non sécurisé opérant dans le réseau d'entreprise. Pire encore, les administrateurs réseau n'ont aucune chance de détecter ce genre d'AP au niveau du télétravailleur. Tout ce qu'il leur reste à faire est d'implémenter sur le site central des mécanismes de détection d'AP non autorisés et d'établir des routines de recherche manuelle de ces intrus.

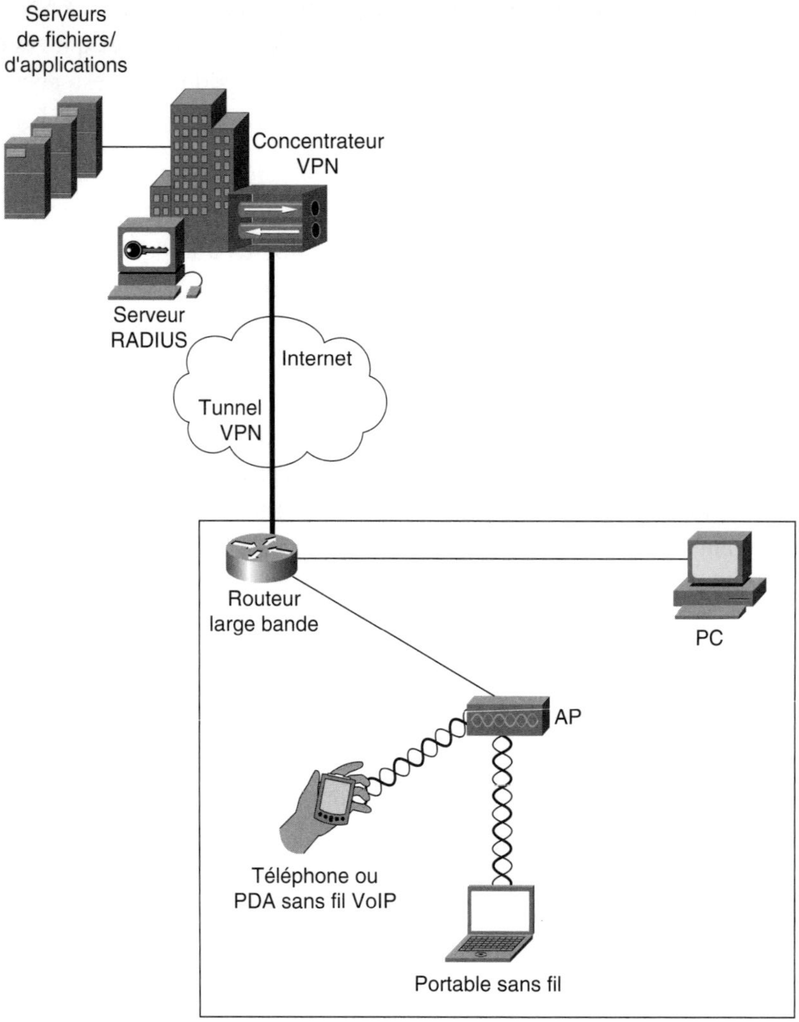

Figure 10.4

Solution pour télétravailleur mettant en œuvre un VPN et une connexion Internet à large bande et haut débit.

La solution à ce problème sera apportée par le standard 802.11i. Lorsque des AP compatibles avec ce standard seront largement disponibles, les administrateurs pourront déployer facilement des équipements préconfigurés devant se faire authentifier par un serveur AAA afin de sécuriser l'accès. En attendant, il est possible d'utiliser 802.1x sur les ports de commutation des routeurs large bande. Cela n'empêche pas les employés de raccorder des équipements non autorisés, mais il est au moins possible de détecter la présence de ces derniers. Il faut également savoir que la plupart des employés ne font pas cela par malice mais par commodité.

Universités et autres établissements scolaires

En plus des domaines précités, les technologies sans fil envahissent les milieux éducatifs. La particularité de ces institutions est qu'elles n'ont souvent pas la possibilité de contrôler l'accès au réseau en confinant les équipements informatiques à des salles particulières et qu'elles ne peuvent pas non plus se permettre de reconfigurer et réorganiser leurs réseaux en permanence. Grâce aux WLAN, elles peuvent assurer une couverture totale des locaux pour amener le réseau à l'étudiant, et non l'inverse. Les ordinateurs étant aujourd'hui un outil d'apprentissage incontournable, le sans-fil tombe à point nommé en raison des économies considérables qu'il permet de réaliser en matière de temps et de ressources.

De nombreux établissements ayant été construits avant la révolution informatique, il n'est pas toujours envisageable de faire courir des câbles jusqu'aux étudiants. Les WLAN étant affranchis de ses limitations, ils peuvent offrir un accès réseau dans des endroits qu'on ne s'imaginait pas pouvoir connecter il y a encore quelques années. Si elle peut sembler coûteuse au départ, l'installation d'une infrastructure sans fil se révèle à long terme plus avantageuse financièrement que la pose de nouveaux câbles ou la modification de l'infrastructure de câblage existante.

Le déploiement du sans-fil dans un environnement éducatif présente les mêmes défis que celui des sites d'agence, puisqu'il est ici question de couvrir de nombreuses salles de classe. Il est aussi souvent nécessaire de couvrir les espaces verts entourant les bâtiments ainsi que les locaux communs et les cafétérias densément peuplés. La principale difficulté est d'offrir une infrastructure capable de supporter des clients de divers fabricants. En effet, malgré les plans d'achat d'équipements informatiques mis en place par les établissements, les étudiants disposent souvent de leur propre ordinateur et de leur propre carte réseau sans fil, conséquence du faible prix du matériel pour client WLAN. Il n'est pas rare non plus que des départements distincts de celui chargé de l'infrastructure informatique prennent des décisions d'achat individuelles. On se retrouve ainsi à devoir faire interopérer au sein d'une infrastructure commune des équipements clients disposant de cartes sans fil et de systèmes d'exploitation différents.

A l'heure de la rédaction du présent livre, il est possible d'établir sans trop de problèmes un environnement multifabricant conforme aux standards 802.11b et a utilisant WEP avec des clés de 40 ou 128 bits car il existe déjà des équipements 802.11b et a certifiés Wi-Fi. Il en ira bientôt de même pour 802.11g. Pour le moment, l'aspect le plus délicat de ces déploiements a trait à la sécurité car il peut être nécessaire d'attribuer un niveau d'accès différent aux utilisateurs. Par exemple, l'accès au réseau d'une université peut être configuré de telle manière que seuls les étudiants, les enseignants et autres catégories de personnel soient autorisés, toute personne non identifiée étant redirigée directement vers Internet. Il se peut aussi que les étudiants doivent bénéficier d'un niveau d'accès différent selon les cours qu'ils suivent.

Si WPA (*Wi-Fi Protected Access*) offre cette sécurité dans un environnement hétérogène, il reste néanmoins à gérer les clients antérieurs à cette spécification. Si l'infrastructure supporte les VLAN, différents VLAN peuvent être configurés avec différents niveaux de sécurité, de sorte que les utilisateurs équipés d'ordinateurs ne supportant pas l'authentification 802.1x, par exemple, puissent quand même accéder à certaines zones du réseau. Cela permet d'accepter des clients antérieurs à WPA et des systèmes d'exploitation ne supportant pas le mécanisme d'authentification en place.

Des classes temporaires ou des sites éducatifs distants peuvent aussi avoir besoin d'accéder au réseau. Plutôt que de raccorder ces emplacements en tirant des câbles ou en utilisant des lignes louées, il est plus simple et plus rapide d'employer des ponts sans fil, comme évoqué au Chapitre 2.

Lieux publics

Les déploiements pour l'accès public visent essentiellement à fournir un accès à Internet *via* le support sans fil dans des lieux publics, tels que hôtels, cafés, aéroports et autres lieux de passage ou de réunion appelés *hotspots*. Etant donné que la plupart de ces secteurs n'ont pas l'intention de proposer un accès gratuit, nombre des développements du sans-fil dans ce domaine vont dans le sens d'une authentification liée d'une manière ou d'une autre aux systèmes de facturation. Pour l'Europe, l'élaboration de mécanismes d'authentification fondés sur les cartes SIM (*Subscriber Identity Module*) permet une intégration aisée avec les systèmes de facturation GSM (*Global System for Mobile communications*). Le mécanisme d'authentification peut aussi déterminer les services qu'un client particulier est en droit d'utiliser.

La question du mode de facturation doit être réglée pour faciliter le déplacement de l'utilisateur d'un lieu à un autre. Idéalement, il devrait pouvoir utiliser les réseaux de différents fournisseurs de services en ne maintenant qu'une seule relation client-fournisseur. C'est ce qu'on appelle le *roaming* — ce terme étant employé ici dans un sens plus large qu'au Chapitre 5. Pour le moment, chaque fois que l'utilisateur se rend dans un lieu différent, il doit acheter du temps de connexion au fournisseur qui offre le service sans fil au lieu que ce temps lui soit facturé sur son compte habituel.

La Wi-Fi Alliance a formé un comité, nommé WISPr (*Wireless Internet Service Provider roaming*), pour proposer des solutions. Etant donné qu'elle n'a pas les attributions d'un organisme de normalisation, les résultats publiés établiront simplement les meilleures pratiques à suivre. Avec la perspective de l'intégration des systèmes de facturation fondés sur les cartes SIM et des mécanismes d'authentification 802.1x, la situation est en train de s'améliorer, et les fournisseurs de services ne devraient pas tarder à signer des accords.

La Figure 10.5 présente un exemple de solution pour l'accès public avec deux hotspots connectés à un même point de présence, ou POP (*Point Of Presence*). Une passerelle de sélection de services, ou SSG (*Service Selection Gateway*), intégrée au POP se charge de fournir l'interface utilisateur principale, de gérer le processus d'authentification et de diriger et contrôler le trafic selon le profil et les services achetés. Cet exemple illustre également l'interface d'authentification SIM avec le réseau SS7 (*Signaling System 7*) ainsi que la connexion à Internet.

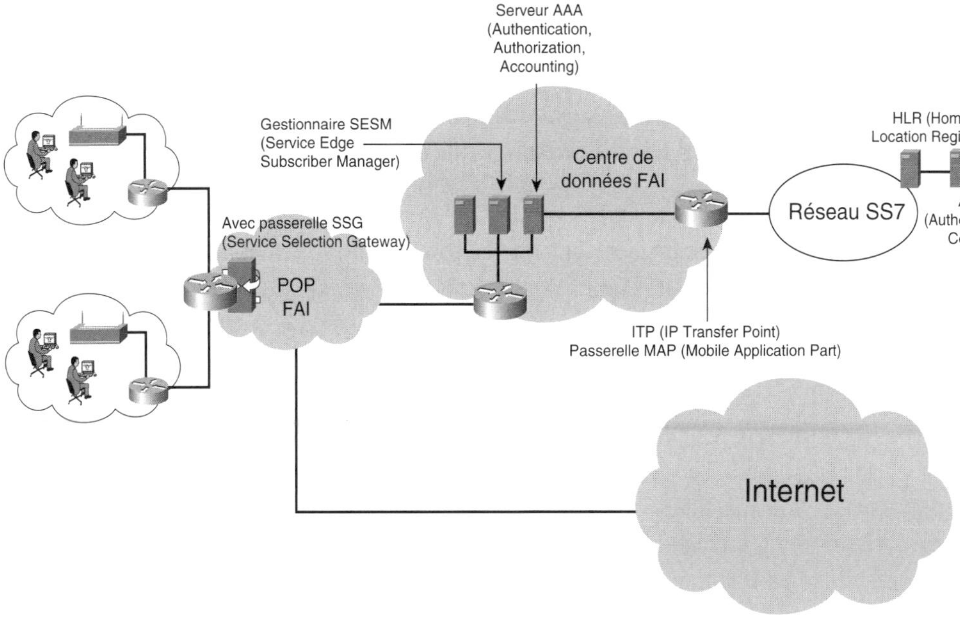

Figure 10.5
Exemple de solution pour l'accès public.

Le déploiement physique d'un WLAN pour l'accès public est la phase la plus simple. Il fait intervenir nombre des techniques utilisées dans les scénarios examinés précédemment. Pour un hotspot de petite envergure, avec des utilisateurs se limitant temporairement à ce lieu, les mécanismes de facturation et d'authentification sont assez faciles à gérer. Comme expliqué précédemment, c'est la facturation lors du roaming qui pose problème, et c'est sur cet aspect que se concentrent les travaux actuels.

La désignation "Wi-Fi Zone" délivrée par la Wi-Fi Alliance signifie que le fournisseur qui offre le service utilise des équipements certifiés Wi-Fi pour améliorer l'expérience de l'utilisateur. Les fournisseurs approuvés doivent proposer des services de qualité et supporter les VPN jusqu'aux réseaux d'entreprise. Pour l'utilisateur recherchant un hotspot comme pour le fournisseur de services, cette désignation est un composant essentiel des WLAN publics.

Services de sécurité publique

L'utilisation des technologies radio par les services de sécurité publique remonte à plus de soixante-dix ans. Il s'agissait essentiellement d'un service de faible débit permettant juste de transporter la voix et/ou de petites quantités de données. Avec l'avènement du standard 802.11, nous sommes à l'aube d'un révolution qui pourrait voir la voix, la vidéo et les données transmises vers un même dispositif sans fil. Aux Etats-Unis, des projets pilotes testent l'emploi de PDA 802.11 reliés par voie hertzienne à des caméras sans fil pour permettre aux forces de l'ordre d'assister à des délits sans être physiquement présents sur les lieux. D'autres programmes testent l'échange d'informations entre villes et comtés.

Etant donné que les fréquences utilisées par les WLAN ne sont pas soumises à licence, la plupart des déploiements pour les services de sécurité publique consistent en des zones de couverture 802.11 qui viennent s'ajouter aux solutions existantes de plus faible débit opérant dans les bandes réglementées. La Figure 10.6 illustre une couverture 802.11 dans le district central et une couverture radio mobile dans le reste de la région. Dans les communautés rurales, une gestion collective du spectre peut permettre de mettre en place une couverture commune pour la sécurité publique, les commerces et l'accès public, avec des VLAN pour segmenter l'accès. Selon que l'objectif est de ponter des réseaux mobiles ou simplement de fournir un accès client, des ponts sans fil ou des AP peuvent être employés. Evidemment, un aspect crucial est la sécurité, laquelle peut être implémentée au moyen de mécanismes d'authentification et de chiffrement (802.11 ou VPN), protégeant ainsi les informations de sécurité publique.

La Figure 10.7 illustre un déploiement avec des ponts sans fil utilisés pour connecter les véhicules des forces de l'ordre au réseau municipal, impliquant des flux vidéo et créant une zone de type hotspot pour les PDA et autres dispositifs du même genre. La sécurité est assurée à l'aide de VPN.

Le sans-fil 802.11 peut compléter les technologies radio mobile existantes employées par les services de sécurité afin de faciliter le partage d'informations d'une manière qui aurait été impossible auparavant. En raison de sa sensibilité aux interférences, il ne convient pas pour les couvertures étendues et fait plutôt office de technologie secondaire dans ce contexte. Lorsqu'il est exploité de façon appropriée, il représente une solution très attrayante et, qui plus est, facile à installer.

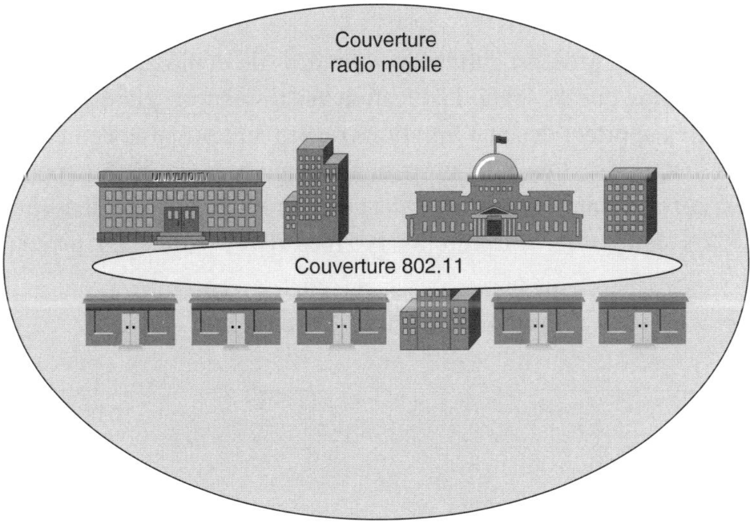

Figure 10.6
Zone de couverture 802.11 pour un réseau de sécurité publique.

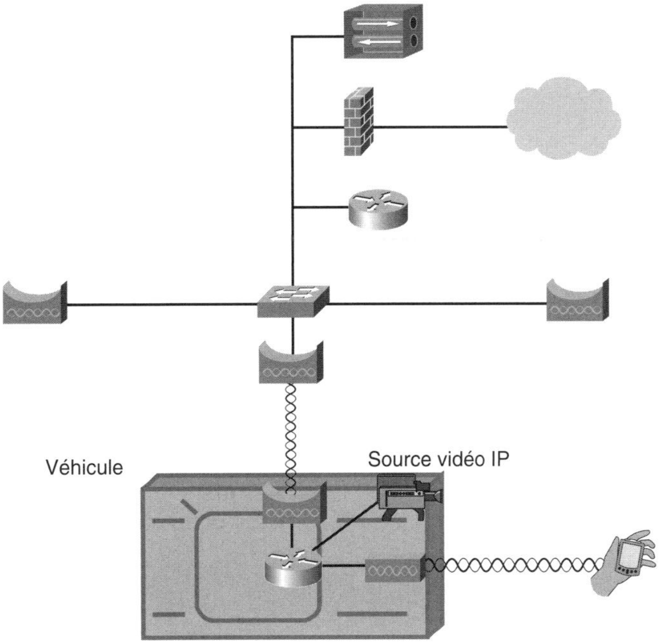

Figure 10.7
Exemple de réseau pour les services de sécurité publique.

Résumé

Ce chapitre a présenté différents scénarios de déploiement de WLAN dans des domaines aussi variés que la santé, l'éducation ou la sécurité publique. Dans chaque situation, les WLAN apportent des améliorations ou rendent possible l'emploi d'applications indisponibles jusqu'alors. Les défis propres à chaque type de déploiement ont également été abordés, comme l'interopérabilité dans un environnement de clients hétérogènes ou l'emploi de VLAN pour offrir à différents groupes d'utilisateurs un niveau d'accès adapté à leurs besoins.

Glossaire

3DES (*Triple Data Encryption Standard*). Standard de fait pour IPSec (*IP Security*) et le chiffrement VPN (*Virtual Private Network*).

10Base2. Implémentation d'Ethernet qui opère sur un câblage coaxial fin RG-58 ou RG-59. Elle autorise une longueur de segment maximale de 185 m.

10Base5. Implémentation d'Ethernet qui opère sur un câblage coaxial épais. Elle autorise une longueur de segment maximale de 485 m.

10BaseFL. Implémentation d'Ethernet qui opère sur un câblage en fibre optique multimode. Elle autorise une longueur de segment maximale de 2 km.

10BaseT. Implémentation d'Ethernet qui opère sur un câblage à paires torsadées non blindées, ou UTP (*Unshielded Twisted Pair*), de catégorie 3 ou 5. Elle autorise une longueur de segment maximale de 100 m.

100BaseCX. Implémentation du Gigabit Ethernet qui opère sur un câblage à paires torsadées blindées, ou STP (*Shielded Twisted Pair*), de catégorie 3 ou 5. Elle autorise une longueur de segment maximale de 25 m.

100BaseFX. Implémentation du Fast Ethernet qui opère sur un câblage en fibre optique multimode. Elle autorise une longueur de segment maximale de 400 m en mode semi-duplex et de 2 km en mode duplex.

100BaseLX. Implémentation du Gigabit Ethernet qui opère sur un câblage en fibre optique monomode. Elle autorise une longueur de segment maximale de 5 km.

100BaseTX. Implémentation du Fast Ethernet qui opère sur un câblage UTP de catégorie 5. Elle autorise une longueur de segment maximale de 100 m.

100BaseX. Désigne collectivement les topologies Fast Ethernet 100BaseTX et 100BaseFX.

1000BaseSX. Implémentation du Gigabit Ethernet qui opère sur un câblage en fibre optique multimode. Elle autorise une longueur de segment maximale de 220 m.

1000BaseT. Implémentation du Gigabit Ethernet qui opère sur un câblage UTP de catégorie 5. Elle autorise une longueur de segment maximale de 100 m.

802.1x. Standard IEEE pour l'authentification de niveau 2 dans les réseaux 802.

802.3. Standard IEEE pour les topologies Ethernet câblées. Il englobe Ethernet, le Fast Ethernet et le Gigabit Ethernet.

802.5. Standard IEEE pour les topologies Token Ring.

802.11. Standard IEEE pour les LAN sans fil, ou WLAN (*Wireless LAN*), compatibles avec Ethernet.

802.11e. Standard IEEE pour la qualité de service, ou QoS (*Quality of Service*), de niveau liaison de données dans les réseaux 802.11.

802.11i. Standard IEEE pour la sécurité de niveau liaison de données dans les réseaux 802.11.

AES (*Advanced Encryption Standard*). Algorithme de chiffrement de prochaine génération approuvé par le NIST (*National Institute for Standards and Technology*). Il se fonde sur l'algorithme Rijndael.

AES-CCM. Mode opératoire d'AES utilisé dans le standard 802.11i.

Agent de domiciliation. *Voir* HA.

Agent extérieur. *Voir* FA.

AID (*Association Identifier*). Port logique sur l'AP pour une station sans fil.

AIFS (*Arbitration Inter-Frame Space*). Espace intertrame qui varie selon la catégorie d'accès (AC).

antenne. Partie d'un système radio conçue pour émettre ou recevoir de l'énergie électromagnétique.

antenne isotrope. Antenne idéale sans perte, aussi appelée aérien isotrope, qui rayonne la même quantité d'énergie dans toutes les directions.

AP (*Access Point*). Point de communication central qui permet aux stations d'un BSS de s'échanger des trames.

atténuation (*fading*). Phénomène qui se produit lorsque le niveau de puissance du signal est affaibli par des facteurs environnementaux.

authentificateur. Dans le cadre de l'authentification 802.1x, entité auprès de laquelle un demandeur (*supplicant*) souhaite s'authentifier.

authentification mutuelle. Processus d'authentification sur les réseaux 802.11i qui consiste pour le client à authentifier également le réseau auquel il se connecte, en plus de se faire authentifier par ce dernier.

authentification Open System. Méthode d'authentification obligatoire sur les réseaux 802.11. Il s'agit d'un type d'authentification nul en ce que n'importe quelle station peut accéder au réseau.

authentification Shared Key. Méthode d'authentification par challenge/réponse incluse dans le standard 802.11 qui implique l'emploi d'une clé secrète partagée WEP.

balayage actif. Processus qui consiste pour un client à rechercher activement un point d'accès (AP). Il demande habituellement au client d'envoyer des requêtes de sondage (*probe request*) sur chaque canal qu'il est configuré pour utiliser et d'attendre la réponse des AP.

balayage passif. Processus qui consiste pour un client à rechercher passivement un point d'accès (AP). Le client ne transmet aucune requête de sondage (*probe request*) et écoute simplement pendant un temps donné sur chaque canal.

beacon. *Voir* Trame beacon.

Bluetooth. Technologie sans fil de faible portée conçue pour créer des réseaux personnels, ou PAN (*Personal Area Network*).

BSS (*Basic Service Set*). Groupe de stations 802.11 qui communiquent entre elles par l'intermédiaire d'un AP.

catégorie d'accès, ou AC (*Access Category*). Mécanisme de file de transmission pour les équipements qui supportent la qualité de service (QoS) 802.11e.

CCK (*Complementary Code Keying*). Technique de modulation par étalement de spectre utilisée par le standard 802.11b pour offrir des débits de données de 5,5 et 11 Mbit/s.

CFP (*Contention Free Period*). Période pendant laquelle l'accès au support sans fil repose sur le processus de polling de PCF (*Point Coordination Function*) ou HCF (*Hybrid Coordination Function*), les stations ne pouvant émettre que si elles y sont invitées.

chevauchement sur un canal commun (*cochannel overlap*). Chevauchement de deux BSS qui utilisent le même canal.

chiffrement par bloc. Catégorie d'algorithmes de chiffrement qui génèrent une séquence clé (*key stream*) de taille fixe. Le texte en clair est fragmenté en blocs de même taille lors du processus de chiffrement.

chiffrement par flot. Catégorie d'algorithmes de chiffrement qui génèrent une séquence clé (*key stream*) correspondant à la taille du texte en clair.

classe de trafic. *Voir* TC.

CoA (*Care of Address*). Adresse d'un équipement qui reçoit les paquets transmis par l'agent de domiciliation (HA) et destinés au nœud mobile (MN). Elle peut exister sur le MN ou sur l'agent extérieur (FA).

collision. Résultat de deux trames transmises au même moment dans un domaine de collision.

commutateur. Equipement Ethernet multiport qui dispose d'un module d'accélération afin d'augmenter les performances de la commutation de trames entre des domaines de collision.

couche liaison de données. Deuxième couche du modèle de référence OSI (*Open Systems Interconnection,* ou interconnexion de systèmes ouverts). Elle comporte deux sous-couches : LLC, pour le contrôle de liaison logique, et MAC, pour le contrôle d'accès au support.

CSMA/CA (*Carrier Sense Multiple Access with Collision Avoidance*). Méthode d'accès de base au support partagé pour les réseaux 802.11, qui implique l'évitement des collisions.

CSMA/CD (*Carrier Sense Multiple Access with Collision Detection*). Méthode d'accès de base au support partagé pour les réseaux Ethernet, qui implique la détection des collisions.

CW (*Contention Window*). Période d'inactivité du support de transmission 802.11.

DAC (*Distributed Admission Control*). Mécanisme de contrôle d'admission EDCF (*Enhanced DCF*) par lequel les stations déterminent si elles peuvent transmettre en se fondant sur les annonces de budget de l'AP.

dBi. Unité de mesure utilisée pour exprimer le gain d'une antenne par rapport à une antenne isotrope.

dBm. Unité de mesure utilisée pour exprimer la puissance par rapport à 1 milliwatt (mW).

DCF (*Distributed Coordination Function*). Implémentation de la méthode CSMA/CA dans les réseaux 802.11.

demandeur (*supplicant*). Equipement qui tente d'accéder au WLAN *via* l'authentification 802.1x.

diamètre de réseau. Distance qui sépare les deux stations les plus éloignées dans un domaine de broadcast.

DIFS (*DCF Inter-Frame Space*). Intervalle pendant lequel une station doit patienter une fois que le support est redevenu libre avant d'entamer le processus d'accès DCF. Il est égal à un intervalle SIFS (*Short Inter-Frame Space*) plus deux timeslots.

directivité. Terme qui désigne l'intensité de rayonnement émanant d'une antenne.

domaine de broadcast. Ensemble d'équipements interconnectés capables de s'échanger des trames broadcast.

domaine de collision. Ensemble d'équipements interconnectés qui se partagent l'accès à un même support de transmission.

domaine de roaming. Ensemble d'AP appartenant à un même domaine de broadcast et configurés avec le même SSID.

DQPSK (*Differential Quadrature Phase Shift Keying*). Mécanisme de codage de symboles utilisé dans les réseaux 802.11 pour atteindre un débit de 2 Mbit/s.

DSSS (*Direct Sequence Spread Spectrum*). Technique de modulation par étalement de spectre utilisée par les standards 802.11 et 802.11b pour offrir des débits de données pouvant aller de 1 à 11 Mbit/s.

duplex. Mode de transmission qui permet aux équipements d'émettre et de recevoir simultanément.

EAP (*Extensible Authentication Protocol*). Contexte d'authentification pour PPP (*Point-to-Point Protocol*).

EAP-MD5 (*EAP-Message Digest 5*). Type d'authentification EAP qui se fonde sur l'authentification CHAP (*Challenge Handshake Authentication Protocol*).

EAP-TLS (*EAP-Transport Layer Security*). Type d'authentification EAP qui se fonde sur l'authentification TLS. Des certificats numériques sont utilisés pour l'authentification mutuelle client-serveur.

ECB (*Electronic Code Book*). Mode de chiffrement où un même texte en clair produit toujours un même résultat chiffré.

EDCF (*Enhanced DCF*). Méthode d'accès au support avec contention et de gestion des priorités de trafic dans les réseaux 802.11b.

EIRP (*Effective Isotropic Radiated Power*). *Voir* PIRE.

ESS (*Extended Service Set*). Groupe de stations 802.11 qui communiquent entre elles par l'intermédiaire du système de distribution (généralement l'Ethernet câblé accessible *via* un port de l'AP).

Ethernet. Standard 802.3 pour les réseaux câblés à 10 Mbit/s. Des variantes à plus haut débit sont le Fast Ethernet et le Gigabit Ethernet.

Ethertype. Désigne les données contenues dans le champ de charge utile (*payload*) d'une trame MAC.

FA (*Foreign Agent*). Dans le contexte du roaming de niveau 3 avec IP Mobile, agent extérieur sur les routeurs ou commutateurs de niveau 3 qui aide le nœud mobile (MN) à déterminer qu'il a changé de réseau et à recevoir des paquets de la part de son agent de domiciliation (HA).

Fast Ethernet. Standard 802.3u pour les réseaux câblés à 100 Mbit/s.

FCS (*Frame Check Sequence*). Champ des trames MAC qui sert à déterminer si une erreur s'est produite pendant la transmission. Il contient un total de contrôle, ou CRC (*Cyclic Redundancy Check*), calculé et inséré par la station émettrice. La station réceptrice recalcule le CRC et le compare à celui du champ FCS. Si les deux valeurs concordent, la trame est considérée sans erreur.

FDD (*Frequency Division Duplex*). Méthode de duplexage fréquentiel qui utilise des fréquences différentes pour transporter des informations dans chaque direction.

FDDI (*Fiber Distributed Data Interface*). Standard ANSI X3T9.5 pour les réseaux câblés à 100 Mbit/s. Il utilise une topologie analogue à celle de Token Ring avec un câblage en fibre optique multimode.

fenêtre de contention. *Voir* CW.

FHSS (*Frequency Hopping Spread Spectrum*). Technique de modulation utilisée par le standard 802.11 consistant à sauter de canal en canal pour offrir des débits de données de 1 et 2 Mbit/s.

FSK (*Frequency Shift Keying*). Technique de modulation utilisée par le standard 802.11 qui se sert de deux fréquences différentes pour représenter les 0 et 1.

Gigabit Ethernet. Standards 802.3z et 802.3ab pour les réseaux câblés à 1 000 Mbit/s.

GMK (*Group Master Key*). Clé maître utilisée pour le chiffrement des trames broadcast et multicast.

GSM (*Global System for Mobile communications*). Standard de téléphonie mobile.

GTK (*Group Transient Key*). Clé de niveau liaison utilisée pour le chiffrement des trames broadcast et multicast. Cette clé est dérivée de la GMK.

HA (*Home Agent*). Dans le contexte du roaming de niveau 3 avec IP Mobile, agent de domiciliation sur les routeurs ou commutateurs de niveau 3 qui transmet au nœud mobile (MN) ayant changé de réseau les paquets IP qui lui sont destinés.

HCF (*Hybrid Coordination Function*). Méthode optionnelle d'accès contrôlé au support dans les réseaux 802.11e.

hub. Equipement Ethernet multiport semi-duplex qui répète le signal reçu sur tous ses ports.

IAPP (*Inter Access Point Protocol*). Protocole utilisé par les AP pour communiquer entre eux.

IBSS (*Independent Basic Service Set*). Groupe de stations 802.11 qui communiquent directement entre elles sans passer par un AP. On parle aussi de réseau en mode ad-hoc car il s'agit essentiellement d'un WLAN peer-to-peer.

ICV (*Integrity Check Value*). Valeur calculée au moyen de la fonction CRC32 censée garantir l'intégrité des trames 802.11, mais qui est vulnérable à un certain type d'attaque.

IP Mobile. Protocole permettant à un nœud mobile (MN) de conserver son adresse IP statique lors du roaming, c'est-à-dire lorsqu'il change de VLAN.

IRDP (*ICMP Router Discovery Protocol*). Protocole utilisé par les FA et les HA pour envoyer des annonces d'agent.

IV (*Initialization Vector*). Valeur numérique concaténée à la clé de départ pour produire une séquence clé chaque fois différente.

LEAP (*Lightweight EAP*). Type d'authentification EAP développé par Cisco qui se fonde sur l'authentification CHAP (*Challenge Handshake Authentication Protocol*).

LLC (*Logical Link Layer*). Sous-couche de la couche liaison de données du modèle OSI qui est commune à tous les réseaux 802. Elle définit un protocole simple de livraison de trames qui opère dans le mode sans connexion.

MAC (*Medium Access Control*). Sous-couche de la couche liaison de données du modèle OSI qui est spécifique de chaque topologie. Par exemple, les réseaux Token Ring 802.5 et Ethernet 802.3 possèdent une sous-couche MAC différente.

MIC (*Message Integrity Check*). Mécanisme de contrôle d'intégrité qui prévient l'altération insidieuse d'une trame ainsi qu'une attaque par reproduction, ou rejeu.

MN (*Mobile Node*). Dans le contexte du roaming de niveau 3, station qui change de réseau et supporte IP Mobile.

mode de transmission. Désigne la capacité des équipements à émettre et recevoir des trames en même temps (*voir* Duplex) ou seulement à émettre ou recevoir (*voir* Semi-duplex).

NAV (*Network Allocation Vector*). Mécanisme d'écoute virtuelle de la porteuse dans les réseaux 802.11. Il consiste en un temporisateur qui est mis à jour par les trames de données transmises sur le support partagé. Une station qui souhaite émettre doit posséder un NAV égal à 0 avant d'entamer le processus DCF.

négociation automatique. Processus par lequel une station et un équipement Ethernet (supportant une des variantes d'Ethernet telles que 10BaseT, 100BaseTX ou 1000BaseT) synchronisent automatiquement leur débit et leur mode de transmission (semi-duplex ou duplex).

niveau d'accès. Terme utilisé lors de la conception des réseaux pour en désigner l'extrémité. Ce niveau assure la connectivité des stations de travail avec le réseau.

niveau de distribution. Terme utilisé lors de la conception des réseaux pour désigner le niveau où s'opère la segmentation en domaines de broadcast de couche 2 distincts au moyen de routeurs ou de commutateurs de niveau 3. Les services de réseau, tels que les listes de contrôle d'accès, ou ACL (*Access Control List*), le filtrage de routes et la traduction NAT (*Network Address Translation*), sont appliqués à ce niveau.

niveau dorsale (backbone). Terme utilisé lors de la conception des réseaux pour en désigner le centre. Ce niveau achemine les trames aussi rapidement que possible entre les niveaux de distribution.

nœud caché. Situation dans laquelle deux stations sont hors de portée l'une de l'autre mais se trouvent dans la portée d'un même AP.

nœud mobile. *Voir* MN.

nounce. Nombre aléatoire sécurisé qui est utilisé une seule fois à des fins d'authentification ou de chiffrement.

OFDM (*Orthogonal Frequency Division Multiplexing*). Technique de modulation par multiplexage fréquentiel utilisée par les standards 802.11a et 802.11g pour offrir de très hauts débits.

PBCC (*Packet Binary Convolutional Coding*). Technique de codage optionnelle utilisée dans les réseaux 802.11b.

PCF (*Point Coordination Function*). Méthode d'accès au support sans contention dans les BSS 802.11 où l'AP, qui joue le rôle de coordinateur (PC), invite les stations CF-Pollable à transmettre.

PEAP (*Protected EAP*). Type d'authentification 802.1x où l'authentification côté serveur repose sur l'emploi de certificats numériques et l'authentification côté client sur un autre type d'authentification 802.1x, tel que EAP-MD5.

période de contention. Période pendant laquelle les stations DCF (*Distributed Coordination Function*) se disputent l'accès au support de transmission.

période sans contention. *Voir* CFP.

PIFS (*PCF Inter-Frame Space*). Intervalle pendant lequel une station doit patienter une fois que le support est redevenu libre avant d'entamer le processus d'accès PCF. Il est égal à un intervalle SIFS (*Short Inter-Frame Space*) plus un timeslot.

PIRE (puissance isotrope rayonnée effective). Mesure indiquant la puissance réelle rayonnée par une antenne.

PMK (*Pairwise Master Key*). Dans les réseaux 802.11i, clé dynamique générée par l'authentification 802.1x.

Point d'accès. *Voir* AP.

pont. Equipement Ethernet qui interconnecte deux domaines de collision.

propagation multitrajet (*multipath*). Expression qui désigne la réception d'un signal *via* plusieurs chemins de réflexion.

PTK (*Pairwise Transient Key*). Clé utilisée pour le chiffrement de niveau liaison dans les réseaux 802.11i.

RC4 (*Rivest Cipher 4*). Algorithme de chiffrement sur lequel repose le chiffrement WEP.

répéteur. Equipement Ethernet semi-duplex qui répète en sortie le signal reçu en entrée pour augmenter le diamètre de réseau d'une topologie Ethernet donnée. Par exemple, on peut employer un répéteur pour étendre un segment 10BaseT de 100 m à 200 m.

ROS (rapport d'ondes stationnaires). Mesure de la réflexion produite par une désadaptation d'impédance sur la ligne de transmission.

semi-duplex. Mode de transmission qui permet aux équipements soit d'émettre, soit de recevoir, mais pas les deux à la fois.

sensibilité du récepteur. Niveau de signal minimal nécessaire au récepteur pour pouvoir décoder le signal reçu.

serveur AAA (*Authentication, Authorization, Accounting*). Serveur qui assure des fonctions d'authentification, d'autorisation et de comptabilisation.

serveur d'authentification. Serveur AAA pour l'authentification 802.1x ou EAP (*Extensible Authentication Protocol*).

serveur RADIUS. Implémentation spécifique d'un serveur AAA.

SIFS (*Short Inter-Frame Space*). Intervalle le plus court pendant lequel une station doit patienter avant de tenter d'accéder au support. Par exemple, lorsqu'une station reçoit une trame, elle n'envoie une trame d'acquittement qu'à expiration de cet intervalle.

SSID (*Service Set Identifier*). Identifiant qui désigne un groupement logique d'équipements 802.11.

supplicant. *Voir* Demandeur.

TC (*Traffic Class*). Standard 802.11e qui fournit une classification pour huit classes de trafic pour les réseaux nécessitant une qualité de service (QoS).

TDD (*Time Division Duplex*). Méthode de duplexage temporel qui utilise des timeslots différents pour transporter des informations dans chaque direction.

timeslot 802.11. Valeur de temps dérivée de la couche physique (PHY), qui se fonde sur les caractéristiques de fréquence radio du BSS (*Basic Service Set*).

timeslot Ethernet. Temps nécessaire à une trame Ethernet pour traverser le diamètre du réseau.

TKIP (*Temporal Key Integrity Protocol*). Version optimisée de WEP, définie dans le standard 802.11i, qui utilise une clé différente pour chiffrer chaque trame et assure un contrôle d'intégrité plus efficace au moyen de la fonction MIC (*Message Integrity Check*), éliminant ainsi les vulnérabilités inhérentes de WEP et de l'ICV du standard 802.11.

Token Ring. Topologie en anneau logique avec une méthode d'accès au support déterministe et sans contention offrant des débits de 4 et 16 Mbit/s.

trame beacon (balise). Trame de gestion 802.11 utilisée par l'AP pour notifier au BSS sa présence et ses paramètres.

trame broadcast. Trame destinée à toutes les stations d'un domaine de broadcast.

trame d'acquittement (ACK). Trame utilisée par une station réceptrice pour signaler à la station émettrice la bonne réception d'une trame.

trame multicast. Trame destinée à un sous-ensemble de stations d'un domaine de broadcast.

trame unicast. Trame destinée à une station spécifique dans un domaine de broadcast.

TxOP (*Transmit Opportunity*). Période de durée déterminée pendant laquelle une station peut transmettre ses trames. Un TxOP peut permettre l'échange de plusieurs trames/acquittements en série.

UWB (*Ultra Wide Band*). Nouvelle technologie de transmission sans fil qui offre de très hauts débits grâce à l'emploi de pulsations très courtes et de très faible puissance.

VLAN (*Virtual LAN*). Domaine de broadcast.

VSWR (*Voltage Standing Wave Ratio*). *Voir* ROS.

WEP (*Wired Equivalent Privacy*). Algorithme de chiffrement de niveau 2 qui s'appuie sur l'algorithme RC4 pour préserver la confidentialité des données dans les réseaux 802.11.

Index

Nombres

A

B

C

Q

R

S

T

DATE DE RETOUR

19 OCT. 2005
- 5 JUIN 2008

OLUX

louisjean
IMPRIMEUR
59, Av. Émile Didier
05003 Gap Cedex
Tél. 04 92 53 17 00
Dépôt légal :
491 – août 2004
Imprimé en France